RÈGLES

DE POINTAGE

A BORD DES VAISSEAUX.

IMPRIMERIE DE HUZARD-COURCIER,
rue du Jardinet, n° 12.

RÈGLES
DE POINTAGE

A BORD DES VAISSEAUX,

OU REMARQUES SUR CE QUI EST PRESCRIT A CET ÉGARD
DANS LES EXERCICES DE 1808 ET 1811;

suivies

De Notes sur diverses branches de l'Artillerie en général, et en
particulier de l'Artillerie de la Marine;

PAR M. DE MONTGÉRY,

Capitaine de frégate, Chevalier de Saint-Louis et de la Légion-d'Honneur, Membre de
plusieurs Sociétés savantes nationales et étrangères.

DEUXIÈME ÉDITION,
AUGMENTÉE DE TABLEAUX DE POINTAGE.

*Ouvrage adopté pour l'instruction des Élèves et des Officiers
de la Marine.*

PARIS,
BACHELIER, LIBRAIRE POUR LA MARINE,
QUAI DES AUGUSTINS, N° 55.

BRUXELLES,
A LA LIBRAIRIE PARISIENNE, RUE DE LA MADELEINE, N° 348.

1828

INTRODUCTION

DE LA PREMIÈRE ÉDITION PUBLIÉE EN 1816.

Il suffit qu'une mesure ait été adoptée et soit maintenue par un gouvernement, pour que les hommes amis de l'ordre et du bien public regardent cette mesure avec un fond de respect, et ne se laissent pas entraîner à la blâmer, sans en avoir de très puissans motifs. Leur devoir, dès qu'ils y découvrent des inconvéniens, est de chercher si elle n'offre pas des avantages à peu près équivalens; et si enfin ils s'assurent qu'elle est réellement nuisible, ils ne doivent manifester publiquement à son égard leurs opinions, que lorsqu'ils se sentent à même de les rendre si évidentes que, selon les plus grandes probabilités, ils doivent amener quelque utile changement.

Cette réflexion est particulièrement applicable à ce qui concerne l'instruction des défenseurs de l'État, soldats, ou matelots; car ne serait-on pas répréhensible de se prononcer précisément assez contre leurs exercices, pour les disposer, ainsi que leurs officiers, à ne plus s'y livrer qu'avec répugnance, mais pas assez toutefois pour démontrer parfaitement les erreurs que l'on attaque, et les principes qui doivent leur succéder?

Dès la publication des Exercices du canon et de la carronade, de 1808 et 1811, je trouvai beaucoup de choses à y reprendre, surtout relativement aux règles de pointage, malgré leur petit nombre. Souvent ensuite j'en ai conféré avec les officiers qui me semblaient posséder le plus d'instruction et d'expérience; et, pour achever de m'éclairer, j'ai cherché des renseignemens ayant avec l'art du tir un rapport quelconque, dans les principaux livres d'Artillerie, d'Art militaire, de Marine, de Physique, de Chimie et d'Histoire, existant chez les différentes nations du monde civilisé. J'ai traduit un ouvrage espagnol sur le pointage des bouches à feu des vaisseaux (*), qui me semble être ce qu'on a publié, sur ce sujet, de plus étendu et de plus raisonnable. J'ai extrait et commenté, dans des notes que je ne destine pas toutes à être imprimées, mais que

______

(*) *Instruccion sobre punterias para el uso de los baxeles del rey , escrita de orden superior, por el brigadier de la real armada* D. Cosme Damian de Churruca. *Madrid, en la imprenta real, anno de* 1805. — Instruction sur le pointage, à l'usage des vaisseaux du roi, écrite en vertu d'ordre supérieur; par le brigadier de la marine royale, Don Côme Damien de Churruca. Madrid, à l'imprimerie royale, année 1805.

je me ferai toujours un plaisir de communiquer à ceux qui croiraient en avoir besoin , tout ce qui m'a paru applicable à l'art du tir à la mer, et à la balistique en général.

Il y a en outre plus d'une année que j'ai composé un ouvrage intitulé : *Essai sur l'Art du Tir à la mer*. Plusieurs fois j'ai été sur le point d'entreprendre de le terminer entièrement et de le faire imprimer. Mais, considérant que j'aurais besoin, pour le rendre moins imparfait, qu'on exécutât encore de nouvelles épreuves en grand sur l'artillerie , indépendamment de celles que je suis déjà parvenu à recueillir, j'ai toujours différé le dessein que je viens d'annoncer, et avec d'autaut moins de répugnance, qu'en temps de paix, on doit moins s'occuper de perfectionner promptement les diverses branches de l'art militaire, que de les perfectionner avec tous les soins dont on se croit capable. Je me bornerai donc, pour le moment, à faire imprimer le Mémoire suivant, dans lequel je me suis autant appliqué à présenter des principes susceptibles d'être utiles , qu'à détruire ceux qui ne sauraient causer que du préjudice. Les capitaines et officiers des bâtimens de S. M. pourront peut-être en tirer quelque parti.

Je me suis flatté d'ailleurs que le ministre actuel de la Marine, ayant long-temps servi dans l'artillerie de marine, et s'étant particulièrement occupé autrefois des matières que j'ai traitées (1)(*), serait un protecteur zélé de leur perfectionnement.

(*) *Voyez* les Notes à la fin du volume.

AVIS DE L'ÉDITEUR.

Quoique l'Auteur n'ait pu revoir cette édition, se trouvant retenu en pays étranger par une mission relative à l'Artillerie, il a cherché, toutefois, à améliorer cet ouvrage, autant que le permettait son éloignement, en nous invitant à y ajouter ses Tableaux de Pointage restés manuscrits, et qui ont déjà servi, avec succès, à l'instruction des canonniers à bord de plusieurs navires. Il suffit, en effet, de jeter les yeux sur ces Tableaux, pour se convaincre qu'avec leur secours, les hommes les moins instruits et les moins intelligens peuvent être mis au fait, en peu d'instans, des principes essentiels de l'art du tir.

REMARQUES

SUR LES RÈGLES DE POINTAGE

PRESCRITES PAR LES EXERCICES DE 1808 ET 1811.

LES notes sur le pointage dans l'Exercice de 1811 contiennent, à quelques additions près, les mêmes renseignemens que les notes sur le même sujet dans l'Exercice de 1808. Seulement dans ces dernières on trouve l'erreur suivante, que l'on corrigea au bout de trois années environ :

« Il faut que les canonniers sachent que la direction du
» canon ne doit jamais être au-dessous de l'objet qu'on
» ajuste, mais qu'elle doit être un peu plus ou un peu
» moins au-dessus, selon qu'on tire plus ou moins loin. »

On est presque étonné de voir une erreur aussi forte être sortie de la plume de personnes chargées de rédiger un exercice pour la marine d'une grande puissance. On doit croire que c'est une de ces distractions dont on ne saurait rendre compte ; car comment supposer que ces personnes ou cette personne (j'ignore entièrement par qui ce travail fut exécuté) ne sût pas que, 1°. plus près que le but en blanc, il faut pointer au-dessous de l'objet ; 2°. directement sur cet objet, à la distance précise du but en blanc ; 3°. au-dessus, lorsqu'on est plus éloigné que de cette même distance ?

Dira-t-on que peut-être le rédacteur de l'Exercice de 1808 voulait parler des pointages qui se font quelquefois par le moyen de lignes tracées sur le côté de la pièce, et représentant l'intersection d'un plan horizontal passant par l'axe de l'âme ? J'observerai en premier lieu que, s'il eût été question de cette sorte de pointage, il aurait fallu parler de l'élévation du canon, et non pas de la direction, qui se donne habituellement par les points supérieurs des deux extrémités de la pièce. En second lieu, tout engage à penser qu'on entendait parler de cette direction, ou de la ligne de mire naturelle de l'arme, vu que, dans le sixième temps du quatrième commandement du même Exercice, il est dit mot pour mot : « Le chef de » pièce s'incline, et pointe de manière à met-» tre son œil, le point de mire de la culasse » et celui de la volée du canon sur la même » ligne. » Or, ne citant qu'un seul point de mire pour la culasse et la volée, on a désigné évidemment le point supérieur de ces deux parties de l'arme. Lorsqu'on pointe uniquement par les côtés (très mauvaise méthode d'ailleurs), il faut regarder alternativement par l'un et par l'autre de ces côtés ; un seul indique une fausse direction.

Au demeurant, cette maxime portant qu'il faut toujours pointer au-dessus de l'objet, est sur-le-champ contredite dans les notes précitées, par le paragraphe qui suit immédiatement. Ce paragraphe est ainsi conçu :

« Lorsqu'on tire à la distance du but en » blanc, il faut pointer directement sur » l'objet. »

Sans nous arrêter davantage sur les règles ou maximes de pointage de l'Exercice de 1808, examinons en détail celles de l'Exercice de 1811, comme étant à peu près les mêmes, et les seules supposées en vigueur aujourd'hui. Je vais rapporter littéralement ces règles ou maximes, qui seront le sujet des remarques immédiatement placées au-dessous de chacune d'elles.

PREMIÈRE REMARQUE.

« Pointez. — Aucune partie de l'exercice ne demande » une attention plus particulière que le pointage ; il n'en » est aucune sur laquelle les capitaines, officiers et maîtres

» doivent donner une instruction plus détaillée aux canon-
» niers : ils ne doivent jamais manquer de le vérifier, lors
» des exercices de détail, et toutes les fois que les circons-
» tances le permettent lors des combats. »

Ce premier paragraphe commence par une maxime très vraie, et qui serait bien placée dans un traité en forme sur le pointage ; mais comme elle n'est suivie que par une douzaine de préceptes qui offrent tous quelque chose à reprendre, elle ne sert qu'à mieux faire connaître combien la tâche qu'on avait devant soi est imparfaitement remplie. En effet, puisqu'on avait senti qu'il n'est aucune partie sur laquelle les canonniers doivent recevoir une instruction plus détaillée que sur le pointage, n'aurait-il pas été naturel de commencer par donner des notions précises de cet art aux instructeurs eux-mêmes ? On répondra peut-être que tous les capitaines, officiers et maîtres, doivent savoir ces choses-là. Sans doute, il semblerait qu'ils le doivent : mais il se pourrait bien que beaucoup d'entre eux n'en eussent pas une connaissance parfaite, de même que l'on serait en droit de le dire des personnes chargées de rédiger l'Exercice de 1808. Cependant le gouvernement devait juger ces personnes plus habiles que la plupart des capitaines, officiers et maîtres, puisque

c'est du travail fait par elles que devait résulter en partie, à cet égard, l'instruction du
reste de la marine.

DEUXIÈME REMARQUE.

« Comme les canonniers doivent pointer plus haut ou
» plus bas que l'objet, selon les distances où ils s'en trou-
» vent, il faut qu'ils s'accoutument à les estimer. »

Il est très difficile que les canonniers s'accoutument à estimer les distances avec quelque précision. Cela exigerait de leur part une
longue et continuelle pratique. Supposons
néanmoins qu'au bout d'une certaine quantité d'exercices, ils aient appris à les estimer
passablement bien. Ce talent trouverait rarement son application dans les combats,
tant à cause de la fumée qui règne dans les
batteries et autour du navire, qu'à cause
de celle dont l'ennemi est pareillement enveloppé. Ensuite l'usage n'est pas que les
chefs de pièce s'arrêtent à regarder au travers
des sabords pour distinguer nettement aucune partie du navire ennemi. Aussitôt que
la pièce est chargée, ils font partir le coup,
et dès qu'il est parti, ils s'occupent à charger de nouveau. On devrait sans doute les
empêcher de se presser dans aucune de leurs
fonctions, et surtout de mettre le feu aux

pièces sans savoir où ils tirent ; mais en même temps, il serait désavantageux, lorsqu'on se bat de près et que le feu doit être vif, de ne pas se contenter qu'ils fussent assurés de la position de l'ennemi par de simples indices, tels que sa fumée même, ou la lueur de ses coups de canon (2), qui est ce qu'on aperçoit le plus fréquemment. On devrait poser, comme maxime fondamentale, que, par des encouragemens et des commandemens qui n'indiquent et ne précisent rien, comme, *Tirez bien !.... Tirez toujours !.... Allons, feu !... Ne mollissons pas !... etc.*, on ne troublât pas le sang-froid des hommes qui sont assez réellement braves et assez bien organisés pour demeurer calmes pendant la chaleur d'une action, et qu'on n'augmentât pas cette sorte d'ivresse et d'étourdissement qui saisit la plupart des autres aussitôt qu'ils sont en face de l'ennemi. Mais, en même temps, il faudrait se borner à exiger que les chefs de pièce connussent la direction dans laquelle se trouve le navire ennemi, d'après les indices déjà mentionnés, ou bien en entrevoyant quelque partie de sa coque ou de son gréement. Cela n'est pas suffisant, je l'avoue, pour faire estimer avec exactitude son éloignement, ni pour mettre à même de pointer d'un certain nombre de pieds plus haut ou plus bas que le point qu'on veut frapper ; mais il existe des moyens d'ajuster toujours directement sur ce point (3). Quant à l'estime des distances, MM. Texier de Norbec, de Churruca, Cornibert et Robert Simmons, les seuls auteurs, à ma connaissance, qui aient publié des écrits qu'on puisse regarder comme des traités sur l'art du tir à la mer, recommandent d'avoir des tables qui indiquent l'éloignement du navire ennemi, lorsqu'on connaît la hauteur angulaire d'un de ses mâts, observée avec un octant, ou un sextant. Les distances trouvées de cette manière seraient annoncées à haute voix aux canonniers toutes les fois qu'elles éprouveraient des variations de quelque importance, et ce serait probablement perfectionner ce système que d'employer les micromètres (4) conjointement avec les instrumens à réflexion déjà nommés, parce que les résultats se rectifieraient les uns par les autres. La fumée, dira-t-on, empêchera souvent les observateurs de se servir d'aucune espèce d'instrumens. Cela ne saurait se nier ; mais néanmoins ces observateurs seront continuellement plus à même d'entrevoir l'ennemi, et d'estimer à l'œil son éloignement, étant placés sur le pont, et s'occupant spécialement de cet office, que les chefs de pièce, renfermés dans les batteries, et occupés à manœuvrer leur arme. Je ne suppose d'ailleurs ici qu'un égal degré d'intelligence de part et d'autre ; mais, comme deux ou trois personnes par bâtiment suffiront presque toujours pour observer les distances (et en même temps les circonstances extérieures du combat, telles que signaux, mouvemens et avaries des navires amis ou ennemis), ces personnes pourront être choisies dans des classes plus intelligentes que celle des canonniers subalternes ; et l'habitude qu'elles auront de s'occuper de cette partie du service et de le faire par des moyens assez exacts, rendra leur estime fort approchante de la vérité. Autant le coup d'œil se forme longuement et imparfaitement par la seule routine, autant il acquiert promptement beaucoup de justesse lorsqu'on s'aide des méthodes que fournissent les arts. Un charpentier, par exemple, habitué à se servir journellement du pied et de la toise, connaît d'un seul regard et d'une manière très approchée la longueur et la grosseur d'une pièce de bois; les timoniers, par la coutume qu'ils ont de jeter le loch, estiment avec assez de précision, rien qu'à la vue, la vitesse d'un navire; et enfin les hydrographes, qui me-- surent sans cesse par des triangles les distan- ces respectives des points saillans des côtes, devinent à peu près, sans faire d'opérations trigonométriques, l'éloignement qui sub- siste entre les lieux qu'ils aperçoivent, ainsi que l'éloignement du point où ils se trouvent à chacun de ces lieux.

TROISIÈME REMARQUE.

« Lorsqu'on tire à la distance du but en blanc, il faut » pointer directement sur l'objet. »

Avant de poser une règle dépendante de la nature même du but en blanc, il n'aurait pas été hors de propos d'expliquer, ou de faire voir par une figure, quel est le point de la courbe décrite par les projectiles auquel on a donné ce nom. C'est ainsi du moins qu'en ont agi universellement les hommes de l'art qui ont eu l'occasion de parler du but en blanc d'une façon élémentaire.

On peut citer entre autres TIGNOLA (Italien), SCHEEL (Danois), HOYER (Allemand), GRAN- VILLE ELLIOT (Anglais), MORLA (Espagnol), VANDER MUELEN (Hollandais), TEXEIRA (Portugais); et, dans notre langue seulement, il a été donné un grand nombre de définitions détaillées du but en blanc. Parmi elles, j'ai choisi les trois suivantes :

Définition du but en blanc, donnée par le comte de GUIBERT. — « A la sortie du cy-
» lindre, le boulet ou la balle décrit une
» courbe : c'est une loi que l'action de la pe-
» santeur impose à tous les corps jetés obli-
» quement. Cette ligne courbe que décrit
» le mobile coupe d'abord, à peu de dis-
» tance de la bouche du canon, la ligne de
» mire; passe ensuite au-dessus d'elle; de
» là, toujours ramenée vers la terre par la
» gravitation à laquelle le mobile est néces-
» sité, elle se rapproche de cette ligne, la
» coupe une seconde fois, et achève de
» décrire sa *parabole* jusqu'à la fin de sa
» chute. C'est ce second point d'intersection
» qu'on appelle la portée de l'arme de but
» en blanc, et qui est plus ou moins éloigné
» de l'extrémité du cylindre à proportion de
» l'ouverture de l'angle que forment entre
» elles la ligne de tir et la ligne de mire,
» ainsi qu'en raison de la force qui chasse
» le mobile, du volume de ce mobile, de sa
» densité, de celle du milieu qu'il traverse,

» et de la longueur du calibre proportion-
» née avec son diamètre (*a*). »

Définition du but en blanc, donnée par
M. HULOT. — « On considère deux espèces
» de lignes dans le tir des armes à feu : la
» ligne de mire, qui est le rayon visuel di-
» rigé le long de la surface supérieure du ca-
» non vers l'objet qu'on veut atteindre ; la
» ligne de tir, qui est la courbe que décrit le
» projectile lorsqu'il est lancé hors du tube
» par l'explosion de la poudre. Cette courbe
» serait une parabole, si l'élasticité et la te-
» nacité de l'air n'opposaient de la résistance
» au mobile.

» Par la construction des armes en géné-
» ral, la ligne de tir et celle de mire forment
» entre elles, au-delà de la bouche, un angle
» plus ou moins ouvert, suivant l'épaisseur
» à la culasse et celle à l'extrémité opposée.
» Le projectile, à sa sortie du cylindre,
» coupe d'abord, et à peu de distance de la
» bouche, la ligne de mire, passe au-dessus
» d'elle, et, forcé par l'action de sa pesan-
» teur, il se rapproche de cette ligne, la
» coupe une seconde fois, et achève de dé-

(*a*) Essai général de Tactique, tom. Ier, pag. 226, édit.
de 1803.

» crire sa courbe jusqu'à sa chute. Ce second
» point d'intersection est ce qu'on appelle le
» but en blanc ; il est plus ou moins éloigné
» de l'extrémité de l'arme, selon le nombre
» de degrés de l'angle sous lequel on tire.
» Ainsi, 1°. pour frapper un but qui serait
» entre le bout du canon et la première in-
» tersection, il faudrait pointer au-dessus ;
» 2°. si le but était entre les deux intersec-
» tions, il faudrait viser au-dessous ; 3°. si
» le but était à une des deux intersections,
» il faudrait y viser directement pour l'at-
» teindre ; 4° enfin, s'il était au-delà de la
» seconde intersection, il faudrait pointer
» au-dessus (*a*). »

*Définition du but en blanc, donnée par
le général* GASSENDI. — « La trajectoire ou
» la ligne de tir est la courbe que décrit le
» boulet. Cette trajectoire coupe deux fois la
» ligne de mire : la première, en un point
» peu distant de la bouche de la pièce, l'au-
» tre en un point beaucoup plus éloigné ; et
» comme le mobile en sortant de la pièce
» a une direction approchante de l'axe de

(*a*) Instruction sur le service de l'artillerie, pag. 38,
3e édit. 1813. — Manuel de l'artilleur, etc., par DURTUBIE,
pag. 10 et 11, 5e édit.

» cette pièce, on regarde cet axe comme la
» ligne de tir relativement à la ligne de mire,
» depuis la bouche de la pièce jusqu'à leur
» première intersection.

» Le but en blanc est le point où la trajec-
» toire coupe pour la seconde fois la ligne
» de mire.

» Le but en blanc primitif ou naturel est
» le point où la trajectoire coupe la seconde
» fois la ligne de mire, lorsque la pièce est
» pointée de façon que la ligne de mire est
» horizontale, et que cette pièce est chargée
» de la plus forte quantité de poudre réglée
» pour son calibre.

» Le but en blanc artificiel est le nouveau
» but en blanc qu'on se procure, lorsqu'étant
» obligé de tirer sous un grand angle, et ne
» pouvant alors diriger la ligne de mire sur
» l'objet qu'on veut atteindre, on élève la
» ligne de mire du côté de la culasse pour
» voir cet objet. La quantité dont on élève
» la ligne de mire à la culasse s'appelle la
» *hausse*, ainsi que l'instrument qui sert à
» donner cette élévation (a). »

(a) Aide-Mémoire à l'usage des officiers d'artillerie de
France, tom II, pag. 1004 et 1005, 4ᵉ édit.

QUATRIÈME REMARQUE.

« Cette distance (du but en blanc) est approximati-
» vement, pour un canon et une carronade
» de 36, d'environ.. . . . . . . 65o mèt. ou $3\frac{1}{4}$ encâbl.
» Pour canons de 24, 18 et 12. 6oo   3
» Pour canons de 8, 6 et 4, et
» carronades de 24. . . . . . 5oo $2\frac{1}{2}$. »

Personne n'ignore que les projectiles de différentes espèces n'ont pas une même portée, quoique tirés avec la même pièce et dans les mêmes circonstances ; que la mitraille, par exemple, va moins loin, toutes choses égales d'ailleurs, que le boulet. Quant au boulet ramé, les expériences et les tables de M. de Churruca manifestent que sa portée est à peu près un terme moyen entre celles du boulet et de la grosse mitraille (a). En conséquence, chacune de ces trois espèces de projectiles a un but en blanc très distinct, dont la distance varie encore beaucoup si l'on tire avec plusieurs projectiles à la fois. Indiquer un seul but en blanc aux canonniers pour chaque arme, n'est propre absolument qu'à les induire en erreur. On verra tout à l'heure un tableau donnant d'assez nombreuses preuves de cette assertion, quoiqu'il ne renferme que des renseignemens approxi-

(a) Instruccion sobre punterias, etc., pag. 17 et 67.

matifs et de peu d'étendue. Il n'est fait mention non plus dans ce tableau que du boulet,
du boulet ramé et de la grosse mitraille, tirés
seuls. Je m'en suis rapporté pour ces indica-
tions aux tables de M. de CHURRUCA, excep-
tant les carronades, dont cet officier n'a pas
déterminé spécialement les portées. Mais je
dois prévenir que son travail indique, pour
les canons de tous calibres, des amplitudes
un peu moins considérables que la plupart
des tables et des procès-verbaux d'épreuves
répandus parmi les artilleurs. J'ai cru convenable, cependant, d'accorder la préférence
au travail de M. de CHURRUCA, d'abord parce
qu'il est moins incomplet qu'aucun autre
relatif à l'artillerie des vaisseaux, et ensuite
parce que les épreuves qui en forment la
base furent exécutées en tirant du rivage sur
la mer, au lieu de l'être entièrement à terre,
comme presque toutes celles que j'aurais pu
citer. Cette dernière considération ne laisse
pas que d'être importante ; car on croit avoir
reconnu depuis très long-temps que les portées, toutes choses égales d'ailleurs, sont moins
grandes sur l'eau que sur le sol (a). En der-

(a) Tratado de artilleria, por DIEGO UFANO VELASCO.
Bruxelles, 1612 ; ou la traduction imprimée à Zutphen, en
1621, pag. 77 et 118. — El perfecto Artificial, Bombardiero

nier lieu, on est averti que dans les renseignemens donnés sur la distance de chaque divers but en blanc, j'ai été obligé de faire abstraction, ainsi qu'il est d'usage, d'une infinité de circonstances qui, d'un coup à l'autre, altèrent cette distance (*a*).

DÉSIGNATION DES BOUCHES A FEU.	ANGLE DE MIRE, conformément au dernier règlement.	BUT EN BLANC		
		du boulet.	du boulet ramé.	de la grosse mitraille.
		encâblures.	encâblures.	encâblures.
canon de 36......	1º..32′.16″...	3........	2 $^1/_4$....	1 $^1/_2$
24......	1...28..48....	3........	2 $^1/_4$....	1 $^1/_2$
18......	1...29..40....	3........	2 $^1/_4$....	1 $^1/_2$
12......	1...24..51....	2 $^3/_4$....	2	1 $^1/_2$
8 long.	1...10.. 4....	2 $^1/_2$....	1 $^3/_4$....	1 $^1/_4$
8 court.	1...22..21....	2 $^3/_4$....	2	1 $^1/_2$
6 long.	1...16..37....	2 $^1/_2$....	1 $^3/_4$....	1 $^1/_4$
6 court.	1...27..11....	2 $^3/_4$....	2	1 $^1/_2$
4 long.	1...11..14....	2 $^1/_4$....	1 $^1/_2$....	1
4 court.	1...19..35....	2 $^1/_2$....	1 $^3/_4$....	1 $^1/_4$
carronad. de 36.....	3...43..21 (*)	4 $^1/_4$....	3	2 $^1/_4$
24......	3...18..40 (*)	3 $^3/_4$....	2 $^3/_4$....	2

(*) *Nota*. Ces angles de mire sont calculés d'après des données fournies par M. Cornibert (*Tables de portées*, etc., pag. 10.). Cet officier les a trouvées de 3º 42′ 40″, et de 3º 22′ 40″, avec les saillies pour les supports de platine.

y Artillero, etc., por Don Sebastian Fernandez Medrano, etc., pag. 185. Paris, 1643; Amberes, 1723. — L'École de Mars, etc., par M. de Guignard, tom. III, pag. 531. Paris, 1725. — Dictionnaire de Marine, etc., par Aubin, au mot *Canonnier*, 2e édit. Amsterdam, 1736. — Hydrographie du P. Fournier, pag. 129. — Mémoires relatifs à la marine, par le vice-amiral Thévenard, tom. III, pag. 324. — Esame della polvere, ou la trad., par le vicomte de Flavigny, § 83. — Dell' uso delle armi da fuoco, ou la trad., par M. de Saint-Auban, § 71.

(*a*) Mém. de l'Acad. roy. des Scienc., année 1716, pag. 79

On verra, en consultant à la fois les tables de M. de CHURRUCA et la table précédente, que si l'on se conformait aux renseignemens donnés sur le but en blanc dans l'Exercice de 1811, et que l'on pointât directement sur un objet à la distance de 3 encâblures, avec un canon de 12, le boulet devrait passer à 2 pieds au-dessous du point ajusté, et le boulet ramé à 26. Quant à la mitraille, les tables de M. de CHURRUCA n'en font mention que dans les limites de deux encâblures; mais, en adoptant pour l'instant le principe émis par cet officier, que l'abaissement de la mitraille est à celui du boulet comme $11 : 5\,(a)$, on trouvera qu'à la distance de 3 encâblures, elle s'abaisse de 115 pieds; et retranchant de ce nombre 44 pieds, qui sont la quantité dont, à cette même distance, la ligne de mire s'abaisse au-dessous du prolongement de l'axe d'une pièce de 12, les 71 pieds restans sont la quantité dont la mitraille passerait au-dessous de la ligne de mire dans le cas dont il s'agit; par conséquent, visât-on directe-

et suiv.—Nouv. Mém. de l'Acad. de Berlin, année 1780 et suiv.—Le Bombardier français, pag 38 et suiv., pag. 291 et suiv. — etc., etc.

(a) Instruccion sobre punterias, etc., pag. 19.

ment sur la lisse des bastingages, et eût-on
à canonner un vaisseau de 74, dont la hauteur
moyenne par le travers est d'environ 21
pieds, le boulet ramé et la mitraille ayant, à
la distance de 3 encâblures, un abaissement
plus considérable que ce nombre de pieds,
devraient tomber à la mer avant d'arriver au
vaisseau, et seraient sans doute perdus ; car
il n'y a pas à compter sur les faibles ricochets
de la mitraille, ni sur ceux du boulet ramé,
assez peu vigoureux aussi, et qu'on doit croire
en outre très incertains, vu la forme de ce
projectile.

Les canons de tous calibres offrent des erreurs de la même espèce que celui de 12, et
elles sont tantôt moindres, tantôt plus grandes.
Quant aux carronades, elles en présentent
d'énormes, surtout avec le boulet et en tirant
de près, parce que la distance de leur but en
blanc avec ce projectile est beaucoup plus
grande qu'on ne le suppose dans l'Exercice
de 1811. Nous avons vu néanmoins bien des
marins qui, ne considérant pas l'influence
d'un angle de mire beaucoup plus ouvert,
étaient fort surpris de la parité qu'on admet,
dans cet Exercice, entre la carronade et le
canon de 36 ; et quelques-uns se récrier, ne

vouloir écouter aucune démonstration, en entendant dire, par exemple, que si l'on vise directement à $3\frac{1}{4}$ encâblures avec une carronade de 36, le boulet lancé par elle passera à plus de 5o pieds au-dessus du point ajusté, tandis qu'il aurait passé un peu au-dessous, étant lancé par un canon de même calibre (a). Tant qu'on ne diminuera pas l'ouverture de l'angle de mire des carronades de 36 et de 24, en appliquant un morceau de bois ou de métal sur quelque partie de leur volée, ce ne sera que par hasard, ou bien par l'effet même de la maladresse des canonniers, que dans les espaces compris depuis une encâblure jusqu'à 4 encâblures environ, on fera porter un seul boulet, lancé avec ces armes, dans le corps d'un navire, quelle que soit l'élévation de celui-ci. Car, terme moyen, la trajectoire, dans ces circonstances, s'élève à une quarantaine de pieds au-dessus de la ligne de mire ; or, dirigeât-on cette dernière ligne à la flottaison, le boulet passera au-dessus des lisses de bastingages : du moins si le pointage est exact en lui-même, et si le roulis du navire, ou la déviation du mobile, ne change pas le résultat que devait avoir ce pointage.

(a) Instruccion sobre punterias, etc., pag. 69.

2..

CINQUIÈME REMARQUE.

« Au-delà de ces distances (du but en blanc), on doit
» pointer en-dessus de l'objet, et d'autant plus qu'on est
» plus éloigné ; et en-deçà, l'on doit pointer en-dessous :
» mais comme les boulets pointés trop bas seraient perdus,
» tandis que ceux pointés trop haut peuvent toujours ren-
» contrer quelques parties élevées du vaisseau, il vaut
» mieux pointer plus haut que bas. »

Annoncer qu'on doit pointer plus ou moins
au-dessus ou au-dessous de l'objet, selon qu'il
est plus ou moins éloigné que le but en blanc,
c'est mettre au fait d'un principe général de
la théorie ; mais cela ne tient aucunement
lieu des règles particulières dont on a besoin
dans la pratique. En effet, supposons qu'on
va tirer, avec un canon de 8 long, chargé à
boulet, sur un navire distant de 6 encâblures : de combien de pieds visera-t-on au-dessus
du point qu'on souhaite frapper ? Sera-ce de
10 pieds, de 30, de 50 ? Voilà de quoi réfléchir et se trouver embarrassé, si l'on ne
possède pas d'autres données que le principe précédent. Mais, comme il faut bien
qu'on se décide d'une manière quelconque,
admettons qu'on pointe 50 pieds plus haut
que le but. L'erreur sera de 192 pieds au
moins ; car il aurait fallu viser 242 pieds au-
dessus de celui-ci. Au surplus, eût-on été

averti de cette erreur, il eût été impossible, dans l'état actuel des choses, d'y remédier totalement ; parce que la mâture des plus grands vaisseaux ne s'élevant guère qu'à 200 pieds au-dessus de la flottaison , la ligne de mire n'aurait pu aboutir sur aucun point déterminé, et aurait dû être dirigée dans le vague de l'air, circonstance qui fait sentir la nécessité de se procurer les moyens d'agrandir à volonté l'angle de mire , afin d'accroître l'éloignement du but en blanc à proportion de l'éloignement de l'objet (a).

Je ne conclurai pas néanmoins, comme on l'a fait dans l'Exercice, « que les boulets » pointés trop bas seraient perdus. » Pour qu'ils le fussent sans ressource, il faudrait qu'ils ne ricochassent pas sur la surface de la mer. Or, presque personne n'ignore que le contraire a souvent lieu, surtout quand cette surface n'est pas très agitée. On lit ce qui suit dans un Mémoire sur les batteries de côtes, attribué à GRIBEAUVAL , et inséré dans l'*Aide-Mémoire* des officiers d'artillerie : « Les boulets ricochent mieux

_____

(a) L'Artill. nouvelle, etc., par DU COUDRAY, pag. 55 et suiv. Amst., 1772. — L'État actuel de la querelle sur l'Artill., etc., pag. 56. Amst., 1774. — etc., etc.

» sur l'eau que sur la terre (*a*). » M. Mandard a répété la même chose dans son *Essai
sur la Fortification* (*b*); et M. Cornibert,
dans ses *Tables de portées* (*c*). Il pourrait
paraître superflu de faire mention ici des
ricochets qu'on s'amuse parfois à faire sur
l'eau avec des pierres, et qui réussissent
beaucoup mieux que sur terre; on pourrait
objecter la grande différence des vitesses ani-
mant ces mobiles, avec celles qui animent
les projectiles lancés par la poudre. Mais le
principe dont il s'agit se trouvera confirmé, si l'on consulte les expériences physiques faites de diverses manières et à diverses époques par MM. Carré et Bidone (*d*);
et il se vérifiera davantage encore par l'examen comparatif des tableaux de l'épreuve
faite dans la rade de Castineau en 1785, et
de celle faite à Cherbourg dans la même an-

(*a*) Pag. 1050, 4ᵉ édit.

(*b*) Pag. 299.

(*c*) Pag. 150.

(*d*) Expériences physiques sur la réfraction des balles de
mousquet dans l'eau, etc. — Mém. de l'Acad. des Scienc.,
année 1705, pag. 211. — Mém. sur la cause des ricochets
que font les pierres et les boulets de canon, lancés obliquement sur la surface de l'eau, par Georges Bidone. Turin, 1811.

née (*a*). Dans la première épreuve les boulets qui ont frappé la surface de la mer, avant d'arriver au vaisseau LE LION, n'ont pas produit sensiblement moins d'effet que ceux qui l'ont atteint de plein fouet; tandis que, dans l'épreuve de Cherbourg, les boulets ayant frappé la surface du sol avant d'arriver à un massif de bois de chêne, ne s'y sont enfoncés que de 36, 28 $\frac{1}{2}$ et 25 pouces, au lieu de 43, 42 et 43 $\frac{1}{2}$ pouces, lorsqu'ils ont atteint de plein fouet le même but. Toutefois, si sur la surface de la mer, quand elle n'est point agitée, les ricochets s'opèrent mieux que sur le sol, qui est souvent parsemé de fossés, de murailles, d'éminences, d'arbres, de broussailles, de terre fangeuse ou labourée, et d'une infinité d'autres objets nuisibles à la réflexion des mobiles, il y a, d'une autre part, des terrains unis et fermes, comme celui sur lequel se sont exécutées les épreuves d'Anvers en 1812, où les ricochets s'effectuent d'une manière extrêmement brillante. On ne saurait douter que plus le plan de réflexion est dur et élastique, plus le boulet s'enfonce difficilement et se trouve réfléchi

_____

(*a*) Rech. sur l'Artill. — Procès-verbal manuscrit d'une épreuve faite par le général MEUNIER.

avec force ; ce qui compense le frottement plus grand d'ordinaire sur un corps solide que sur un fluide. C'est ainsi qu'au siége de Gibraltar (*a*), la batterie du fort Sainte-Barbe, éloigné de 1100 toises de la place, incommodait beaucoup les assiégés par des ricochets, parce que la maçonnerie en pierre de taille et le roc vif, sur lesquels frappaient les mobiles, favorisaient indéfiniment la naissance de bonds successifs. Des considérations semblables font, comme on le sait, que dans les forts et villes assiégés, on a coutume de dépaver les rues et les branches d'ouvrages, afin que les bombes et obus s'enfoncent dans la terre, et afin que les projectiles de toute espèce fassent moins de ricochets. Au surplus, voici, touchant le tir à ricochets, quelques principes généraux.

1°. Sur un plan de niveau avec la batterie, l'angle d'incidence serait égal à l'angle sous lequel est parti le projectile, si la courbe décrite était une parabole ; mais comme cela n'a point lieu, à cause de la résistance de l'air qui, en diminuant par degrés la vitesse

(*a*) Tratado de artilleria, por Don TOMAS DE MORLA, tom. II, pag. 489 et pag. 323. — Conseil de guerre privé sur l'évènement de Gibraltar, en 1782, etc., pag. 122. — Essai sur la fortification, par MANDARD, pag. 299.

de projection, augmente la courbure de la branche descendante de toute trajectoire, l'angle de chute ou d'incidence est plus grand que celui de départ.

2°. Dans le choc des mobiles parfaitement élastiques sur des corps durs, ou sur des corps pareillement élastiques, c'est une loi généralement reconnue que l'angle de réflexion égale celui d'incidence; mais, dans le tir à ricochet, cette loi est modifiée par la nature du terrain, même lorsqu'il est parfaitement uni. En effet, il s'affaisse presque toujours sous le coup, forme une sorte de bourrelet au-devant du mobile qui, obligé de passer par-dessus, se relève davantage qu'il ne l'eût fait dans l'hypothèse d'une incompressibilité ou d'une élasticité parfaite (5). M. MANDARD dit à ce sujet : « On a observé » que les angles de réflexion des boulets sont » plus ouverts que ceux d'incidence (a). »

3°. On voit dans un tableau résumé de nombreuses épreuves faites à Metz dans les années 1777, 78, 79 et 80, qu'avec de petites charges, les boulets ricochent très bien sur un terrain à peu près de niveau avec la batterie, les angles de projection ayant jusqu'à

(a) Essai sur la fortification, pag. 299.

7 et 8 degrés d'ouverture (*a*); mais, avec les charges ordinaires et ces mêmes angles, le ricochet n'a plus lieu (*b*), à moins que le plan sur lequel tombent les boulets ne soit plus élevé que la batterie, parce que le point de chute, s'effectuant d'ordinaire quand les mobiles commencent à décrire la branche descendante de leur trajectoire, l'angle d'incidence peut se trouver fort aigu, quoique celui de projection ait été fort ouvert. Dupujet dit que, pour battre à ricochet avec un canon de 24, un objet élevé de 30 toises au-dessus du sol environnant, il faut s'éloigner de 600 toises, et tirer, à charge non réduite, sous l'angle de projection de 13 à 14 degrés (*c*).

4°. Lombard pense que, pour faciliter le ricochet, il faut que l'angle d'incidence ne dépasse pas 8 à 10 degrés (*d*); mais, dans les épreuves déjà citées de Metz, des boulets partis sous un angle de 8 degrés ont fait jusqu'à

(*a*) Recherches sur les meilleurs effets à obtenir de l'artillerie, tom. I, pag. 428.

(*b*) Rech. sur l'Artill., § 231. — Tableau des épreuves d'Anvers.

(*c*) Essai sur l'usage de l'artillerie dans la guerre de campagne et dans celle de siége, pag. 143. Amsterdam, 1771.

(*d*) Traité du mouvement. des projectiles, pag. 81.

9 ricochets; or, dès le premier, l'angle d'incidence était plus ouvert que ces 8 degrés, celui de réflexion plus ouvert encore que celui d'incidence, et ainsi de suite à chaque nouveau bond; de sorte qu'au dernier l'angle d'incidence devait être fort ouvert. Dans des épreuves exécutées à Langen-Hagen, pendant les mois de juillet et de septembre 1798, de vieux boulets de 24, tirés par un obusier, avec la charge d'une livre de poudre, ont constamment fourni plusieurs ricochets, l'angle de projection étant aussi de 8 degrés (a); et enfin, on voit par des épreuves que rapporte HOYER, dans son *Dictionnaire d'Artillerie* (b), au mot *Ricochet*, qu'avec des charges de poudre différentes, ne passant pas de 2 livres, un canon de 24 a fourni des ricochets, quoique tiré sous l'angle de projection de 10 degrés. Au demeurant, la nature de la surface réfléchissante influe considérablement sur le ricochet, ainsi que l'observe LOMBARD (c); et lorsqu'il gèle, par exemple, un même terrain, devenant plus

(a) Handbuch für officiere, etc., von G. von Scharnorst, tom. II, table 5o.

(b) Allgemeines Worterbuch der artillerie, etc.

(c) Traité du mouvement des projectiles, pag. 8o.

dur, plus élastique et moins adhérent, réfléchit beaucoup mieux les mobiles que dans un autre temps. C'est ce qu'on a reconnu dans des épreuves exécutées aux environs de Hanovre, pendant les années 1800 et 1801 (*a*). Quant aux obus, ils ricochent encore, et surtout lorsqu'ils sont lancés par de petites charges, les angles de projection étant de 12 à 15 degrés. L'expérience l'a manifesté en 1792 et 93, à Berlin, quoique le terrain fût sablonneux et en grande partie couvert de plantes (*b*).

5°. L'inventeur du tir à ricochets, le célèbre maréchal de VAUBAN, prescrit de s'éloigner au plus de 200 à 300 toises de l'objet qu'on veut battre de cette manière, et, en outre, de se servir de petites charges, abandonnant la culasse du canon sur la sole de l'affût (*c*). CORMONTAIGNE (*d*), D'ANTONI (*e*), et en général les anciens maîtres de l'art, ont adopté l'ensemble de la maxime précédente.

(*a*) Handbuch, etc. — Tables du tom. II, pag. 6.

(*b*) *Idem*, *ibid.*, pag. 45.

(*c*) Attaque des places, pag. 176 et suiv., édit. de l'an III.

(*d*) Mémorial pour l'attaque des places, pag. 249, édit. de 1809. — *Id.* pour la défense, pag. 173.

(*e*) Dell' Artiglieria pratica, lib. II, § 59.

Dupujet a le premier objecté que souvent on ne peut pas s'approcher aussi près que 200 à 300 toises, et cite des siéges où le canon tiré à pleine charge produisit de bons effets à des distances beaucoup plus considérables (a). MM. d'Arçon, de Morla et Mandard ont répété la même objection, et l'ont appuyée sur l'exemple de la batterie du fort Sainte-Barbe à Gibraltar. Lombard voudrait même, n'importe la distance, qu'on employât toujours des charges assez fortes, et qu'on diminuât l'angle de projection, s'appliquant seulement à faire raser la crête des parapets par les boulets, lorsqu'ils commencent à décrire la branche descendante de leur trajectoire, de manière à ce qu'ils enfilassent les terre-pleins en les effleurant, et en faisant au plus un ricochet qui aurait lieu sous un angle peu ouvert, et fournirait conséquemment une nouvelle trajectoire très rasante (b). Mais les défauts de cette dernière méthode sont, outre la plus grande consommation de poudre et le surcroît de fatigue

(a) Essai sur l'usage de l'artillerie, etc., pag. 144 et suiv.

(b) Traité du mouvement des projectiles, pag. 80 et suiv.; 128 et suiv.

des pièces, que les projectiles plongent dans les ouvrages moins près du parapet, séjournent moins d'instans sur les terre-pleins, ayant plus de vitesse et cessant de décrire diverses trajectoires très courbes; et enfin, s'il existe des *traverses* sur ces terre-pleins, les projectiles se trouvent soudain arrêtés, et n'ont plus la chance, dans leurs bonds successifs, de passer par-dessus quelques-unes, et de ravager les espaces compris entre elles. C'est d'ailleurs un avantage peu désirable que de procurer aux projectiles une plus grande quantité de mouvement; on a éprouvé mille fois que les ricochets provenant des plus petites charges coupaient et renversaient jusqu'aux arbres plantés sur les remparts (*a*). Ils ont toujours assez de force, en conséquence, pour briser des affûts et mettre des hommes hors de combat (*b*).

6°. Les circonstances dans lesquelles il est réellement avantageux de tirer à ricochet, avec de fortes charges de poudre et sous des angles de projection très aigus, c'est lorsqu'on

(*a*) Essai sur l'usage de l'artillerie, etc., pag. 115.

(*b*) Dell' uso delle armi da fuoco, § 190 et § 204, n° 2. — Nouveaux Principes d'Artillerie, trad. de Dupuy, max. xvi, pag. 468 et 531.

veut détruire des troupes répandues sur une vaste plaine, ou sur une plage à l'instant d'un débarquement, et enfin toutes les fois qu'à la mer on canonne de loin quelque navire. Les épreuves d'Anvers viennent à l'appui de cette opinion. Par exemple, un canon de 18, chargé avec 6 livres de poudre, et pointé sous l'angle de 1 degré, a fourni 8 ricochets, formant entre eux tous une portée de 1720 toises; et une carronade de 36, avec la charge de quatre livres et demie, pointée sous le même angle d'élévation, a fourni jusqu'à 10 ricochets et une portée de 1606 toises. C'est ici le lieu d'observer combien il est plus avantageux, quoiqu'en tirant sur un objet très éloigné, de pointer bas pour atteindre par des ricochets, que d'élever le pointage dans l'espoir d'atteindre de plein fouet; car les épreuves précédentes montrent que, même sur un terrain très favorable au ricochet, un canon et une carronade de 36 n'en fournissent plus, étant tirés à pleine charge sous un angle de 7 degrés, et qu'en outre le canon porte au plus à 1005 toises, et la carronade à environ 800. Il faudrait, pour que les portées s'étendissent jusqu'à 16 et 1700 toises, que le canon lui-même fît un angle plus ouvert que ne le permet la construction de son affût, puisque, la culasse étant abandonnée sur la sole, l'angle de projection n'est que de 17 degrés, et les portées de 1300 toises seulement (*a*). Le roulis et la bande du navire, dira-t-on, qui diminuent parfois cet angle de la plus grande élévation, peuvent aussi l'augmenter. Mais supposons que le canon et même la carronade puissent, dans quelques circonstances, envoyer un boulet à toute volée jusqu'à 1700 toises, ce mobile tombant alors sur un seul point, tantôt 100 toises plus près, tantôt 100 toises plus loin, et plongeant de très haut, comme fait une bombe, aura bien moins de chance pour frapper le but, qu'en parvenant à la même distance par des ricochets successifs, dont les trajectoires se rapprochent sans cesse de la surface du sol ou de la mer, et ne s'en éloignent jamais assez pour passer par-dessus des objets élevés (*b*). Au surplus, il y a bien peu de cas où l'on doive faire usage de l'artillerie à 16 et 1700 toises, ni même à 7 ou 800, parce qu'indépendamment de l'exces-

(*a*) En s'en rapportant à des épreuves exécutées en France dans l'année 1783.

(*b*) Recherches sur l'Artillerie, § 229. — Manuel du canonnier marin, pag. 139.

sive variation qui existe alors dans l'étendue des portées, les mobiles s'écartent considérablement à droite et à gauche, du prolongement de l'axe des pièces (*a*).

7°. Il est presque superflu d'avertir que l'inclinaison du plan réflecteur, selon qu'elle est dans le même sens, ou en sens inverse de l'inclinaison de la trajectoire vers le point de chute, diminue ou augmente l'angle d'incidence. On sent qu'un projectile qui touche le revers d'une lame, d'une butte, ou d'une colline, peut ricocher quand il ne l'eût pas fait en tombant sur une surface horizontale; mais, par la raison contraire, il peut manquer à se relever, quoique la trajectoire ait peu de courbure vers le point de chute, s'il touche la partie antérieure et ascendante d'un

(*a*) Nouv. Princ. d'Artill., trad. de LOMBARD, pag. 439. — *Id.*, trad. de DUPUY, pag. 283, 375, 459, etc. — Tracts on mathematical and philosophical subjects, etc., tom. III, pag. 45. — Nouv. Exp. d'Artill., etc., pag. 73. — Traité élém. d'Art milit. et de fortif., par M. GAY DE VERNON, etc., pag. 155. Paris, an VIII. — Rech. sur l'Artill., tom. II, pag. 537. — Exposition très abr. de l'Art de la guerre, etc., par M. Charles DU HAYS, etc., pag. 56. Paris, 1813. — Handbuch für officiere, etc., von Scharnorst, etc., tom. II, tables 4, 5, 6, 7, 15, 16, 49, 50, 51. — Épreuves faites avec la carronade de 36 sur la presqu'île de Giens, année 1812. — Nouv. Mém. de l'Acad. de Berlin, année 1780, pag. 29. — etc., etc.

des objets désignés. Enfin, il est vrai de dire que les inégalités très grandes de la surface sur laquelle s'opèrent les ricochets, arrêtent presque toujours les mobiles dans leur course; de même que les traverses qui sont construites, à cette fin, dans les branches des ouvrages de fortification.

Revenons maintenant au paragraphe de l'Exercice de 1811, qui a fait naître les réflexions précédentes sur le tir à ricochet. On lit dans ce paragraphe que « les boulets poin- » tés trop haut peuvent toujours rencontrer » quelques parties élevées du vaisseau. » Une infinité de marins seront persuadés d'avance que cette maxime n'est pas très exacte, ayant observé que souvent, dans les combats, les boulets passent par-dessus les mâts, sans produire le moindre ravage. Je l'ai vu dans diverses affaires de la flotille de Boulogne. Je l'ai vu aussi en 1809 à bord de la frégate LA CORNÉLIE, dans un combat contre les Espagnols, sur la rade de la Carraque; et enfin, en 1811, à bord du brig LE RENARD, échoué sur un banc à l'embouchure de la Magra, près de la Spezzia, et canonné par la frégate anglaise LA TOPAZE. Au reste, les causes d'événemens de cette nature sont faciles à démontrer mathématiquement. Supposons que l'angle de mire d'un canon de 36 ou de 24 soit de 2 degrés (7), la distance du but en blanc sera environ de 4 encâblures ou 400 toises. Supposons en outre que le navire sur lequel on tire se trouve à cette même distance, et que le pointage soit dirigé vers la moitié de la mâture. Si par manque de coup d'œil, si par l'effet du roulis, ou par celui des battemens du boulet dans la pièce, ou enfin, par ces trois causes réunies, l'angle de projection s'accroît de 3 degrés seulement (8), tous les boulets passeront par-dessus les mâts des plus grands vaisseaux, parce qu'à la distance du but en blanc dont il s'agit, la ligne de mire avec laquelle doivent coïncider les projectiles passera à 126 pieds au-dessus de la moitié de la mâture, dont l'élévation totale excède rarement 200 pieds. L'augmentation de l'angle de projection, d'ailleurs, fût-elle moindre que 3 degrés, et les mobiles ne s'élevassent-ils qu'à la hauteur des flèches ou même des mâts de perroquet, ils ne rencontreraient sans doute rien, ou simplement une voile : il y a une infinité de chances pour qu'ils manquent les cordages, les vergues et les mâts, ces objets ne remplissant qu'une bien petite partie de l'espace situé au-dessus du corps d'un navire, surtout vers les extrémités de la mâture; et, en définitif, il n'y aurait parmi tous les objets mentionnés que la perte d'une vergue ou d'un mât de perroquet qui serait de quelque conséquence. C'est donc à tort que les rédacteurs de l'Exercice de 1811 ont avancé qu'il vaut mieux, en général, pointer haut que bas. Il est avantageux de faire précisément le contraire, c'est-à-dire de pointer plutôt bas que haut (9), à moins que les lames ne soient assez grosses pour rendre le ricochet incertain. En suivant cette méthode, les boulets passeront rarement par-dessus les mâts d'aucun navire, quoique l'angle de projection, qu'on tâchera de rendre très aigu, vienne, par accident, à s'accroître de quelques degrés; et si la ligne de mire, au lieu de s'élever au-dessus de l'horizon, se trouve incliner vers celui-ci à l'instant où le coup part, il faudra que l'erreur dans le pointage soit au moins d'une douzaine de degrés pour que le ricochet n'ait pas lieu.

SIXIÈME REMARQUE.

« Lorsqu'il y a double charge de projectiles, il faut » pointer plus haut, parce qu'il en résulte moins de por-

» tée, et l'on ne doit pas en faire usage au–delà de
» huit cents mètres ou quatre encâblures pour deux boulets
» ronds , quatre cents mètres ou deux encâblures pour un
» boulet rond et un ramé, ou une mitraille. »

Comme on n'énonce pas non plus ici le nombre de pieds dont il faut pointer plus haut que le but, à diverses distances, lorsqu'il y a double charge de projectiles, on présenterait facilement des cas très embarrassans pour des canonniers formés d'après l'Exercice de 1811 ; mais ce seraient des objections de même nature que d'autres déjà faites au sujet d'un seul boulet, et elles peuvent être supprimées. Passons à l'examen général de l'usage des charges avec plusieurs projectiles.

MM. Texier de Norbec (*a*), Lucas (*b*), Cornibert (*c*) et Coupe (*d*) probibent ces sortes de charges, quelle que soit la nature des circonstances. Je vais rapporter tour à tour et discuter l'opinion de ces quatre officiers.

Voici d'abord comment s'exprime M. Texier

(*a*) Recherches sur l'Artillerie, § 288.

(*b*) École du canon, etc., à l'usage du vaisseau le Régulus. Manuscrit.

(*c*) Tables de portées des canons et carronades , etc., pag. 169 et suiv.

(*d*) Prospectus du Mémorial d'Artillerie de la Marine, pag. 49. Toulon, 1815.

DE NORBEC : « Tous ceux qui ont traité des
» vitesses initiales des charges sur les boulets,
» n'ont considéré que les poids simples des
» boulets pour obstacles aux charges ; ce-
» pendant il est évident, par plusieurs cas,
» surtout par le dixième et le onzième des
» applications de la formule précédente, que
» l'augmentation des obstacles aux charges
» tend à diminuer notablement la vitesse du
» projectile: si, d'une part, l'augmentation
» de longueur d'âme était nécessaire à une
» charge trop forte pour produire tout l'effet
» dont elle est capable dans une pièce ordi-
» naire ; d'autre part, l'augmentation des
» obstacles pourrait diminuer tellement la
» vitesse impulsive de cette charge, qu'elle se
» trouverait consommée au débouché de la
» pièce ; car il n'est pas douteux qu'un plus
» grand obstacle à chasser ne retarde le pre-
» mier moment de son ébranlement, en exi-
» geant une plus grande violence du fluide
» élastique, tant dans l'augmentation de ses
» ressorts que par plus de poudre embrasée
» au premier instant, par plus de résistance
» au mobile, comme on le voit dans le on-
» zième cas, où la vitesse initiale d'un pro-
» jectile triple n'est que de 706,7 pieds.

» Mais il arrive de là nécessairement que le
» fluide élastique, produit en plus grande
» quantité, et par cela même plus resserré,
» exerce une force des plus considérables et
» des plus dangereuses sur les épaisseurs de
» la pièce. On ne doit donc nullement s'é-
» tonner qu'une pièce, surtout échauffée par
» plusieurs coups antérieurs, vienne à crever
» dans cette circonstance ; d'où il suit invin-
» ciblement qu'il est de la dernière impru-
» dence de mettre trois boulets dans une
» pièce avec la charge ordinaire, ou qu'il
» faudrait diminuer cette charge ; encore ne
» pourrait-on pas répondre que ce dernier
» parti remédiât au danger de rupture. Mais
» le plus sage et le mieux est de ne tirer qu'un
» seul boulet, quel qu'il soit, même avec
» une moindre charge, parce qu'il a seul, ou
» plus ou assez de force efficace, et qu'il va
» beaucoup plus directement au but où il est
» tiré ; au lieu que deux ou trois boulets,
» outre qu'ils ont moins de force, se causent
» entre eux de telles divergences, que peut-
» être aucune n'atteindra le but, lequel, pour
» cela ne doit pas être éloigné, comme maintes
» expériences avec deux ou trois boulets l'ont
» démontré. On n'a pas craint de trop in-

» sister sur la proscription d'un pareil moyen
» de nuire à son ennemi, puisqu'il se tourne
» plutôt contre ceux qui l'emploient (*a*). »
En avançant que « tous ceux qui ont traité
» des vitesses initiales des charges sur les bou-
» lets, n'ont considéré que les poids simples
» des boulets pour obstacles aux charges, »
M. TEXIER DE NORBEC a débuté par com-
mettre une erreur ; du moins s'il a entendu
par là qu'on ne s'est jamais occupé de l'effet
des charges de poudre que relativement à un
seul boulet tiré à la fois. Le savant qui le
premier entreprit de déterminer les vitesses
initiales des balles et des boulets, tant par
des expériences que par le calcul, ROBINS, a
dit ce qui suit : « Ayant tiré à différentes re-
» prises une, deux et trois balles avec la même
» charge de poudre, j'ai toujours trouvé (en
» dirigeant les coups contre le pendule balis-
» tique), que les vitesses étaient entre elles, à
» peu de chose près, réciproquement comme
» les racines carrées de leurs poids : la même
» charge qui communique à une seule balle
» une vitesse de 1700 pieds par seconde im-
» prime à deux balles une vitesse de 1250 à
» 1300 pieds par seconde, et à trois balles

(*a*) Recherches sur l'Artillerie, § 238.

» une vitesse de 1050 à 1100 pieds aussi par
» seconde (*a*). »

Il y a en outre des expériences faites en grand, montrant que deux boulets tirés avec la même pièce, le même angle de projection et une même charge de poudre, ont une portée qui n'est pas considérablement moindre que celle d'un seul boulet du même calibre. Par exemple, dans les épreuves exécutées en France en 1783, deux boulets de 36 lancés à la fois par 12 livres de poudre, sous un angle de projection de 17 degrés, ont porté à 1200 toises; et dans les mêmes circonstances la portée d'un boulet du même calibre, tiré seul, fut de 1450 toises. — La portée de deux boulets de 24, lancés par 8 livres de poudre sous le même angle de 17 degrés, a été de 1090 toises, et celle d'un seul boulet de 24, de 1360 toises (*b*). Les canons des autres calibres en usage dans la marine, tirés alternativement aussi avec un et deux boulets, ont offert des résultats analogues, et confirmés d'ailleurs par des épreuves de même

(*a*) Nouv. Princ. d'Artillerie, scolie de la 7ᵉ proposition. — Pag. 81 de la trad. de LOMBARD, ou pag. 174 de la trad. de DUPUY.

(*b*) Tableau manuscrit de ces épreuves.

nature qui furent exécutées en Angleterre en 1793 (*a*).

Mais dans les premières épreuves ci-dessus, c'est-à-dire les épreuves françaises de 1783, on voit qu'un canon de 6 long, avec 2 livres de poudre et sous l'angle de 17 degrés, n'a fourni avec un seul boulet qu'une portée de 1150 toises, ou moindre de 50 toises que celles des deux boulets de 36 lancés par une charge égalant aussi le tiers du poids de leur calibre respectif et sous le même angle de projection. Or, pour avoir ainsi une portée un peu plus grande que celle d'un boulet six fois moins pesant, les circonstances du tir étant respectivement les mêmes, il a fallu nécessairement que ces boulets de 36 fussent animés d'une quantité de mouvement plus grande que le boulet de 6 livres, et, s'ils avaient rencontré un solide quelconque dans leur course, ils y auraient produit une rupture plus considérable. On sait d'ailleurs, par les expériences de Hutton, qu'un boulet du calibre de 6, lancé par 2 livres de poudre, a traversé jusqu'à 42 pouces de bois dans un bloc en orme

(*a*) The bombardier and pocket gunner, pag. 205 et 210. — The sea-gunner's vade-mecum, etc., pag. 202.

placé à 285 pieds du canon (*a*). Ces mesures, il est vrai, sont anglaises, et par conséquent un peu plus petites que les nôtres ; mais, si par cette raison il faut diminuer quelque chose de la quantité de bois traversé, il faut aussi faire attention qu'un boulet de 6 français est plus pesant qu'un boulet de 6 anglais, et sa charge de 2 livres poids de marc plus pesante que celle de 2 livres *avoirdupoids,* dans le rapport de 1000 à 915, ce qui occasione une certaine compensation. Il est noté au demeurant dans les expériences de HUTTON que le bloc en orme dont il s'agit était d'une assez mauvaise qualité ; mais en raison de cette circonstance, et supposât-on qu'un boulet de 6 français, à pareille distance de 285 pieds anglais ou 266 pieds français, s'enfonçât dans du bois d'une bonne qualité de la même quantité seulement, savoir, 42 pouces anglais ou 39,3 pouces français, comme la muraille des vaisseaux du premier rang n'a guère au-delà de 20 à 22 pouces d'épaisseur, et n'est pas pleine partout, on peut conclure qu'un de nos boulets de 6, à la distance mentionnée, traverserait facilement cette mu-

(*a*) Tracts on mathematical and philosophical subjects, etc., tom. III, pag. 143 et 144.

raille, et que des boulets beaucoup plus pesans la traverseraient encore plus facilement, lorsqu'ils sont animés d'une quantité de mouvement assez grande pour avoir des portées aussi étendues que ce boulet de 6, toutes les circonstances du tir étant respectivement les mêmes. Or donc, ce n'est pas avec la crainte fondée que les boulets de gros calibre n'aient pas assez de force pour traverser la muraille des vaisseaux, qu'il est essentiel de ne pas en mettre deux à la fois dans un canon.

M. TEXIER DE NORBEC n'aurait pas dû être étranger à cette réflexion; car dans le tableau des épreuves exécutées en 1785 dans la rade de Castineau, qui furent dirigées par lui, et qu'il a rapportées en entier dans ses *Recherches sur l'Artillerie*, on voit que les boulets de 36, lancés par 6 livres de poudre seulement, n'ont jamais manqué de percer la muraille du vaisseau LE LION aux trois distances de 200, 400 et 600 toises, et qu'ils ont enlevé plus d'éclats ou de morceaux de bois que les boulets du même calibre, tirés avec le même canon et aux mêmes distances, avec 8, 9, 10 et 12 $\frac{1}{2}$ livres de poudre. Admettons d'ailleurs, et d'après le calcul de M. CORNIBERT, que la vitesse initiale d'un

boulet de 36, lancé par 12 livres de poudre
d'une force conforme au règlement de 1808,
soit de 1343 pieds par seconde (a); on trouvera, d'après le principe émis d'abord par
Robins, et adopté par ses successeurs, que
la vitesse initiale d'un même boulet de 36,
lancé seulement par 6 livres de poudre de
même qualité que la précédente, égalerait
$\frac{\sqrt{6}\times 1343}{\sqrt{12}}$ ou 950 pieds par seconde. D'une autre
part, c'est un principe général en Mécanique,
et mis également en avant par Robins, que,
la force impulsive étant la même, les vitesses
sont en raison inverse de la racine carrée du
poids des mobiles. Ainsi la vitesse des deux boulets de 36, lancés par 12 livres de poudre d'une
force conforme au règlement de 1808, égalerait
$\frac{\sqrt{36}\times 1343}{\sqrt{72}}$ ou 950 pieds par seconde, c'est-à-
dire qu'elle serait précisément la même que
celle d'un seul boulet de 36, lancé par 6 livres
de poudre, projectile et charge qui ont produit de si bons effets contre le vaisseau le
Lion, même à la distance de 600 toises. Il
faut observer de plus, que Robins a trouvé
par l'expérience que deux balles tirées à la

____

(a) Tables de portées, etc., pag. 198.

fois, qui auraient dû n'avoir qu'une vitesse
de 1200 pieds d'après le principe énoncé ci-
dessus, en ont acquis une de 1250 à 1300
pieds ; ce qu'il attribue à la partie du fluide
élastique qui passe entre les parois de l'arme
et la première balle, et va pousser la seconde
au lieu de s'échapper en pure perte (*a*).
Ailleurs ce savant reconnaît aussi que, dans
les grandes charges de poudre, la combustion
produisant une chaleur très élevée, la dilatation du fluide élastique doit être, toute
proportion gardée, plus considérable que
dans les petites charges (*b*). Or, la formule
$\dfrac{\sqrt{6} \times 1343}{\sqrt{12}}$ donne un résultat trop grand, c'est-
à-dire que la vitesse initiale d'un boulet de
36 lancé par six livres de poudre seulement,
doit être moindre que 950 pieds par seconde,
et, par conséquent, moindre que celle de
deux boulets du même calibre, lancés par 12
livres de poudre, puisque cette dernière vitesse
est plus grande que ces mêmes 950 pieds.
Or, M. TEXIER DE NORBEC, qui connaissait
tous les principes précédens, et qui les avait

(*a*) Nouv. Princ. d'Artillerie, trad. de LOMBARD, pag. 82,
— Trad. de DUPUY, pag. 174.

(*b*) *Idem*, pag. 146 et 147. — *Idem*, pag. 199 et 200.

adoptés, n'était pas d'accord avec lui-même, en avançant que deux boulets tirés à la fois n'auraient peut-être pas la force de traverser la muraille des vaisseaux.

Quant à l'objection qu'il fait touchant la divergence des boulets qu'on tire ensemble, elle est très fondée lorsque le but est éloigné. Aussi je pense qu'on a eu tous les torts possibles dans l'Exercice de 1811, de permettre l'usage des charges avec deux boulets jusqu'à 400 toises. Mais de très près et lorsqu'on tire sur des navires qui, pour la plupart, offrent au moins, avec leur gréement et leur voilure, une surface de 1000 pieds carrés, il est assurément fort avantageux de tirer deux boulets au lieu d'un, surtout s'ils sont de gros calibre ; car, non-seulement ils auront la force de traverser les murailles les plus épaisses, et ils feront deux trous au lieu d'un, mais encore chacun d'eux enlèvera plus d'éclats ou de morceaux de bois que s'il était tiré seul, avec une charge de poudre non réduite, et ayant une vitesse excessive. Néanmoins, comme il n'a pas encore été fait, ou publié, d'épreuves suivies pour reconnaître la justesse dont le tir avec deux projectiles est susceptible, il semble que la prudence ordonne de ne pas l'employer au-delà d'une soixantaine de toises, distance trop petite pour que la seule divergence des projectiles puisse faire manquer d'ordinaire un navire ou ses agrès. Je pense, en outre, que lorsqu'on est presque à bout portant, comme dans certains passages à poupe, ou dans l'instant d'un abordage, il convient extrêmement de charger tous les canons avec trois projectiles, dirigeant ceux du petit calibre contre les bastingages, et les autres contre la partie du navire ennemi dont l'élévation correspond à la leur. Entre autres faits sur lesquels mon opinion est basée, je rapporterai les suivans:

1°. Robins fit couler des canons de 24 extraordinairement légers et probablement très courts. L'un d'eux, qui ne pesait que 300 livres, ayant été chargé avec 12 onces de poudre seulement, fit passer son boulet au travers d'un massif de bois de chêne épais de 22 pouces; et ensuite le même boulet eut assez de force pour aller s'enfoncer dans une butte de terre (a). Au lieu des poids anglais dont il est question ici, supposons qu'ils fussent français, ce qui n'entraînera pas d'erreur bien sensible, puisque, si nous augmentons

____

(a) Nouv. Princ., traduct. de Dupuy, pag. 516.

le poids du boulet par cette supposition, nous augmentons dans un même rapport le poids de la charge de poudre. La vitesse initiale de nos boulets de 24, tirés par un canon de longueur ordinaire, serait de 480 pieds, la charge de poudre étant seulement de 12 onces poids de marc, et la qualité de cette poudre étant conforme au règlement de 1808, c'est-à-dire, telle que 3 onces portassent le globe du mortier d'épreuve à 115 toises (a). Et si le même canon de 24 était chargé avec trois boulets et la quantité accoutumée de poudre, ou 8 livres, la vitesse moyenne de chacun de ces boulets égalerait, d'après le principe théorique, $\dfrac{\sqrt{24} \times 1367}{\sqrt{72}}$ ou 789 pieds, ou, en y ajoutant la correction indiquée par les épreuves de Robins, qui est environ d'un dixième, on aura 868 pieds pour vitesse initiale moyenne de chacun de ces boulets, vitesse presque deux fois aussi grande que celle de 480 pieds, communiquée à un seul boulet du même calibre par 12 onces de poudre, et qui cependant est plus que suffisante pour faire traverser à celui-ci un massif de bois de chêne épais de 22 pouces. J'entends même 22 pouces fran-

____

(a) Tables du tir, etc., par Lombard, pag. 33.

çais, parce que notre calibre de 24 étant plus fort que le calibre anglais, et 12 onces de poudre poids de marc étant plus fortes que 12 onces *avoirdupois*, il y aurait nécessairement dans la quantité de bois traversée une certaine compensation. Ainsi donc trois boulets de 24, lancés par 8 livres de poudre et tirés presqu'à bout portant contre la muraille d'un vaisseau, auraient beaucoup plus que la force nécessaire pour la traverser, ayant chacun une vitesse presque deux fois aussi grande que celle qui suffit et au-delà à un boulet de même calibre, lancé par 12 onces de poudre, pour traverser un massif de bois de chêne épais de 22 pouces. On peut croire même que la charge d'un canon de 24 fût-elle seulement de 6 livres de poudre, au lieu de 8, trois boulets lancés par cette charge auraient encore beaucoup plus que la force requise pour traverser la muraille d'un vaisseau, surtout à la hauteur de la seconde batterie d'un trois ponts ou d'un 80, hauteur correspondante à celle où se trouvent placés les canons du calibre de 24; car la vitesse initiale moyenne de chacun de ces trois boulets serait représentée par $\dfrac{\sqrt{24} \times 1266}{\sqrt{72}} = 731,$

ou, avec la correction d'un dixième, de 804 pieds par seconde.

2°. Il résulte d'une expérience exécutée par HUTTON, le 10 septembre 1785, avec un canon portant des boulets qui pesaient un peu plus d'une livre, que ces boulets lancés par 2 onces de poudre seulement, ont pénétré de plus de 7 pouces dans un gros bloc formé avec la racine d'un orme, et placé à 79 pouces de la bouche du canon (a). La vitesse initiale de ces boulets n'est pas énoncée ; mais quelle qu'elle fût, il est assuré qu'elle aurait tout au plus été aussi grande que celle de trois boulets de même calibre lancés par trois fois autant de poudre ou par 6 onces ; car, indépendamment qu'il y aurait toujours eu le même rapport entre le poids des charges et celui des mobiles, nous avons déjà reconnu que la dilatation du fluide élastique doit être plus considérable, toute proportion gardée, à mesure que la combustion s'opère sur de plus grandes quantités de poudre. Cependant tout boulet d'une livre susceptible de s'enfoncer de plus de 7 pouces dans un gros bloc formé par la racine d'un orme, possède une

(a) Tracts on mathematical and philosophical subjects, etc., tom. III, pag. 38.

plus grande force qu'aucune balle de fusil,
fût-elle d'un calibre un peu supérieur aux
nôtres , et lancée par des charges de poudre
plus considérables que celles que nous em-
ployons. Cette assertion est prouvée par diverses expériences exécutées en Angleterre(a),
en Italie (b) et en Allemagne (c). D'un autre
côté , des expériences faites à Brest, aux mois
de juillet et d'août 1786, prouvent que les
balles de nos fusils de munition , avec leurs
charges de poudre accoutumées et tirées de
25 à 50 toises de distance, possèdent plus
que la force nécessaire pour traverser les
bastingages les plus épais qui se trouvent
généralement à bord des bâtimens (d). Or,
trois boulets d'une livre, lancés par 6 onces
de poudre , étant animés chacun d'une plus
grande quantité de mouvement que les balles
susdites , et pouvant s'enfoncer davantage
dans un corps solide, traverseront à plus forte

(a) Nouv. Princ. d'Artillerie, trad. de LOMBARD, pag. 502.
— Trad. de DUPUY, pag. 289. — The sea-gunner's vade-mecum , etc. , pag. 173.

(b) Esame della polvere, ou la trad. , § 189.

(c) Handbuch, etc., tom. Ier, tables 10 et 11. — Allgemeines Worterburch, 4e partie , pag. 50 et suiv.

(d) Procès-verbal manuscrit de ces expériences.

raison avec une extrême facilité toute espèce de bastingage usité. Les boulets d'une livre sont au reste les plus petits qu'on emploie à bord des navires français ; ce sont ceux des pierriers. Donc aussi les boulets des autres bouches à feu, dont aucun ne pèse moins que 4 livres, peuvent être tirés avec succès trois à la fois contre les bastingages, et même contre la muraille des gaillards, qui a rarement plus de 8 à 10 pouces d'épaisseur. Le brig français L'ENDYMION, armé de canons de 8 très courts et très légers, ayant abordé le brig anglais LE PILOT, bâtiment d'une forte construction, se trouva avoir le bossoir en contact avec la hanche de celui-ci ; les hommes qui servaient le canon le plus en avant, le seul alors qui pût se diriger contre l'ennemi, le chargèrent à plusieurs reprises avec trois et quatre projectiles, et même une fois ils l'emplirent presque jusqu'à la bouche, ce qui fit hésiter le servant qui devait y mettre le feu à remplir cette fonction. Cependant il s'y décida ; et M. LAURENT, lieutenant en pied du navire, de qui je tiens ce fait, pense que le ravage produit par ce coup fut très grand. Je dirai encore, en faveur des projectiles tirés ainsi plusieurs à la fois et à bout portant, que, n'ayant pas le temps de s'écarter beaucoup l'un de l'autre, ils frappent presque sur un même point, et que leurs chocs réunis favorisent non-seulement leurs pénétrations, mais en outre contribuent à ce qu'ils enlèvent de la muraille qu'ils traversent de très grands éclats. Ils doivent être considérés, en quelque sorte, comme ne formant qu'un seul projectile d'un volume et d'une masse double, triple, ou quadruple, du volume et de la masse primitive, et qui, lancé par la même quantité de poudre, doit produire des résultats plus considérables, ainsi que Hutton l'a prouvé par des expériences et démontré par le calcul (a).

Mais, malgré les faits que je viens de citer en faveur des pièces chargées avec plusieurs projectiles, je sens qu'on peut m'objecter que presque tous les vaisseaux, après un combat, ont dans la coque, et même dans la mâture, des boulets qui s'y sont logés sans avoir eu la force de traverser tout-à-fait. Une infinité de causes contribuent à cette circonstance. Les canonniers, lorsque les pièces sont échauffées, salies et humectées intérieurement, voyant qu'elles reculent avec violence, sont assez

____

(a) Nouv. Expériences d'Artillerie, etc., pag. 4.

dans l'usage de *saigner* abondamment les gargousses, quoique souvent elles l'aient déjà été
dans les soutes (*a*). L'augmentation du recul,
causée par l'augmentation de ténacité des
charges, leur fait imaginer, comme autrefois
à la plupart des auteurs d'artillerie (mais je
crois à un seul aujourd'hui), que la force
impulsive est accrue (*b*), tandis qu'il est
prouvé, au contraire, que la poudre s'enflamme avec d'autant moins de promptitude
et d'efficacité que l'air est plus raréfié par la
chaleur ou par quelque autre cause, dans

(*a*) Dictionnaire de Marine, etc., par Aubin, pag. 183.
Amsterdam, 1736. — A new naval history, etc., by John
Entick, pag. xxxix. London, 1756. — Instruccion sobre punterias, etc., pag. 62. — Tables de portées, etc., pag. 101 et
109. — The sea-gunner's vade-mecum, etc., pag. 174 et
200. — Mémoire manuscrit sur le service de l'artillerie à bord
des frégates; attribué à M. Mourgues, lieutenant-colonel
d'artillerie de la marine. — etc., etc.

(*b*) Hydrographie, etc., par le P. Fournier, pag. 134. Paris,
1653. — El perfecto artificial, bombardiero y artillero, etc.,
por Don Sebastian Fernandes de Medrano, pag. 91. Amberes,
1723. — Mém. d'Artillerie, par Surirey de Saint-Remi, t. II,
pag. 63, 3e édit. — Mém. de l'Acad. roy. des Sciences de
Paris, pag. 83, année 1716. — An easy introduction to practical gunnery, etc., by F. Holliday, pag. 125. London, 1756.
—Tractado de artilheria, etc., traducido por Texeira Rebello,
tom. I, pag. 25. Lisboa, 1792. — Tables de portées, etc.,
pag. 100. — etc., etc.

l'emplacement où s'opère la déflagration (*a*). Les canonniers néanmoins, agissant d'après leur manière de voir, ne laissent pas que de mettre plusieurs projectiles dans les pièces, et parfois un trop grand nombre. D'une autre part, les gargousses, soit qu'elles aient été saignées ou non, peuvent se trouver avariées, ayant contracté de l'humidité dans les soutes et les magasins, ou bien ayant été mouillées par un coup de mer au moment d'être employées (*b*). D'autres fois les chargeurs,

(*a*) Esame della polvere, ou la traduction, par le vicomte de FLAVIGNY, § 35, 44, 61 et 72. — Le Bombardier français, par BELIDOR, pag. XXXIII, 291 et suiv. — Théorie nouv. sur le mécan. de l'artill., par DULACQ, § 39. Paris, 1741. — An universal Dictionary of the Marine, etc., by W. FALCONER, au mot *Range*. London, 1769. — Tratado de artilleria, etc., por Don TOMAS DE MORLA, tom. I, pag. 70. — The british and french mariner's encyclopædia, etc., pag. 267. London, 1802. — etc., etc.

(*b*) Hist. de l'Acad. roy. des Scienc. de Paris, pag. 10, année 1726. — Mém. d'Artill., par SURIREY DE SAINT-REMI, t. II, pag. 331, 3ᵉ édit. — A supplement to the practical sea-gunner's companion, etc., by R. WADDINGTON, pag. 97. London, 1781. — Réflex. milit. et polit., par le marquis de SANTA-CRUZ, tom. V, pag. 257, trad. de M. DE VERGY. Paris, 1738. — Nouv. Princ. d'Artill., etc., trad. de LOMBARD, pag. 107. — Tables du tir, etc., pag. 30. — Tratado de artilleria, etc., por Don TOMAS DE MORLA, tom. I, pag. 59, et tom. III, pag. 389. — The sea-gunner's vade-mecum, etc., pag. 176 et 200. — etc., etc.

n'ayant pas enfoncé suffisamment le projectile, il y a au-devant de la gargousse un espace vide, susceptible de faire crever les pièces, parce que l'inertie du mobile n'étant pas vaincue par degrés ou par le dégagement successif du fluide élastique, elle offre au choc de ce fluide un obstacle trop subit, trop violent, qui occasione une réaction dangereuse contre les parois avoisinantes (*a*). A l'égard des mines, qu'il s'agit de faire éclater en tout sens, un vide semblable dans le *fourneau* ne saurait être qu'avantageux, du moins jusqu'à certaines limites, ainsi que l'ont prouvé un assez grand nombre d'expériences (*b*). Mais, dans toutes les épreuves

(*a*) Hydrographie, etc., par le P. Fournier, pag. 138. Paris, 1643. — Dell' uso delle armi da fuoco, ou la trad. par M. de Saint-Auban, § 38. — Bibliothèque britannique, etc., n° 82, pag. 22. — Mém. sur la fabric. des armes portatives de guerre, par M. Cotty, pag. 57. Paris, 1806. — Essai sur la chasse au fusil, etc., pag. 54. Paris, 1782. — De la défense des places fortes, etc., par M. Carnot, pag. 561, 3ᵉ édit. — Mémorial de l'officier du Génie, etc., tom. I, pag. 28, Paris, 1803. — Instruction sur le serv. de l'artill., etc., par M. Hulot, pag. 41. Paris, 1813. — Observations et instructions, etc., par un capitaine de la marine roy., trad. de l'anglais, par M. Y.-M.-G. Laouenan. Paris, 1815. — etc., etc.

(*b*) Mémorial de l'officier du Génie, tom. Iᵉʳ, pag. 31 et suiv. — Traité de fortification souterraine, etc, par M. C.-L. Gillot, pag. 75. Paris, 1805. — Aide-Mémoire, etc., tom. II,

faites avec des canons d'un certain calibre,
et des mortiers de diverses espèces, un vide
entre la poudre et les mobiles a toujours nui
à la force de projection (*a*). ROBINS seul, qui,
sans en déduire le motif, laissait d'ordinaire
un espace d'environ un pouce et demi entre
les balles et leurs charges, trouva, en les
éloignant davantage encore les unes des autres,
et, à ce qu'il paraît, jusqu'à la distance de
deux pieds, que les vitesses initiales en étaient

pag. 646, 4e édit. — Mém. de l'Institut, tom. III, sect.
math. et phys. — Essais sur quelques parties de l'artill. et
des fortif., par le général comte CH*** (CHASSELOUP), pag. 198
et suiv. Milan, 1811. — etc., etc.

(*a*) Traité des feux d'artifice pour le spectacle, etc., par
M. F..... (FRÉZIER), pag. 261. Paris, 1747. — Tractado de
artilheria, etc., traducido por TEXEIRA REBELLO, tom. I,
pag. 22, 23 et 142; tom. II, pag. 35 et 36. — Mémorial de
l'officier du Génie, tom. I, pag. 34. — Rech. sur les meilleurs
effets à obtenir de l'artill., etc., par le général LA MARTILLIÈRE,
tom. I, pag. 109 et 110; tom. II, pag. 329. — Le mouvement
igné, considéré principalement dans la charge d'une pièce
d'artill., etc., par L. C. D. G. (PEYRE), pag. 178. — Réflex.
sur la fabric. en général des bouches à feu, etc., par le général LA MARTILLIÈRE, pag. 83, 2e édit. — Septième Mém. sur
la poudre à canon, par PROUST; Journal de Phys., de Chim.
et d'Hist. naturelle, mai 1812, pag. 384 et suiv. — Huitième
Mém. *id.*, Journal *id.*, janvier 1813, pag. 338 et 349. — Prospectus du Mémorial d'Artill. de la Marine, par M. COUPE,
pag. 86. Toulon, 1815. — Handbuch für officiere, etc., table
14e du premier volume. — etc., etc.

toujours augmentées de plus en plus (*a*). Mais l'espace vide, dans les expériences faites avec des canons et des mortiers , n'ayant jamais été, à beaucoup près, aussi grand proportionnellement que dans celles de ROBINS, on ne doit pas les regarder comme en contradiction les unes avec les autres.

Les projectiles dont la vitesse est diminuée par une ou plusieurs des causes qui ont été précédemment déduites , peuvent ensuite n'arriver au but qu'après avoir fait beaucoup de ricochets et avoir traversé la sommité de vagues élevées. D'autres projectiles, quoique tirés seuls, avec des charges de poudre entières, et sans avoir fait beaucoup de ricochets désavantageux, peuvent avoir été tirés de si loin qu'ils frappent avec peu de force. Mais le cas où l'on atteint le but à une très grande distance n'est pas le plus ordinaire. Il suffit, au demeurant, des autres causes que je viens d'énoncer pour expliquer en partie comment il arrive que tous les boulets ne traversent pas entièrement la muraille et les mâts des bâtimens. Si d'ailleurs on observait avec soin ces boulets qui ne produisent pas tout l'effet

_____

(*a*) Nouv. Princ. d'Artillerie, etc. , trad. de DUPUY, p. 288 et suiv. ; ou la trad. de LOMBARD, pag. 251 et suiv.

désirable, on verrait presque toujours qu'ils sont d'un faible calibre, ou qu'ils ont rencontré des parties dans le navire offrant une résistance considérable, soit à cause d'une *courbe* placée derrière ces parties, soit à cause de chevilles ou de cercles en fer qn'ils ont eu à couper, soit enfin parce qu'ils ont frappé obliquement la surface des corps exposés à leur choc. J'ai eu fréquemment l'occasion de faire des remarques de cette nature, notamment en 1814, à bord du vaisseau LE ROMULUS, me trouvant en compagnie de M. MARESTIER, officier du génie maritime. Quelques jours auparavant, ce vaisseau avait été horriblement maltraité et avait failli d'être enlevé presque dans la rade de Toulon. L'escadre française n'avait fait aucun mouvement pour protéger sa rentrée. Elle était mal armée, mais plus nombreuse que l'escadre ennemie: et l'on pouvait compter que le vent, qui était du large, aurait poussé dans le fond de la rade tout navire ami ou ennemi qui aurait été dégréé (*a*).

Dans l'*Essai sur l'Art du Tir à la mer*, je me suis appliqué à détailler les principales

(*a*) *Casernets* de tous les bâtimens de guerre se trouvant en rade de Toulon, le 13 février 1814.

attentions que nécessite le bon emploi des charges avec double et triple projectile, sur lequel les officiers doivent veiller avec assiduité, surtout dans l'état actuel des choses (*a*). Ils tiendront pour certain que, tirés de très près et perpendiculairement aux surfaces ajustées, deux ou trois boulets avec des charges d'une bonne poudre et pesant le tiers ou le quart d'un de ces boulets, auront en général toute la force requise pour traverser la muraille d'un vaisseau, s'ils sont de gros calibres, et les bastingages, s'ils sont de calibres inférieurs.

Examinons maintenant si le tir avec deux et trois projectiles, si avantageux contre un navire ennemi, expose l'artillerie à d'aussi grands dangers que l'avance M. TEXIER DE NORBEC, et s'il n'existe aucun moyen de prévenir toute espèce d'accident.

Je vais d'abord transcrire des Tableaux d'expériences sur la ténacité des charges ou l'adhérence qu'elles contractent entre les parois de l'âme des pièces : les expériences furent exécutées avec des canons de fer par

(*a*) Mémoire manuscrit sur le service de l'artillerie à bord des frégates, attribué à M. MOURGUE, lieutenant-colonel d'artillerie de la marine.

M. Texier de Norbec, et avec des canons de bronze, par M. le chevalier d'Aboville ; les unes à Toulon en 1785, les autres à Strasbourg en 1784, et elles ont été rapportées par M. Texier de Norbec, dans ses *Recherches sur l'Artillerie* (a).

(a) Tom. I, pag. 122.

Expériences avec des canons en fer, sur la ténacité ou l'adhérence de charges, retirées horizontalement par lé moyen d'une corde.

CALIBRES.	Charges de poudre dans des gargousses de par-chemin.	Ténacité de la gargousse refoulée de 3 coups.	Ténacité de la gargousse et par-dessus un valet refoulés de 3 coups.	Ténacité de la gargousse refoulée de 3 coups, puis le boulet et le valet refoulés de 3 coups.	Ténacité de la gargousse et le valet refoulés de 3 coups, puis le boul. et le val. refoul. de 2 coups.	Ténacité extraordinaire provenant de fils de carret engagés entre le boulet et les parois de l'âme.	
	liv.	liv.	liv.	liv.	liv.		
36	$12\,{}^1/_2$	$7\,{}^1/_2$	$91\,{}^1/_2$	125	250	La garg., le boul. et le valet. 290	
24	9	$7\,{}^1/_4$	$69\,{}^1/_2$	99	209	La garg., le val., le boul. et le valet. 307	
18	7	7	60	80	194	La garg., le boul. et le valet. 125	
12	5	$6\,{}^1/_4$	59	85	168	La garg., le val., le boul. et le valet. 312	la corde a cassé par le dernier poids.
8	$3\,{}^1/_2$	6	50	65	133	La garg., le boul. et le valet. 200	
6	$2\,{}^1/_2$	5	39	43	85	La garg., le boul. et le valet. 100	
4	$1\,{}^3/_4$	6	38	40	75	La garg., le val., le boul. et le valet. 200	la corde a cassé par des tourons engagés entre le boulet et le valet.

Expériences semblables avec des canons en bronze. — Avant de commencer ces expériences, on a passé un écouvillon mouillé dans les pièces.

CALIBRES.	Gargousses.		Gargousses et valets.		Gargousses, valets et boulets.		Gargousses, valets, boulets et valets.
	liv.	onc.	liv.	onc.	liv.	onc.	liv.
4	3	0	56	9	65	9	132
8	3	0	13	9	22	9	63
12	3	0	24	9	38	9	128
16	7	9	60		94		223
24	9	1	87		125		342

Canon de 24 en bronze, *sans être mouillé.*

                                                      liv. onc.

Il a fallu pour entraîner
- la gargousse........................... 6   5
- la gargousse et le valet.................. 7   5
- la gargousse, le valet et le boulet........ 8   13
- la garg., le valet, le boulet et le valet. 28   5

Canon idem, *flambé avant l'expérience.*

                                                      liv. onc.

Idem.
- gargousse et bouchon de paille............ 31   9
- gargousse, bouchon *id.* et boulet........ 45   1
- gargousse, bouch. *id.*, boul. et bouch. *id.*.. 90   9

Canon idem, *flambé* idem.

                                                      liv.

Idem.
- garg., bouch. de paille et valet mouillé.... 122
- garg., bouch., val. *id.* et boulet.......... 230
- garg., bouch., val. *id.*, boul. et val. *id.*... 271

La première observation que nous devons faire touchant les expériences précédentes, c'est que les charges, dans une pièce de 24 en bronze, ont acquis une bien plus grande adhérence contre les parois de l'âme lorsque cette âme a été mouillée préalablement, que lorsqu'elle se trouvait dans son état de siccité habituelle. Si l'on réfléchit que cela est un effet naturel de l'humidité qui augmente l'adhérence et le frottement de toute matière en contact avec une autre, ainsi que nous l'éprouvons sur nous-mêmes lorsque nos vêtemens sont mouillés, on ne fera pas difficulté de croire que ce qui a lieu dans un canon de 24 en bronze, aurait lieu, à certaines modifications près, dans toute autre pièce, n'importe son calibre et son métal. Mais la ténacité des charges contribue essentiellement à faire rompre les pièces en s'opposant, à mesure qu'elle est plus grande, à un échappement assez subit du fluide élastique par la bouche de l'âme; en conséquence il est désavantageux, sous ce rapport, de mouiller une pièce, surtout lorsqu'on a l'intention de la charger avec plusieurs projectiles. Il serait même à propos, lorsqu'elle a contracté de l'humidité par l'effet des décharges précédentes, de passer dans l'âme un écouvillon n'ayant pas servi, ou recouvert momentanément d'un morceau de fourrure bien sec et d'une nature spongieuse, afin d'enlever, autant que possible, la crasse et l'humidité intérieure. En usant de cette précaution, le recul sera moins fort, et l'arme, l'affût, les bragues, les crocs, etc., moins exposés à subir aucune rupture.

La seconde observation que fournit l'inspection des tableaux précédens, c'est que, toutes choses égales d'ailleurs, l'addition d'un boulet augmente moins la ténacité d'une charge que l'addition d'un valet ou d'un bouchon. En effet, prenons au hasard le canon de 18 pour exemple ; on voit, premièrement, qu'un valet ajouté à la gargousse a exigé, pour qu'on entraînât tous les deux, une augmentation d'effort représentée par 53 livres ; secondement, que l'addition d'un boulet sur la gargousse et par-dessus le tout un valet, n'a occasioné qu'une augmentation d'effort représentée par 20 livres seulement ; et troisièmement, qu'en mettant par-dessus la gargousse un boulet placé entre deux valets, cette charge n'a pu être entraînée que par 194 livres, ou avec une augmentation d'effort de 114 livres pour la nouvelle addition d'un valet. Si l'on examine l'une après l'autre toutes les expériences faites à cet égard , on remarquera toujours pareillement que l'addition d'un valet ou d'un bouchon augmente beaucoup plus la ténacité des charges que l'addition d'un boulet. Ainsi donc, lorsqu'on n'emploiera qu'un valet dans une charge avec deux projectiles, ainsi que cela est expressément recommandé dans tous les cas dans la marine anglaise (*a*), il y aura encore moins à craindre d'accidens que lorsqu'on place un boulet entre deux valets ou bouchons, suivant la pratique ancienne et très souvent encore suivie aujourd'hui, quoique ses inconvéniens soient évidemment de rendre le recul plus considérable, d'augmenter les chances de rupture, de retarder le service, et d'être plutôt susceptibles de diminuer que d'augmenter les vitesses initiales (*b*). Je ne m'arrêterai pas à combattre le sentiment de MM. TEXIER DE

(*a*) The sea-gunner's vade-mecum , etc. , pag. 199.

(*b*) Mém. d'Artillerie de SAINT-REMI , tom. I, pag. 279, 3ᵉ édit. — Artillerie raisonnée, pag. 108. — Traité du mouvement des projectiles, pag. 171. — Nouv. Expériences d'Artillerie, pag. 173. — Tracts on math. , etc. , tom. III, pag. 7 et 27. — Épreuves d'Anvers. — etc., etc.

Norbec (*a*) et Cornibert (*b*), qui ont soutenu qu'un valet placé entre le boulet et la poudre devait augmenter la portée des projectiles ; toutes les épreuves faites à ce sujet ont prouvé le contraire, et tout récemment encore celles d'Anvers. Il en est de même du refoulage ; mais parmi les auteurs modernes, je ne me rappelle maintenant que Dulacq qui l'ait cru avantageux (*c*), et qui, du reste n'en fournit aucune preuve directe ni suffisante. On a reconnu par expérience, en Angleterre, qu'un refoulage excessif, outre les mêmes inconvéniens que ceux attachés à l'emploi de plusieurs valets ou bouchons, avait, de plus, le très grave inconvénient de faire demeurer contre le fond de l'âme les culots de la gargousse et jusqu'à de la poudre après que le coup a été tiré (*d*). Car cette munition, étant trop battue, forme une sorte de pâte très lente à s'enflammer, et qui parfois ne s'enflamme pas totalement, surtout quand l'intérieur de la pièce est humide, et consi-

(*a*) Recherches sur l'Artillerie, tom. I, § 115.

(*b*) Tables de portées, etc., pag. 135 et suiv.

(*c*) Mécanisme de l'Artillerie, § 42. Paris, 1741.

(*d*) Observ. et instruct., etc. ; par un capitaine de la marine roy., trad. de l'anglais par Y.-M.-G. Laouenan, pag. 19. Paris, 1815. — The sea-gunner's vade-mecum, etc., pag. 102.

dérablement échauffé par l'effet de décharges précédentes.

Par le tableau des expériences sur la ténacité des charges dans les canons en fer (expériences que M. Texier de Norbec semble avoir répétées et exécutées en général avec plus de soin que ne le furent celles de Strasbourg), on voit que parfois des fils de carret du valet placé sur le boulet s'engagent entre ce projectile et les parois de l'âme, et causent une ténacité extraordinaire. M. Texier de Norbec (a), et après lui M. Cornibert, ont remarqué très judicieusement que cette circonstance est fort dangereuse pour la pièce, principalement lorsqu'un valet de la forme ordinaire ou cylindrique a été fortement refoulé sur le boulet, parce qu'alors la base en contact venant à céder, et prenant l'empreinte du boulet, forme une espèce de coin circulaire dans lequel le boulet, s'enfonçant de plus en plus durant l'explosion , doit exercer contre les parois de l'arme un effort considérable, et dans certains cas susceptible de faire éclater celle-ci. M. Cornibert dit à ce sujet : « Qu'il ne paraît pas qu'on puisse » attribuer à d'autres causes la rupture d'une

(a) Recherches sur l'Artillerie, tom. I , § 120.

» pièce de 8 long de la frégate l'Incorrup-
» tible, chargée seulement de 2 livres de
» poudre de retour, et un boulet pour l'exer-
» cice. Cette pièce était bonne et régulière,
» à l'exception de quelques petites ondes de
» foret dans l'âme, mais qui, n'excédant pas
» les tolérances accordées par les règlemens,
» ne pouvaient pas obliger le boulet à des
» ressauts assez considérables pour briser la
» pièce : ce canon s'est fendu au collet, et
» n'a pas éclaté, ce qui prouve que la rup-
» ture a été occasionée plutôt par la pression
» que par le choc du boulet (a). » Les valets
ordinaires de forme cylindrique paraissent
donc dangereux, et l'on ne devrait en faire
usage que lorsque les pièces sont destinées à
demeurer long-temps chargées, parce qu'ayant
une grande adhérence contre les parois de
l'âme, ils sont plus aptes qu'un valet sphérique à empêcher le boulet de s'en aller à la
suite de violens roulis, ou au moins d'être
ballotté dans la pièce. Il est même à propos,
lorsqu'on est à la mer, ou dans une rade dans
laquelle l'artillerie doit demeurer constamment chargée, de placer, outre le valet cylindrique sur le boulet, un autre valet pareil

(a) Tables de portées, etc., pag. 134.

entre ce projectile et la gargousse. Par là, on évite que, les pièces étant à la serre la bouche contre la muraille du navire, et le boulet ne pouvant s'échapper, il ne finisse, à force de rouler dans l'âme, par crever la gargousse et mettre le feu à la poudre. Plusieurs officiers m'ont dit avoir été témoins de cet accident. Je ne cite pas leurs noms, ni celui des vaisseaux à bord desquels ils se trouvaient, parce que, n'en ayant pas pris note par écrit, je crains de m'en rapporter uniquement à ma mémoire.

Si je recommande de placer un boulet entre deux valets cylindriques pour les bouches à feu qui doivent rester long-temps chargées, je recommande aussi, lorsqu'on aura le temps nécessaire pour décharger l'artillerie et la charger de nouveau avant un combat, de ne pas manquer de le faire. En suivant cette méthode, on sera moins exposé aussi à ce que l'amorce ou la gargousse ne s'enflamme pas à cause de l'humidité qu'elles auraient pu contracter.

Du reste, soit qu'on mette un seul ou plusieurs projectiles dans les pièces, on doit regarder comme très convenable de n'employer pour chaque charge qu'un seul valet sphérique. Cette figure lui fait contracter moins d'adhérence contre les parois de l'âme que la forme cylindrique, et l'empêche de former ce coin circulaire si dangereux. Il est expressément recommandé aux canonniers hollandais, depuis nombre d'années, de faire les valets de la figure d'un peloton. C'est ce qu'on lit dans un ouvrage hollandais imprimé en 1697, et composé par M. WITSEN. On lit la même chose dans le *Dictionnaire de Marine* D'AUBIN, au mot *Canon* (*a*). Ainsi nous avons probablement tort, soit dit en passant, d'appeler, depuis quelques années, cette sorte de valets, des valets à l'anglaise.

En récapitulant tout ce que je viens d'exposer ci-dessus, on reconnaîtra que, si M. TEXIER DE NORBEC a condamné vivement les charges avec deux et trois boulets, c'est qu'il avait négligé de réfléchir à des expériences qui ne lui étaient pas étrangères, et même à d'autres qu'il avait exécutées. Or, sans nous arrêter davantage à combattre son opinion, concluons que les canons des batteries d'un navire étant dirigés contre les batteries respectivement correspondantes de l'ennemi, deux boulets mis à la fois auront toute

(*a*) Pag. 185. Amsterdam, 1736.

la force nécessaire pour traverser le but désigné, et suffisamment de justesse pour l'atteindre, si la distance est au plus de soixante
toises. J'observe ici que l'artillerie des gaillards, qui est composée de canons d'un petit
calibre, ou, au lieu de ceux-ci, de carronades, ne doit être chargée avec deux boulets
que lorsqu'on est assez proche de l'ennemi
pour être à peu près certain de ne pas manquer ses bastingages, sur lesquels doivent
être dirigées les bouches à feu dont il s'agit.
Lorsque deux boulets lancés à la fois par une
d'elles frappent contre la muraille d'un navire de haut bord, ils ont rarement la force
de la traverser ; ce qui ne doit pas néanmoins
les faire regarder comme tout-à-fait perdus,
puisqu'ils sont susceptibles de couper des
rides et des chaînes de haubans, ou d'entrer
dans le navire au travers des sabords. Quant
aux charges avec trois boulets, comme je
l'ai déjà annoncé, elle ne doivent être employées qu'à bout portant, n'importe le calibre des pièces ; et, quant aux inconvéniens
d'un recul excessif et aux dangers de rupture
de toute espèce, on y sera probablement
moins exposé en mettant deux ou trois boulets avec un seul valet sphérique dans des

pièces bien nettoyées et bien séchées intérieurement, qu'en employant un seul boulet placé entre deux valets cylindriques,
comme le recommandent MM. TEXIER DE
NORBEC et CORNIBERT, et se servant d'écouvillons très imbibés d'eau, ainsi que de coutume. Je ne parlerai pas ici des différentes
combinaisons qui peuvent se faire avec les
projectiles autres que les boulets ronds, parce
que M. TEXIER DE NORBEC n'a semblé avoir
en vue que ceux-ci, et parce qu'en outre je
traiterai en particulier ce sujet. Je vais passer maintenant à l'examen de l'opinion ma-
nifestée par M. CORNIBERT touchant l'usage
des charges avec plusieurs projectiles.

Cet officier commence par rapporter le
passage des *Recherches sur l'Artillerie* que
je viens de commenter, après lequel il
ajoute ceci immédiatement :

« On lit dans les *Observations* à la suite
» des Écoles du Canon, des carronades à
» bragues fixes, et du jet des grenades à
» l'usage du vaisseau LE RÉGULUS, page 5o,
» ce qui suit : *Par exemple, au combat de*
» *Trafalgar, où l'ennemi venait vent ar-*
» *rière sur la ligne de l'armée combinée,*
» *chacun sentit la nécessité de tirer sur lui*

» *de bonne heure, tant pour le dégréer que*
» *pour avoir le temps de recharger avant*
» *qu'il dût présenter le travers : mais pres-*
» *que tous les vaisseaux avaient chargé à*
» *double charge, dont la portée de but en*
» *blanc ne s'étend pas loin, et je remarquai*
» *que tous les coups tombaient à moitié che-*
» *min, que les boulets ricochaient et allaient*
» *mourir à la flottaison des vaisseaux en-*
» *nemis sans les endommager. J'avais fait*
» *charger toutes les batteries du vaisseau*
» LE REDOUTABLE *avec un seul boulet rond*
» *dans chaque pièce; j'ordonnai de com-*
» *mencer le feu sur le vaisseau de l'amiral*
» *anglais* LE VICTORY, *à la distance d'envi-*
» *ron sept encâblures, ou* 1363 *mètres, et je fis*
» *pointer au milieu du petit hunier de ce vais-*
» *seau, qui nous présentait l'avant : de cette*
» *seule bordée, il fut démâté de son mât d'arti-*
» *mon, de son petit mât de hune et de son grand*
» *mât de perroquet.* Cet exemple seul suffit,
» ajoute M. CORNIBERT, pour montrer sans ré-
» plique combien la vitesse des doubles char-
» ges est moindre que celle des charges ordinai-
» res, et combien on perd des avantages de l'ar-
» tillerie par cette charge inconsidérée (*a*). »

(*a*) Tables de portées, pag. 172 et 173.

La première chose à objecter contre le passage précédent, c'est qu'un seul exemple est loin de suffire en Physique ou en Artillerie pour démontrer sans réplique la solidité d'un principe, et particulièrement dans ce cas-ci. En effet, si les canons chargés avec deux boulets, au commencement du combat de Trafalgar, n'ont pas fourni des portées très étendues, c'est qu'on n'a pas donné assez d'élévation au pointage ; car les canons de gros calibres auraient pu porter jusqu'à 1300 toises et davantage, s'ils avaient reçu toute l'élévation que permet de leur donner leur affût. Cette élévation, ou cet angle de projection extrême, est de 17 degrés au moins sur une plate-forme horizontale; et dans la circonstance qui nous occupe, il pouvait être accru, tant par les mouvemens du roulis que par l'effet de la bande qui n'était pas forte, vu qu'il y avait peu de vent, mais qui était en faveur des vaisseaux français, ceux-ci combattant du même bord que leurs amures. Les épreuves exécutées en France dans l'année 1783, avec les divers canons de marine, dont on mesurait exactement les angles de projection, sont bien plus concluantes à cet égard que ce qu'on prétend avoir remarqué au combat de Trafalgar, à bord de vaisseaux sur lesquels on n'était pas embarqué, et à bord desquels on ne pouvait en aucune façon reconnaître le nombre de degrés de l'élévation du pointage. De plus, il est tout-à-fait extraordinaire d'avancer qu'à une distance de sept encâblures au moins (en s'en rapportant à ce qu'on ajoute en-suite), on était à même d'observer que tous les boulets, après avoir ricoché, allaient mou-rir à la flottaison des vaisseaux ennemis sans les endommager. Je puis assurer, par expé-rience, qu'à deux ou trois encâblures seule-ment, il est impossible, même en se servant d'une excellente longue-vue et n'ayant que cela à faire, de distinguer le trou d'un bou-let, surtout vers la flottaison, qui est tou-jours peinte en noir. Enfin, mettons à part cette difficulté, tout insurmontable qu'elle est, comment observer les ricochets et les effets de plusieurs centaines de coups de ca-non qui partent presque tous à la fois, et qui sont suivis immédiatement par une infinité d'autres? Quelque confiance qu'il soit juste d'avoir dans les connaissances et les talens de l'ancien capitaine du REDOUTABLE et du RÉ-GÉLUS, ce n'est pas un motif de croire des

choses aussi incroyables que celles-là , et c'en serait un plutôt de supposer que les copies manuscrites qu'on possède de l'*Exercice des armes à feu en usage à bord du* RÉGULUS , ont reçu des additions fautives par des mains étrangères. Un trait entre autres, qui aurait dû choquer singulièrement M. CORNIBERT , est celui-ci : « *J'avais fait charger toutes*
» *les batteries du vaisseau* LE REDOUTABLE
» *avec un seul boulet rond dans chaque*
» *pièce ; j'ordonnai de commencer le feu sur*
» *le vaisseau de l'amiral anglais* LE VICTORY,
» *à la distance d'environ sept encâblures, et*
» *je fis pointer au milieu du petit hunier de*
» *ce vaisseau, qui nous présentait l'avant :*
» *de cette seule bordée il fut démâté de son*
» *mât d'artimon, de son petit mât de hune*
» *et de son grand mât de perroquet.* » Les batteries du vaisseau LE REDOUTABLE étaient composées comme celles de tous les autres 74, c'est-à-dire avec des canons de 36, 18 et 8. Mais ne considérons actuellement que ceux de 18, comme tenant le milieu entre les deux autres calibres. En consultant les tables calculées par M. CORNIBERT, on voit qu'un canon de 18, chargé avec un seul boulet et avec six livres de poudre d'une force

conforme au règlement de 1808, doit recevoir une élévation de 3° 30′ (*a*), pour atteindre un objet situé sur le même niveau
que cette arme, à une distance de sept encâblures, ou 4200 pieds. Maintenant supposons un triangle rectangle dont le grand côté
de l'angle droit soit de ce nombre de pieds,
et dont l'hypothénuse soit représentée par
le prolongement de l'axe du canon de 18;
on trouvera, par le calcul, que le petit côté
de ce triangle opposé à un angle de 3° 30′,
côté qui représente l'abaissement du boulet
à la distance dont il s'agit, est de 257 pieds.
Il faudrait, en conséquence, que le prolongement de l'axe passât à 257 pieds au-dessus
d'un point situé dans le navire ennemi, sur
le même niveau que le canon de 18, pour
que ce point fût susceptible d'être atteint.
Cependant on ne règle pas le pointage à l'aide
de l'axe des pièces, mais à l'aide de la ligne
de mire effleurant les points les plus élevés de la culasse et du bourrelet. Or,
comme cette ligne passe au-dessous de
l'axe et s'en trouve écartée de 109 pieds, à
la distance de 7 encâblures, il faudrait qu'elle
fût dirigée à 148 pieds au-dessus du point

(*a*) Tables de portées, etc., pag. 210.

situé sur le même niveau que l'arme, ce qui
n'a pas eu lieu dans la circonstance mentionnée, parce que le milieu du petit hunier
du vaisseau LE VICTORY était élevé au plus de
80 pieds au-dessus de la seconde batterie.
En conséquence, tous les boulets de 18 tirés
par LE REDOUTABLE ont dû tomber à la mer
avant d'arriver à l'ennemi, du moins si les
canonniers de ce vaisseau ont suivi exactement les ordres que leur capitaine est censé
leur avoir donnés. Quant aux boulets de 8,
on sent qu'ils ont dû tomber à la mer encore plus en-deçà de l'ennemi ; et ceux de
36 seraient à peine arrivés à sa flottaison, en
s'en rapportant toujours aux renseignemens
que fournissent les tables calculées par
M. CORNIBERT. Ce serait encore pis si l'on
s'en rapportait aux calculs de M. TEXIER DE
NORBEC et à ceux de M. DE CHURRUCA ; car,
suivant le premier, l'abaissement des boulets de 36, 18 et 8, à la distance de sept encâblures, serait de 347, 382 et 457 pieds (a) ;
et suivant le second, cet abaissement relatif
à chaque calibre serait encore plus considérable ; du moins les résultats qu'il a donnés
jusqu'à 6 encâblures doivent le faire croire

(a) Recherches sur l'Artillerie, tom. II, pag. 326.

ainsi. Il est bon de dire en résumé que les portées calculées par M. Cornibert sont évidemment trop grandes, pour peu qu'on les compare avec les épreuves qui ont été faites de nos canons de marine, et notamment avec celles exécutées en 1783 et 1812.

Quoique presque tous les boulets de la première bordée du Redoutable aient dû tomber à la mer en-deçà du Victory, ou ne parvenir de plein fouet que jusqu'à sa flottaison, on prétend que « *de cette seule bor-* » *dée, il fut démâté de son mât d'artimon, de* » *son petit mât de hune et de son grand mât* » *de perroquet.* » On regarde tout le feu partant des matelots de l'avant et de l'arrière du Redou- table comme absolument nul, bien que vers le poste qu'il occupait, la ligne était si serrée que le Victory, en voulant la traverser, fut forcé de l'aborder. Admettons, pour un ins- tant, avec les auteurs d'une pareille suppo- sition, que les coups du vaisseau le Re- doutable fussent les seuls qui portassent, et portassent dans la mâture, quoique dirigés plus bas que la flottaison. Cherchons ensuite à deviner les autres avaries qu'aurait dû re- cevoir le Victory, en proportion des premières et à mesure qu'il s'avançait, jusqu'à parvenir à l'abordage.

Le vent était si faible, que les vaisseaux français, portant à deux quarts environ au-dessous du plus près, avaient pour la plupart de la peine à gouverner. Les Anglais recevaient un peu plus de brise, et, venant vent arrière toutes les voiles dehors, ils filaient peut-être quatre nœuds. Avec ce sillage, estimé au plus haut possible, LE VICTORY aurait employé de 11′ à 12′ pour parcourir 7 encâblures.

Le feu de l'artillerie de terre a une rapidité extrême. Des pièces à *la suédoise* ont tiré jusqu'à dix coups par minute dans des épreuves très authentiques (*a*) ; et, en général, les militaires expérimentés regardent que les pièces de campagne peuvent facilement tirer, dans les combats, quatre ou cinq coups par minute (*b*). Le feu de l'artillerie des vaisseaux est d'ordinaire beaucoup plus lent. Je dois dire pourtant qu'on affirme, dans un ou-

(*a*) Mém. d'Artillerie de SAINT-REMI, tom. I, pag. 331. — Artillerie raisonnée, pag. 68. — Observ. et exp. sur l'Artillerie, par M. DE SAINT-AUBAN, pag. 149. Alethopolis.

(*b*) Essai sur l'usage de l'artillerie, etc., par DUPUJET, pag. 5. — Mém. milit., tom. II, pag. 141, année 1791 — Tratado de artilleria, etc., por Don TOMAS MORLA, tom. III, p. 36.

vrage anglais, qu'à bord du vaisseau LE FOU-
DROYANT, commandé par sir EDWARD BERRY,
les canons, durant les exercices, tiraient deux
à trois coups par minute (a). A bord des
vaisseaux français, j'ai observé souvent, et
plusieurs de mes camarades m'ont assuré
l'avoir fait aussi, que les canons ne tirent
guère plus d'un coup par quatre ou cinq
minutes, un peu plus ou un peu moins, à
proportion de la grosseur des calibres. Il y
a, au demeurant, des auteurs anglais qui
ont avancé que beaucoup de leurs canonniers
mettent aussi jusqu'à cinq minutes, dans
les combats, pour charger et faire partir un
coup de canon (b). Quoi qu'il en soit, comme
l'équipage du REDOUTABLE était très bien
exercé, je ne pense pas que les canons de 18,
par exemple, tardassent plus de trois minutes à être chargés et tirés. Mais, pour ne rien
supposer qui soit en faveur de ce que je veux
démontrer, j'admets que les batteries de ce
vaisseau mettaient l'une dans l'autre un intervalle d'environ quatre minutes entre leurs

(a) British trident, etc., tom. V, pag. 338.

(b) A new and enlarged military dictionary, etc., by
CHARLES JAMES, tom. I, article *Gun*, third edition.
London, 1810. — The sea-gunner's vade-mecum, etc., p. 126.

6..

bordées respectives, et que LE VICTORY n'en ait reçu que trois, outre la première, avant de parvenir à aborder LE REDOUTABLE. La seconde de ces bordées aura été reçue par LE VICTORY à la distance de $4\frac{2}{3}$ encâblures, la troisième, à la distance de $2\frac{1}{3}$ encâblures, et enfin la quatrième à bout portant. Conséquemment, il est naturel de présumer que ce vaisseau aura été totalement démâté avant d'aborder LE REDOUTABLE, et qu'il ne l'aura joint qu'en continuant à courir sur son erre, circonstance qu'on ne saurait admettre sans admettre aussi qu'à mesure qu'il recevait des avaries, son sillage ne diminuât sensiblement ; ce qui augmentant le temps qu'il lui fallait primitivement pour parcourir sept encâblures, a dû lui faire recevoir une ou deux bordées de plus que nous ne l'avons calculé. Après l'abordage, d'ailleurs, ce vaisseau combattit pendant une demi-heure au moins contre son adversaire ; et, si quelqu'un de ses mâts tenait encore debout, il est présumable qu'il aurait fini par être abattu, en supposant toujours très gratuitement que le feu seul du REDOUTABLE eût de l'effet. Cependant le vaisseau LE VICTORY ne fut pas entièrement démâté ; ce qui est constaté par le rapport que le capitaine du REDOUTABLE adressa immédiatement après le combat, au ministre de la marine. Ce rapport fut composé en présence d'une partie des officiers du REDOUTABLE, et je leur en ai entendu faire la lecture deux ou trois jours après qu'il fut écrit.

La dernière objection que je ferai touchant le passage précité de l'Exercice des armes à feu en usage à bord du RÉGULUS, c'est qu'il n'y a pas d'exemple dans l'histoire de la marine, qu'à la distance de 7 encâblures, une seule bordée (eût-elle été aussi bien dirigée qu'elle l'était mal pour l'effet qu'on semblait vouloir obtenir) ait jamais produit de très grandes avaries. A terre même, où le pointage offre bien moins de difficultés qu'à la mer, on ne parvient à atteindre un objet situé à 3 et 4 encâblures seulement, ou à 3oo et 4oo toises, qu'en rectifiant les coups l'un par l'autre, ce qui n'a jamais lieu à bord. L'usage est que les canonniers, aussitôt après qu'un coup est parti, se mettent à recharger leur pièce, au lieu de chercher à observer la chute du projectile ; et cela est physiquement impraticable, dès que l'on fait feu de toute l'artillerie d'un navire. Outre l'inconvénient de la fumée, chaque canonnier n'a aucun moyen de reconnaître son boulet dès qu'il y en a plusieurs qui frappent à la fois la surface de la mer. Ceux qui frappent contre le navire ennemi ne sauraient être remarqués que de fort près ; et, quant à ceux qui le dépassent, leur trace étant souvent cachée par lui, on juge à tort qu'ils ont aussi atteint le but. Cette difficulté extrême d'observer l'effet des projectiles est cause, avec les mouvemens d'un bâtiment, qu'il n'y a jamais eu de combat décisif sur mer qu'à des distances fort peu étendues. Tant de preuves existent de cette vérité, que je me réserve d'en parler ailleurs pour la mettre dans tout son jour.

Je crois du reste avoir démontré suffisamment les invraisemblances et les erreurs contenues dans les deux premières citations faites par M. CORNIBERT, contre l'usage des charges avec plusieurs projectiles. En voici une troisième dont il est facile aussi de faire sentir le peu d'importance.

« On a trouvé dans l'Instruction des Maî-
» tres canonniers à bord de la prise anglaise
» le vaisseau de 74 l'ALEXANDRE : *L'expé-*
» *rience ayant prouvé que l'usage de charger*
» *avec deux boulets ronds à la fois, ou avec*

» *un boulet rond et un boulet ramé ou un*
» *paquet de mitraille, est dangereux, et plus*
» *nuisible qu'utile ; vous empêcherez cette*
'» *pratique dans les combats (a).* »

Le texte original de ce passage se trouve dans de vieilles instructions relatives à deux actes du parlement passés dans la première année du règne de Georges II, à l'endroit qui concerne les devoirs du maître canonnier. Voici ce passage en entier, tant en anglais qu'en français.

« It appearing by experience, that firing
» double round shot, round and double-
» headed shot, or round and grape shot
» together, is dangerous, and more to make
» detriment than good service, he (the
» Gunner) is to take care to prevent that
» practice in time of action, and to see that
» the guns are not loaded with such mixtures,
» unless it be by the Captain's order, nor to
» suffer any iron-crows to be put into them,
» since it is experienced, that they can do
» little or no execution by themselves, and
» being put after a round shot do greatly
» endanger splitting of the gun (b). »

(a) Tables de portées, etc. , pag. 174.

(b) A new naval history, etc. , by JOHN ENTICK, pag. XL. London, 1756.

« On a remarqué, d'après l'expérience,
» que le tir avec deux boulets ronds, un
» boulet rond et un ramé, ou un boulet rond
» et une grappe de raisin mis ensemble, est
» dangereux, et plutôt susceptible de nuire
» que de rendre un bon service. Il (le maî-
» tre canonnier) aura soin d'empêcher
» cette pratique pendant le combat, et de
» s'assurer que les canons ne soient pas
» chargés de la sorte, *à moins que l'ordre*
» *n'en soit donné par le capitaine.* Il ne
» souffrira pas non plus qu'on mette de-
» dans aucune espèce de barres ou mor-
» ceaux de fer ; car il a été éprouvé qu'ils
» font peu ou point d'effet comme projec-
» tiles, et qu'étant mis après un boulet,
» ils exposent grandement le canon à cre-
» ver (*a*). »

Aujourd'hui même, quoique les canons
anglais soient coulés avec beaucoup plus de
perfection qu'autrefois, on s'exposerait à les
faire crever si l'on mettait dedans des morceaux de fer irréguliers, après y avoir mis un
boulet ordinaire; car, toutes les fois que
ceux-ci s'engageraient entre les parois de

(*a*) Nouvelle Histoire navale, etc , par John Entick, p. xl.
Londres, 1756.

l'âme et le boulet, ils opposeraient à sa sortie une résistance extraordinaire. On n'a pas à craindre cet accident avec la mitraille composée de petites balles de fer, ou même de plomb; et il convient d'ailleurs, pour plusieurs motifs, de placer toujours la mitraille dans la pièce avant le boulet, au lieu de l'y placer après (a). Ce serait du reste une grande erreur de croire, à cause du passage d'une vieille ordonnance trouvée dans des papiers appartenant peut-être à un maître canonnier, que les Anglais ne font point usage de charge avec double projectile. Cette précaution, qui ne fut jamais observée scrupuleusement par leurs marins, avait été commandée par la mauvaise qualité du métal des canons, et il y a déjà long-temps qu'on a reconnu qu'elle n'était plus nécessaire. M. DU MAITZ DE GOIMPY a dit à ce sujet : « En lisant l'histoire de M. DU GUAY-
» TROUIN, on voit qu'il y avait une plus
» grande difficulté à vaincre les navires hol-
» landais à l'abordage que les anglais. Il y

(a) Relation des combats et des évènemens de la guerre maritime de 1778, etc., par Y.-J. KERGUELEN, pag. 11. — Instruccion sobre punterias, etc., pag. 63. — Exercice de 1808 et 1811, pag. 30 et 31.

» avait donc une cause particulière qui oc-
» casionait cette différence; on la trouve en
» combinant les règlemens de l'artillerie des
» deux nations : alors les Anglais ne char-
» geaient leurs pièces que d'un seul boulet,
» dans la crainte de les faire crever; ainsi
» leur feu était moindre de moitié; car on
» ne peut compter le temps nécessaire pour
» mettre un boulet de plus. La supériorité
» actuelle de leur artillerie a fait corriger
» cette pratique (*a*).

Dans les anciens règlemens hollandais relatifs à l'artillerie de marine que j'ai été à
même de consulter, je n'ai pas vu de preuves
directes qu'il fût prescrit aux marins hollandais de charger leurs pièces, dans certains
cas, avec plusieurs projectiles. J'ai vu seulement que le nombre des projectiles donnés à
l'armement était double de celui des charges
de poudre (*b*), ce qui semblerait prouver en
faveur de la proposition avancée par M. DU
MAITZ DE GOIMPY. Au demeurant, comme
il ne s'agit ici que des règlemens de l'artillerie de la marine anglaise, il a paru en

(*a*) Traité sur la construction des vaisseaux, pag. XIV.
Paris, 1776.

(*b*) Dictionnaire de Marine, etc., par AUBIN, pag. 185.

1812, un ouvrage qui donne, à cet égard, tous les renseignemens désirables. On n'y condamne que l'usage poussé à l'excès des charges avec double projectile, observant qu'on a reconnu, par des épreuves, qu'une pièce, après avoir été tirée vingt coups de suite de la sorte, s'échauffe tellement qu'il paraît imprudent de continuer le même feu. Néanmoins, lorsqu'on a quelque soupçon sur la bonté des pièces, elles sont tirées trente coups le plus vivement possible, avec deux boulets et une charge de poudre pesant le tiers du poids d'un de ces boulets. Mais on recommande, pour plus de précaution dans les combats, d'employer une charge de poudre pesant seulement le quart du poids d'un boulet lorsqu'on met dans les pièces plusieurs projectiles à la fois (a). L'histoire de la marine anglaise, durant les deux dernières guerres, présente d'ailleurs une foule d'exemples de bordées chargées avec plus de deux projectiles ensemble, ce qui a toujours produit de très bons effets quand les affaires ont eu lieu vergue à vergue. C'est ainsi que LE FOUDROYANT et LE LION envoyèrent chacun

(a) The sea-gunner's vade-mecum, etc., pag. 133, 174, 194, 199 et 203.

au vaisseau français LE GUILLAUME TELL une bordée avec trois boulets ronds dans chaque pièce, et LA PALLAS, une avec quatre de ces boulets à la frégate française LA MINERVE (a).

Les trois citations que M. CORNIBERT a faites contre l'usage des charges avec plusieurs projectiles sont, comme on le voit, très peu concluantes; mais il n'en est pas de même de ce qu'il assure avoir observé pendant qu'il était inspecteur de la fonderie de Nevers. On doit conclure des observations qu'il fit alors, qu'à la distance de 150 toises, la déviation de deux boulets tirés ensemble est déjà fort considérable, et qu'il faut être de fort près, comme à une soixantaine de toises, ainsi que je l'ai déjà dit, pour employer ces charges avec l'assurance de réussir. J'ajoute pourtant que, si l'on pointait les canons assez bas pour obtenir des ricochets, l'un des deux boulets, ou tous les deux, rencontreraient probablement la coque ou les agrès d'un navire à la distance de 150, et même de 200 toises; mais il semble plus à propos, je le répète, d'attendre, pour em-

(a) British trident, etc., tom. V, pag. 338 et 218. — New naval magazine. June, 1800, pag. 302.

ployer deux projectiles à la fois, qu'on soit à une distance de 60 toises au plus de son ennemi. C'est à tort en conséquence que, dans l'Exercice de 1811, on étend les limites de ce genre de tir jusqu'à 400 toises ou 4 encâblures ; et le principe général à déduire de tout ce qui précède est celui-ci : *les charges avec plusieurs projectiles, toujours nuisibles pour l'artillerie quand elles sont trop fréquentes, sont sans effet contre l'ennemi toutes les fois qu'on en est éloigné. Lorsqu'au contraire on en est fort près, elles lui causent de grands dommages, doublant ou triplant les effets ordinaires de l'artillerie, qu'elles ne sauraient fatiguer d'une manière inquiétante, si l'on prenait certaines précautions dont l'utilité est évidente, mais auxquelles cependant on ne paraît pas avoir songé jusqu'à ce jour.*

Après avoir déjà tant parlé des charges avec double et triple projectile, je pourrais peut-être me dispenser de m'arrêter à combattre ce qu'a avancé **M. Coupe** contre leur usage ; mais j'en agirai autrement pour compléter la discussion. Cet officier commence par faire la citation suivante :

« *Tous les marins qui ont voulu obtenir*

» *de grands et brillans succès, sont venus*
» *se porter à 100 mètres, et méme plus près,*
» *de leur ennemi. Ainsi placés, pour ainsi*
» *dire, à bout portant, ils ont chargé leurs*
» *pièces avec deux ou trois, et méme quatre*
» *boulets à la fois, et, dans peu d'heures ,*
» *une victoire complète a été le résultat de*
» *cette audace (a). »*

M. Coupe ajoute ensuite :

« Disons aussi que, dans peu d'heures ,
» les canons leur ont crevé aux yeux, ce qui
» est beaucoup plus exact.

» Quelle exactitude de tir et quelle vitesse
» veut - on que cette énorme quantité de
» projectiles puisse obtenir eu diminuant la
» charge, ce qu'il faut indispensablement,
» si l'on veut diminuer les épaisseurs? Si
» l'on ne diminue que les longueurs, plu-
» sieurs boulets sortiront sans force. Com-
» ment perceront-ils le vaisseau ennemi?
» Comment ont-ils procuré la victoire? Ils ont
» fait crever beaucoup de canons anglais,
» comme des nôtres, parce que, lorsque
» cela arrive, les pièces sont déjà échauffées
» par les coups qu'elles ont lancés avant;

(a) Manuscrit du Tableau de l'Architecture navale, par
M. Ch. Dupin.

» car on n'attend pas à être à 5o toises pour
» commencer le combat (a). »

M. Coupe mêle sans motif suffisant, ce
me semble, la question relative aux charges
avec plusieurs projectiles, et celle relative à
l'épaisseur des pièces. Les marins qui se sont
servis de deux, trois, et même quatre boulets
à la fois, l'ont fait avec les canons ordinaires
et avec des charges de poudre qui probablement n'avaient pas été diminuées. J'ai
essayé de démontrer précédemment que,
dans les canons de gros calibre, on pouvait
réduire les charges de poudre au quart du
poids du boulet, au lieu du tiers, et que trois
boulets lancés à bout portant, avec ces charges de poudre, auraient encore toute la force
nécessaire pour traverser les œuvres mortes
d'un navire. On ne doit pas du reste diminuer la charge ordinaire des carronades, qui
est déjà fort petite, et dans aucune circonstance les charger avec plus de deux projectiles à la fois. Si nous construisons un jour des
canons plus courts et plus légers que les canons
actuels, il faudra en agir avec eux de même
qu'avec les carronades. C'est ce que font déjà

(a) Prospectus du Mémorial d'Artillerie de la marine,
pag. 49. Toulon, 1815.

les Anglais, qui ont habituellement des canons de chaque calibre, de trois longueurs
et pesanteurs différentes. Il les distinguent
par les noms de pesant ou long (heavy or
long), moyen (medium), et léger (light).
Ils en ont même de sept ou huit espèces différentes d'un même calibre (a). Ceux que
M. Coupe a pu voir à bord du Berwick, du
Swiftsure, de l'Hannibal et de l'Alexander,
étaient de l'espèce la plus longue et la plus
pesante. Mais laissons cette question à part,
pour ne nous occuper que de celle qui concerne les charges avec plusieurs projectiles
dans les canons ordinaires de nos vaisseaux.
On ne saurait se dispenser de convenir, avec
M. Coupe, que tous les marins n'attendent
pas à être à 50 toises pour commencer le
feu. Il y en a qui, dès la distance de 800 à
900 toises, font feu de toute leur artillerie,
et bientôt après de toute leur mousqueterie,
s'enveloppant en dedans et en dehors d'une
épaisse fumée, qui est cause que chaque canonnier ou fusilier tire au hasard, et que
l'ennemi s'approche autant qu'il le désire
sans éprouver d'ordinaire aucune perte nota-

(a) The Bombardier and Pocket Gunner's, etc., pag. 204
et 205. — The sea-gunner's vade-mecum, etc., pag. 121.

ble. Mais si des capitaines qui ignorent les premières règles de leur art prodiguent ainsi les munitions et fatiguent l'artillerie avant que d'être à une distance convenable, et se mettent presque hors d'état de combattre avantageusement lorsqu'ils s'y trouvent parvenus, les bons officiers de mer n'en ont jamais agi de la sorte. TOURVILLE, DU GUAY-TROUIN, JEAN BART, FORBIN et nos autres grands marins, ont tenu une conduite très opposée (a). DU GUAY-TROUIN, par exemple, dit mot pour mot, dans ses Mémoires : « Je l'avertis (un des capitaines sous » ses ordres) que pour y bien réussir (à » donner l'abordage), il ne fallait pas tirer » un coup que ses grappins ne fussent jetés » de l'avant en arrière, etc. (b). » JEAN BART avait coutume « d'essuyer la première bor- » dée de l'ennemi, de ne lâcher la sienne » qu'à portée de pistolet, et de monter aus-

(a) Hist. gén. de la Marine, etc. , tom. II, pag. 456. — Vie de TOURVILLE, etc., tom. I, pag. 139 et 169; tom. II, pag. 122 et 134. — Vie de JEAN BART, etc. , pag. 141. — Vie de FORBIN, etc., pag. 272. — Vie de DU GUAY-TROUIN, etc., pag. 15 et 139. — Mém. de *id.*, pag. 36, 39 et 89. — Theat. gall., par GREGORIO LETI, vol. 7, pag. 197. Amsterdam, 1695.

(b) Mémoires de DU GUAY-TROUIN, pag. 104.

» sitôt à l'abordage (a). » D'autres braves officiers, émules de ces grands hommes, tels que DE LA JAILLE, DE ROQUEFEUILLE, DE NANGIS, DE RUIS, D'HOCQUICOUR, etc., étaient pareillement dans l'usage de ne riposter à l'ennemi que le plus près possible; et comme eux ils obtinrent des succès (b). Cette noble résolution, et les avantages qu'elle entraîne, sont devenus, de nos jours, le partage des Anglais. La bataille de TRAFALGAR en est une des preuves les plus marquantes. Mais, quelle que soit l'impression que doivent produire sur l'esprit des faits aussi imposans, je pense que les capitaines de navire devraient avoir une conduite tenant le milieu entre celle où l'on commence le feu de trop loin et avec trop de vivacité, et celle où l'on attend, pour riposter, d'être presqu'à bout portant. Il serait probablement fort convenable, dès qu'on serait à une distance variant de 600 à 1000 tois., selon l'état du vent et de la mer, et la nature des bouches à feu, de commencer à tirer coup par coup; observant bien la chute des pro-

(a) Vie de JEAN BART, pag. 202.

(b) Vie de DU GUAY-TROUIN, etc., pag. 173. — Mém. de id., pag. 105 et 126. — Vie de TOURVILLE, etc., tom. 1, pag. 43. — Les Hommes illustres de la marine française, etc., p. 188.

jectiles pour rectifier le pointage, qui serait confié à un seul homme, celui auquel on aurait reconnu d'avance le plus de coup d'œil et d'habileté. Arrivé à 200 toises, on enverrait une première décharge générale d'artillerie, supposant toutefois qu'on fût certain d'avoir le temps de recharger les pièces et d'être débarrassé de la fumée avant de parvenir à une trentaine de toises, ou mieux encore à bout portant de l'ennemi, auquel on enverrait alors une bordée à double ou triple projectile. Je suppose ici que les canonniers ne soient pas mieux exercés que de coutume; car, si l'on avait de l'avantage de ce côté, il serait à propos, et principalement lorsqu'on serait à même de venir se placer au vent et par la hanche de son adversaire, qu'après avoir d'abord engagé le feu de très loin, coup par coup, on se tînt dans la position désignée, à 120 ou 130 toises ; donnant de temps à autre de grandes auloffées pour découvrir l'ennemi avec presque toute l'artillerie, et s'appliquant à pointer avec précision. On serrerait l'ennemi à mesure qu'on lui verrait des avaries plus grandes qu'à soi-même, et l'on précipiterait le feu à proportion de la diminution de la distance; car, moins l'objet est éloigné, plus le pointage devient facile et moins il requiert de soin. Si l'on était sous le vent, il conviendrait de chercher toujours à engager à contre-bord, manœuvrant d'une part pour ne pas se laisser enfiler, et d'une autre part pour gagner la position de la hanche du vent de l'ennemi; position qui, généralement parlant, est la plus avantageuse de toutes. Au surplus, ce serait une entreprise assez étendue que d'offrir un système de manœuvres combinées avec l'art du tir, selon l'état du vent et de la mer; la force intrinsèque des combattans; la position qu'on occupe respectivement; les avaries qu'on éprouve ou qu'on fait éprouver; les qualités du navire qu'on monte et de celui qu'on a pour adversaire; le degré de discipline, d'instruction et de bravoure de chaque équipage; la confiance qu'on a dans soi-même; l'idée qu'on se forme du capitaine ennemi, etc., etc. Mais, il faut le dire en faveur de ceux qui ont plus de courage que d'application, l'audace, accompagnée d'un peu de jugement et de pratique, supplée à bien des avantages et dispense de bien des combinaisons. Tout capitaine sera fondé à espérer des succès, lorsqu'imitant, sous certains rapports, la plupart des

héros de la marine, il viendra le plus directement possible à une trentaine de toises de
son adversaire, ou mieux encore à bout portant, lui envoyer une première bordée à
double ou triple projectile, et continuera de
la sorte, sans se décourager par aucun accident. Les canonniers, du reste, doivent
pointer alors au milieu de la batterie des
gaillards de l'ennemi ; les gens de la mousqueterie ajuster le capitaine, les officiers et
les chargeurs (a) ; et ceux qui jettent les grenades sont avertis que ces projectiles, lancés
d'un endroit élevé, ne peuvent guère aller
plus loin que 15 à 16 toises, et 13 environ
quand on est de niveau (b). Mais revenons
à l'opinion de M. COUPE touchant les charges
avec plusieurs projectiles.

Cet officier, après avoir condamné la ré-

(a) Hist. génér. de la marine, etc., tom. II, pag. 479. —
Réfl. milit. et polit., trad. de l'espagnol, de M. le marquis de
SANTA-CRUZ DE MARZENADO, par M. DE VERGY, tom. II, pag. 268 ;
tom. V, pag. 72, 73 et 74. — Commentaires sur les Mémoires
de MONTECUCULLI, etc., par TURPIN DE CRISSÉ, etc., tom. II,
pag. 400. — A new enlarged military dictionary, etc., by
CHARLES JAMES, tom. II, au mot *Riflemen*.

(b) Mémorial pour la défense des places, par CORMONTAIGNE,
pag. 205, édit. de 1809. — The bristish and french mariner's
Encyclopædia, pag. 114. London, 1802. — The sea-gunner's
vade-mecum, pag. 162.

flexion qu'il cite en premier lieu, sans démontrer la fausseté de cette réflexion par des faits, ou plutôt contradictoirement à tous les faits que présente l'histoire de la marine ; cet officier, dis-je, donne immédiatement après des tableaux relatifs aux charges de poudre, aux longueurs, aux épaisseurs et aux poids des bouches à feu de la marine française et anglaise, lesquels occupent, avec les discussions dont ils sont accompagnés, une quinzaine de pages. Ensuite M. COUPE, pour prouver combien il est dangereux de charger les pièces avec plusieurs projectiles, rapporte que, durant les 22 ou 23 années qu'ont duré nos dernières guerres maritimes, il a crevé treize canons à bord de nos vaisseaux. Il ne fournit du reste aucune preuve que ces canons aient été chargés avec plusieurs projectiles. Mais il ajoute, sur le rapport de M. MASSE, capitaine d'artillerie, qu'à l'exception de trois, toutes les carronades du ROYAL SOVEREIGN crevèrent à la bataille de TRAFALGAR, et qu'il en arriva à peu près autant à bord du BRITANNIA. Ces deux faits, que je sache, ne se trouvent consignés nulle autre part que dans le prospectus de M. COUPE. Mes motifs de les révoquer en doute sont ceux-ci : 1° Les carronades anglaises, dont la fonte est très soignée, ne sont chargées d'habitude qu'avec un seul projectile de leur calibre ; le poids de la charge de poudre varie depuis le 8ᵉ du poids du boulet jusqu'au 16ᵉ, et il est le plus ordinairement du 12ᵉ. Dans les épreuves de réception, il est triple de ce dernier (a). 2°. On a reconnu de tout temps que les pièces de fer longues sont les plus sujettes à crever ; inconvénient qu'on ne peut prévenir en renforçant considérablement le métal, qui alors est en trop grande quantité pour acquérir dans le coulage une union très intime (b) : or, par la raison contraire, les bouches à feu de fer, très courtes, sont infiniment moins exposées à crever que les autres, pour peu que leurs épaisseurs soient proportionnées aux explosions qu'elles ont à supporter. 3°. Le Royal Sovereign et le Britannia, qui furent extrêmement exposés au feu dans la bataille de Trafalgar, n'eurent, le premier que 128, et le second que 49 hommes hors de combat. Si l'accident des carronades fût arrivé, il eût suffi probablement pour causer seul de

(a) The sea-gunner's vade-mecum, etc., pag. 133, 175 et 201. — The bombardier and pocket gunner's, etc., pag. 88.

(b) Dell' uso delle armi da fuoco, pag. 102.

plus grandes pertes à ces deux vaisseaux (*a*).

Voici finalement en quels termes M. Coupe termine sa discussion sur les charges avec plusieurs projectiles.

« Est-ce assez ?.... Arrêtons les écarts de
» notre imagination.... Écrions-nous donc
» avec ces auteurs anonymes, sans nous ca-
» cher, mais dans un sens plus juste.

» Écrions-nous-donc :

» Au nom de l'honneur national, de l'inté-
» rêt de la France, de la gloire et de la vie de ses
» défenseurs ! au nom de l'humanité enfin,
» n'augmentez pas les dangers des équipages
» du Roi ! N'affectez pas leur moral, ne jetez
» pas l'épouvante dans nos vaisseaux avec vos
» canons idéaux !... N'accusez plus les gouver-
» nemens, s'ils arrêtent vos imaginations en
» délire, s'ils ménagent les fonds de l'Etat ! Re-
» merciez-les, au contraire, d'épargner le sang
» des sujets, de les empêcher de se ruiner ! Re-
» venez aux règles du bon sens ; mêlez-vous de
» votre métier, laissez là Texier, et dites que,
» lorsqu'il est question de traiter de l'artillerie,
» il faut en laisser le soin aux artilleurs (*b*). »

(*a*) The London Gazette extraordinary, 27th. nov. 1805.
— The glorious british flag, etc., pag. 75.

(*b*) Prospectus du Mém. d'Artill. de la marine, etc., p. 66.

J'ai tâché de démontrer, contre l'opinion de MM. Texier de Norbec, Lucas, Cornibert et Coupe, et d'après des principes généralement reconnus, joints à des faits et des épreuves authentiques, que dans nos canons ordinaires de marine, en prenant la précaution de les bien nettoyer intérieurement, de diminuer un peu les charges de poudre , et de n'employer jamais qu'un seul valet sphérique, il devait parfois être avantageux de mettre dans ces pièces plusieurs projectiles ensemble. J'opposerai encore à l'autorité de ces quatre officiers, d'une part, ce qui est prescrit dans *l'ordonnance de* 1786 (*a*), et dans les *Exercices de* 1808 (*b*) *et* 1811 (*c*) ; d'une autre part, ce qu'ont dit MM. Robert Park (*d*), Maitz de Goimpy (*e*), de Kerguelen (*f*), Bourdé de Villehuet (*g*), Audibert

(*a*) Règlement concernant le service des officiers de marine à la mer, art. 81.

(*b*) Pag. 30.

(*c*) Pag. 29 et 31.

(*d*) Defensive war by sea , art. 8, pag. 162 et suiv. Ipswich, 1704.

(*e*) Traité sur la construction des vaisseaux , pag. 14.

(*f*) Relations des combats et des évènemens de la guerre maritime de 1778, etc., pag. 11.

(*g*) Le Manœuvrier , etc., pag. 193 , édit. de l'an VIII.

DE RAMATUELLE (*a*), DE CHURRUCA (*b*), MOUNTAINE (*c*) et ROBERT SIMMONS (*d*).

J'ai déjà cité en outre des circonstances prouvant que nos grands hommes de mer, ainsi que la plupart de leurs émules, avaient toujours cherché à combattre de près, et avaient d'ordinaire fait charger leurs pièces avec plusieurs projectiles. J'ai cité aussi quelques exemples attestant que les meilleurs marins anglais en ont agi jadis, et surtout en agissent de même aujourd'hui. Mais on pourrait faire tant de citations à cet égard, que je dois me borner à présenter le titre des principaux ouvrages où elles se trouvent. Ces ouvrages sont : *Impartial Memoirs of the lives and characters of officers of the Navy of Great Britain. — The Naval Chronicle. — The British trident. — A Voyage round the World, being an Account of a Remarkable enterprize begun in* 1719. *— The*

(*a*) Cours élémentaire de Tactique navale, pag. 490.

(*b*) Instruccion militar para el navio CONQUISITADOR, etc., pag. 39. Brest., 1799. — Instruccion sobre punterias, etc., pag. 62 et 63.

(*c*) The seaman's vade-mecum, etc., pag. 140, 147, 149, 152, 153, etc. London, 1780.

(*d*) The sea-gunner's vade-mecum, etc., pag. 133, 174, 194, 199 et 203.

Naval History of Great Britain. — A New Naval History, etc. — Naval Anecdotes. — Burney's lives of naval Heroes. — Naval Magazine. — New naval Magazine. — Bibliogrophia navalis. — etc. J'opposerai, en dernier lieu, à l'opinion qui est contraire aux charges avec plusieurs projectiles, des faits qui ne se trouvent encore dans aucun livre, et qui sont choisis parmi beaucoup d'autres qu'on m'a rapportés verbalement. J'ai donné la préférence à ceux qu'on va lire, parce que je les tiens de témoins oculaires, à l'exception du premier, et parce qu'ils sont liés à des actions assez récentes que tout Français aimera sans doute à entendre rappeler.

Le capitaine BOMPART fit charger des canons avec cinq boulets à la fois dans la glorieuse affaire qu'il engagea sur la frégate L'EMBUSCADE, contre la frégate anglaise LE BOSTON.

A bord de la frégate LA PRENEUSE, commandée par le capitaine L'HERMITE (actuellement contre-amiral), on employa souvent trois projectiles ensemble, et jusqu'à quatre, durant l'action où cette frégate battit si complètement, et obligea à prendre chasse, le vaisseau anglais LE JUPITER, expédié du Cap de Bonne-Espérance pour s'emparer d'elle.

Par le résultat d'une manœuvre bien conçue et bien exécutée, lorsque le capitaine SEGOND, commandant LA LOIRE, donna une volée pleinement en poupe de LA MERMAID, dont le mât d'artimon et le grand mât tombèrent ensemble, la plupart des canons étaient chargés avec deux boulets.

Le capitaine TROUDE (actuellement contre-amiral), étant chassé sur LE FORMIDABLE par la division de SIR JAMES SAUMAREZ, et serré au feu par LE SUPERB et LE VENERABLE, vaisseaux de 74, et par la frégate LA THAMES, donna l'ordre dans les batteries (les gaillards étaient désarmés faute de monde) de tirer, avec triples projectiles, contre LE VENERABLE, qui fut désemparé de tous ses mâts, et qui se trouvait alors à un quart d'encâblure environ de son adversaire.

Enfin, lorsqu'une division anglaise appareilla de l'île de Bourbon pour chasser les frégates françaises L'IPHIGENIA et L'ASTRÉE, la frégate anglaise L'AFRICAINE devança les autres bâtimens de sa division ; et, comme elle avait reçu à bord un grand supplément de soldats et de volontaires de toutes classes, elle se crut assez forte pour commencer à engager de près les frégates françaises et principalement L'Iphigenia. Voyant cependant qu'une affaire au canon lui devenait très défavorable, elle manœuvra pour aborder celle-ci, et elle avait alors ses hauts couverts d'assaillans. Le commandant Bouvet, qui avait fait charger les pièces impaires avec deux paquets de mitraille, et les pièces paires avec un boulet et un paquet de mitraille, lui envoya une volée à bout portant. L'Africaine amena. Les Français, en l'amarinant, trouvèrent ses gaillards jonchés de cadavres amoncelés les uns sur les autres, et mutilés au dernier point ; ils apprirent qu'à l'exception de cinq ou six individus, tous ceux qui s'étaient présentés sur le pont et dans les haubans pour aller à l'abordage, avaient été à la fois mis hors de combat.

Après avoir prouvé de diverses manières combien il est parfois avantageux de charger les pièces avec plusieurs projectiles, je vais entrer dans quelques considérations relatives à la nature particulière de ces projectiles.

C'est à tort qu'on fait mention, dans l'Exercice de 1811, d'employer ensemble un boulet et un boulet ramé. Le boulet ramé, tournoyant avec vivacité, choque rudement le

boulet, lui procure et acquiert une divergence plus grande que si les deux mobiles
étaient sphériques ; et, en outre, il se brise
presque toujours en plusieurs morceaux.
M. Cornibert rapporte avoir observé ces
faits très fréquemment (10). Le seul cas où
il y aurait peu d'inconvénient à tirer avec
un boulet ramé accompagné d'un boulet, ou
même d'un autre boulet ramé, c'est lorsque
les canons sont aussi élevés pour le moins
que les bastingages d'un navire que l'on combat à bout portant , et principalement si on
lui donne volée en poupe ; car cet endroit, qui
est presque entièrement occupé par des fenê-
tres et des sculptures , offre encore moins de
résistance aux projectiles que les plus faibles
bastingages ; et quelle que soit la petitesse
des fragmens des boulets ramés, ils auront
probablement la force nécessaire pour causer
beaucoup de mal dans l'intérieur du navire.
Ce n'est, au reste, qu'à défaut de mitraille
qu'il faut employer de la sorte les boulets
ramés : l'effet de celle-ci sera toujours plus
sûr et plus multiplié.

Il y a d'ailleurs un inconvénient assez grave
à employer ensemble un boulet ramé et un
boulet, abstraction faite de la fracture du

premier et de la divergence excessive des deux mobiles.

En effet, la forme du boulet ramé ne le rend dangereux que contre le gréement; mais il n'est guère susceptible de traverser aucune partie de la muraille des navires ayant un fort échantillon. Cependant, comme il s'abaisse davantage à distances égales que le boulet, il frappera habituellement trop bas et celui-ci trop haut. Le boulet ramé donnera dans la coque et le boulet dans le gréement, tandis que le contraire serait à désirer. Que si l'on pointe très haut, le boulet pourra passer par-dessus la mâture, ou aura seulement la chance de couper des mâts et des manœuvres de peu d'importance, pendant que le boulet ramé pourra rencontrer les bas mâts et les basses vergues, qu'il n'aura peut-être pas la force de couper entièrement (11). En un mot, de quelque manière que l'on dirige les pièces chargées avec un boulet ramé et un boulet, le tir offre toujours beaucoup d'inconvénient et peu d'avantage; et ce n'est absolument que de fort près et à défaut d'autres projectiles qu'on doit charger les pièces de la sorte.

Je crois aussi devoir condamner les charges

avec un boulet et un paquet de mitraille, dont l'usage est autorisé par l'Exercice jusqu'à la distance de 2 encâblures ou 200 toises ; car, si l'on veut que la mitraille donne presque toute au-dessus des bastingages, qui sans cela peuvent l'arrêter, il faut élever excessivement le pointage, et le boulet va beaucoup trop haut. Au lieu d'employer un boulet avec la mitraille, le mieux serait d'employer un boulet ramé (*a*); ayant d'ailleurs le soin de ne pas tirer de la sorte au-delà de 60 toises, et de pointer assez haut pour que la plupart des balles de la mitraille frappent au-dessus des lisses de bastingages.

SEPTIÈME REMARQUE.

« Pour peu qu'il y ait du roulis (ce qui existe presque » toujours sous voile), le chef doit pointer son canon » horizontalement au moment où le vaisseau est droit. »

Lorsqu'on est sous voile et qu'on donne une bande un peu forte, il peut y avoir du roulis sans que le navire se relève jusqu'à être droit, c'est-à-dire jusqu'à ce que sa mâture soit verticale. Au reste, s'il n'arrivait qu'à être droit, sans jamais incliner vers

(*a*) Instruccion sobre punterias, etc., pag. 63. — Instruccion militar para el navio Conquisitador, etc., pag. 38.

le côté du vent, on ne devrait pas attendre
que sa mâture fût verticale pour diriger la
ligne de mire horizontalement; car celle-ci
passerait toujours au-dessous du point où
elle devrait aboutir, pour peu que ce point
fût plus élevé que l'arme au-dessus du niveau
de la mer, et que la distance fût plus grande
que celle du but en blanc.

HUITIÈME REMARQUE.

« Dans cette position (le canon étant pointé horizonta-
» lement) , la ligne de mire passera tantôt au-dessus, tan-
» tôt au-dessous de l'objet ; c'est à l'intelligence du chef
» de pièce à saisir l'instant où il doit faire feu, pour que
» son coup arrive au moment où l'objet se trouve dans la
» direction de la ligne de mire. »

Il n'est pas toujours vrai, comme on vient
de le voir, que la ligne de mire passera tantôt au-dessus, tantôt au-dessous de l'objet.
Ensuite l'expression d'objet, dans ce cas-ci,
semble un peu vague; elle emporte presque
l'idée de tout le navire canonné, tandis qu'il
s'agit de déterminer un point précis. C'est en
outre une manière inexacte de s'exprimer
que celle-ci : « Pour que le coup arrive au
» moment où l'objet se trouve dans la direc-
» tion de la ligne de mire. » Cette ligne
pourrait aboutir beaucoup en dessus ou en

dessous du point qu'il faut ajuster, quoique l'objet, et même ce point, se trouvassent dans le même plan vertical qu'elle, et en conséquence parfaitement dans sa direction. Je pense que c'est dans les termes suivans que les rédacteurs de l'Exercice auraient dû s'expliquer :

Quand il y aura du roulis, les chefs de pièce tâcheront de pointer leur arme horizontalement, au moment où le navire aura une inclinaison à peu près intermédiaire à ses plus grands balancemens vers un bord ou vers l'autre. Cette mesure prise, et la direction convenable étant ensuite donnée aux pièces, les chefs feront feu quelques secondes (plus ou moins, selon l'éloignement de l'objet) avant que la ligne de mire rencontre le point précis où elle doit aboutir, de manière, en résumé, qu'elle ne dépasse pas ce point avant que les projectiles aient eu le temps d'arriver à leur destination.

NEUVIÈME REMARQUE.

« On ne doit jamais tirer lorsque le bâtiment baisse sur
» le côté où l'on se trouve, mais toujours lorsqu'il se re-
» lève, parce que les coups pointés trop haut peuvent ren-
» contrer quelques parties élevées du vaisseau. »

Nous avons déjà vu que très souvent les coups pointés trop haut peuvent ne rencontrer aucune partie du navire ennemi, et qu'en général il vaut mieux pointer bas que haut, ainsi que l'ont recommandé la plupart des artilleurs et des marins. De cette manière on est moins exposé à perdre ses coups, même lorsqu'ils s'abaissent considérablement, puisqu'ils le font rarement à un tel point que le ricochet ne puisse avoir lieu. Du reste, il est entendu qu'on tire avec un seul boulet rond, et que la mer ne soit pas très grosse. Si elle l'est, il vaut mieux pointer haut que bas, non-seulement parce qu'il n'y a pas à compter sur le ricochet, mais aussi parce que plus il y a de vent et de mer, plus les avaries dans le gréement entraînent aisément la chute de la mâture. Enfin, il vaut mieux aussi pointer haut que bas, quel que soit l'état du vent et de la mer, quand on fait usage de boulets ramés ou de mitraille. Outre que ces projectiles sont principalement destinés à nuire au gréement, on ne doit pas s'attendre à ce qu'ils fournissent jamais des ricochets assez sûrs et assez vigoureux pour produire de bons effets. Ce sont là les seules circonstances où il faille perdre du temps à attendre que le navire se relève pour faire feu. Mais toutes les fois qu'on se sert simplement du

8..

boulet, et qu'on veut obtenir des ricochets, il faut se contenter de pointer bas, et faire feu sans s'inquiéter si le navire baisse ou s'élève sur le côté où l'on combat.

DIXIÈME REMARQUE.

« Si l'on doit dépasser promptement l'objet sur lequel on
» veut tirer, ou qu'on doive être dépassé de même par
» lui, le chef ne doit pas faire jeter la pièce en avant ou
» en arrière pour chercher l'objet ; il doit pointer à peu
» près en belle, veiller dans cette position l'instant ou l'ob-
» jet se présente, et faire feu de manière que son coup
» arrive au moment où cet objet se trouve dans la direc-
» tion de sa pièce. »

Plus on doit dépasser promptement un objet, ou être dépassé promptement par lui, plus il est nécessaire de chercher à le découvrir aussitôt que possible ; car, soit que l'amorce ne prenne pas, ou brûle sans communiquer le feu à la charge, soit que l'élévation de la ligne de mire étant défectueuse, force à différer de mettre le feu à la pièce, soit enfin que d'une manière quelconque le coup ne soit pas parti dès que l'objet a été aperçu, on aura peut-être, en agissant comme je l'indique, le temps de remédier au retard éprouvé, ou, si le coup est parti à propos, celui de recharger la pièce et de la tirer une seconde fois.

ONZIÈME REMARQUE.

« Le chef doit avoir la même attention sur les mouve-
» mens d'aulofée ou d'arrivée, dont il doit savoir profiter
» pour diriger son feu de la manière la plus avantageuse,
» en saisissant le moment où il est à même de tirer le plus
» en belle possible. »

Lorsque l'artillerie est convenablement installée, il n'y a pas d'autre avantage à tirer en belle que d'éviter quelque fatigue aux canonniers, et d'épargner le temps nécessaire pour pointer en avant ou en arrière. Mais, si ce temps est moindre que celui qu'il faudrait pour découvrir l'objet par le résultat des aulofées ou des arrivées, on doit sans hésiter se donner la peine de pointer en avant ou en arrière, et le plus possible. Un très grand avantage qu'il importe de se procurer dans les combats, c'est d'unir la célérité avec la justesse du tir.

DOUZIÈME REMARQUE.

« Un tir trop oblique est très incertain, fatigue beau-
» coup le bord et occasione plus de résistance aux bou-
» lets qui frappent le corps des vaisseaux. »

A-t-on entendu par un tir trop oblique celui où la ligne de mire est interceptée par quelque partie du sabord? Je ne le présume pas; car cet inconvénient est occasioné seulement par le sommier, et jamais par les montans; et il n'est sans doute pas question ici de l'angle formé par l'axe de la pièce avec le plan de la sole. Il est plus probable qu'en opposition avec l'avantage supposé de pointer en belle, on considère l'obliquité du système entier de la pièce par rapport à la direction de la quille. Dans cette hypothèse, on aurait imaginé que, lorsque les pièces sont pointées très en avant ou en arrière, et que la volée porte contre les montans de sabord, que les palans et bragues appellent inégalement, et qu'enfin, au moment de l'explosion, la tonture et le bouge des ponts contribuent à rendre le recul irrégulier, cette irrégularité rend le tir très incertain. Cette idée n'est pas soutenue par la théorie. En effet, vu l'extrême vitesse des projectiles, qui est ordinairement, dans le premier instant de leur mouvement, de 1000 à 1600 pieds par seconde, ils ne doivent mettre qu'un temps extrêmement court à traverser l'âme d'une pièce quelconque, et ils doivent en être dehors avant qu'elle ait éprouvé un dérangement capable de nuire à la justesse du coup, ainsi que l'ont pensé de très anciens artilleurs (a). Parmi les

(a) El perfecto artificial bombardiero y artillero, etc.,

modernes, Robins a dit qu'il est aisé de faire voir, par un calcul fort simple, qu'avec une pièce de 24, longue de 10 pieds et chargée de 16 livres de poudre, le boulet est hors de cette pièce avant qu'elle ait reculé d'un demi-pouce (*a*). Euler ayant opéré ce calcul, est parvenu au résultat annoncé (*b*). Hutton ensuite en a fait un semblable pour un canon de 18, ayant de longueur d'âme 108 pouces, chargé avec un boulet de son calibre et 8 livres de poudre, et dont l'inertie jointe à celle de l'affût, ainsi qu'au frottement sur la plate-forme, aurait été de 10800 livres *avoir-du-pois*. Il a trouvé que pendant le temps que le boulet emploierait à parcourir la longueur de l'âme, jusqu'à entrer dans l'air, le recul du canon ne serait que de $\frac{2}{9}$ de pouce (*c*). Mais ces charges de 16 et de 8 livres de poudre pour des canons de 24 et de 18, étant plus considérables que celles employées dans le service, il est probable que le recul est

por Don Sebastien Fernandez de Medrano, pag. 173. Amberes, 1723.

(*a*) Nouv. Princ. d'Artillerie, trad. de Lombard, pag. 150.

(*b*) *Idem, ibid.* , pag. 172.

(*c*) Tracts on mathematical and philosophical subjects, etc., tom. III, pag. 322.

d'ordinaire encore plus petit, avant le départ des mobiles, que ne l'indiquent ces calculs, et que par conséquent son influence sur le tir ne saurait être sensible. L'expérience en outre a confirmé ce principe. Durant le siége de La Rochelle, en 1626, Pompée Targon, qui avait imaginé la fameuse digue construite devant ce port, fit placer, sur une même pièce de bois tournante, deux canons en sens directement opposés. Par l'effet du recul qui s'opérait circulairement, le canon qui n'avait pas tiré présentait sa volée à l'ennemi, tandis que l'autre présentait la sienne dans l'intérieur de la batterie ; en sorte qu'on pointait le premier tandis qu'on rechargeait le second. Malthus assure, et M. Texier de Norbec après lui (a), que cette installation n'empêchait pas les coups d'atteindre toujours les objets visés. Errar, de Bar-le-Duc, ingénieur de Henri IV, et le premier qui ait fait imprimer en France un Traité sur la Fortification, donne la description d'affûts qu'il souhaitait voir employer dans les flancs bas des bastions, et qui avaient aussi un recul circulaire, sans que le tir eût pour cela moins

____

(a) Recherches sur l'Artillerie, tom. I, § 37.

de justesse (*a*). Il en avait fait l'épreuve à
Sédan, le 8 janvier 1595, en présence du
duc de Bouillon. Enfin, M. E. Willaumez,
capitaine de vaisseau, et M. Roubic, lieutenant - colonel d'artillerie de la marine,
m'ont dit, le premier, avoir entendu raconter, le second, avoir vu, que dans des
épreuves exécutées à Brest par M. le général Devault, on avait amarré très court
le côté d'une brague de canon, et laissé
l'autre côté entièrement libre, et que,
malgré le recul circulaire résultant de cet
arrangement, les coups n'avaient nullement
paru être dérangés. Une objection s'élève
toutefois contre la conséquence à déduire des
calculs et des expériences précités, c'est que
celles-ci et ceux-là concernent des canons
dont le poids est très grand relativement aux
boulets du même calibre. Mais il est vrai-
semblable que les pièces, telles que les carronades et obusiers, qui ont moins de disproportion de poids avec leurs projectiles
respectifs, et qui sont, comme le manifeste
la pratique, très sensibles au recul, doivent,
en s'ébranlant presqu'en même temps que

(*a*) La Fortification démontrée et réduite en pratique,
par feu Isnard, de Bar-le-Duc, pag. 47. Paris, 1620.

les projectiles, déranger leur direction d'une manière notable. Il est vrai d'ajouter pourtant que, leur âme étant plus courte que celle des canons, et les mobiles étant plus tôt dehors, on aperçoit une certaine compensation. Mais d'un autre côté on sait tous les soins qui sont pris pour que les mortiers, dont l'âme est encore bien plus courte, aient une plate-forme inébranlable, non-seulement afin que cette dernière reste horizontale, ou conserve une pente déterminée, mais encore afin que les armes n'éprouvent pas de secousses irrégulières qui soient dans le cas de se communiquer à leur bombe. Pour prouver cette dernière proposition, au reste, je ne connais d'autre expérience que celle faite sur un mortier d'épreuve, qui, ayant été solidement appliqué sur un bloc de métal du poids de 2000 livres, porta le globe à 18 toises plus loin qu'auparavant (*a*). Or, il est certain que, si ce mortier n'avait pas reculé avant la sortie du globe, peu aurait importé, après que celui-ci avait quitté l'âme (longue seulement d'un calibre et quart), que le recul eût été libre ou arrêté. Mais il faut faire attention

(*a*) Mémoire d'Artillerie, etc., par M. DE SCHEEL, 2ᵉ partie, pag. 11, 2ᵉ édit.

que le globe pesait 59 livres, et le mortier 250 seulement ; ainsi, il n'est pas étonnant que deux corps d'une pesanteur si peu disproportionnée aient été mus presque simultanément par la même explosion. Les autres bouches à feu présentent des circonstances différentes. Les carronades avec leurs affûts, leurs bragues, etc., et la somme des frottemens de ces divers objets, forment une résistance à vaincre plus de cent fois aussi grande que celle de leur boulet ; et il n'y a pas d'obusier tellement léger, que son système entier ne soit quarante ou cinquante fois plus difficile à mouvoir que l'obus du calibre correspondant. On doit donc penser que les secousses éprouvées par les pièces de cette nature, lorsqu'elles font feu, n'augmentent pas l'inexactitude de leurs portées. L'expérience vient à l'appui de ce principe. Dans le procès-verbal d'épreuves faites à Berlin en 1792 et 1793, sur des obusiers de trois espèces différentes, on lit que « le mouve-» ment de la bouche, pendant l'explosion, » n'a point influé sur la justesse du tir (a). » Cependant le *fouettement*, qui, avec tous les

(a) Handbuch für officiere, etc., tom. II, pag. 46 des tables.

obusiers était assez considérable, quand on a
employé de fortes charges de poudre, amenait
alors les obusiers légers de forme ancienne jusqu'à toucher l'entretoise de volée; c'est-à-dire
qu'il était aussi étendu que possible (*a*).

En conséquence de tout ce qui vient d'être
exposé ci-dessus, on peut conclure, d'une
part, que si l'obliquité des pointages occasione plus d'irrégularités dans le recul, ces
irrégularités ne sauraient rendre le tir plus
incertain, comme on le donne à entendre
dans l'Exercice de 1811 (12).

D'une autre part, s'il est vrai que l'obliquité des pointages cause un surcroît de fatigue aux boucles et crocs, parce que les palans et bragues appelant dessus en plusieurs
sens, tendent plus à ébranler, à arracher
et casser ces ferrures, que si les efforts
étaient toujours à peu près perpendiculaires
aux murailles; cependant, toutes choses étant
bien conditionnées, il ne doit absolument y
avoir aucun accident à redouter. La destination véritable des pièces est de pouvoir
tirer de l'avant ou de l'arrière, de même
qu'en belle; car il n'y a qu'un seul cas où

____

(*a*) Handbuch für officiere, etc., tom. II, tables 15
et 16.

l'objet se trouve dans une direction perpendiculaire à la quille, et il y en a une infinité d'autres où il se trouve dans des directions très différentes.

Finalement, l'Exercice pose encore un principe qui n'est pas exact, en avançant, sans restriction, que les tirs obliques occasionent plus de résistance aux boulets qui frappent le corps des vaisseaux. Il se peut que la direction de l'âme des pièces soit très oblique à l'égard de la quille du navire sur lequel on se trouve, sans que les projectiles frappent obliquement le corps du navire ennemi. Il suffit, pour cela, que la route de celui-ci ne soit pas parallèle à la vôtre, ou bien que les coups donnent contre des façons arrondies. Ces diverses circonstances peuvent même souvent se combiner de manière que, malgré l'obliquité des pointages, les boulets frappent perpendiculairement aux surfaces, et éprouvent moins de résistance que si les deux bâtimens se trouvaient précisément par le travers l'un de l'autre, naviguant sur des routes parallèles. Au surplus, ce n'est pas toujours un désavantage que les boulets rencontrent la muraille d'un navire selon des directions obliques ; cela est même à souhaiter toutes les fois qu'ils ont assez de force pour la traverser malgré cette circonstance. On a déjà vu qu'il est constaté par les expériences et les réflexions de Santa-Cruz, Robins, Muller, d'Antoni, Dupujet, Lombard, Lamartilière, de Morla, Texier de Norbec, R. Simmons, que lorsque les boulets éprouvent une grande résistance pour passer au travers d'un corps, et particulièrement du bois, ils y causent plus d'ébranlement et en arrachent plus de morceaux, que s'ils le pénètrent avec une extrême facilité. On a vu aussi, et l'on va voir plus amplement, qu'il n'y a point à craindre qu'un boulet tiré seul manque de percer de part en part le côté d'un navire. En effet, un boulet d'une livre, lancé par 8 onces de poudre, a pénétré de 20 à 23 pouces dans un bloc de bois d'orme, placé à 79 pouces de la bouche du canon (*a*); un boulet de 3, lancé par 16 onces de poudre, s'est enfoncé jusqu'à 30 pouces dans un bloc d'orme placé à 30 pieds de la bouche de l'arme (*b*); un boulet de 6, avec la charge de 32 onces de poudre et tiré de la distance de 285 pieds, a pénétré dans

(*a*) Tracts on mathematical and physical subjects, etc., tom. V, pag. 38.

(*b*) *Idem, ibid.*, pag. 112.

un bloc, aussi de bois d'orme, mais humide et de mauvaise qualité, jusqu'à 42 pouces (*a*) ; un boulet de 24, à 120 toises, a traversé jusqu'à 43 ½ pouces de bois de chêne avec sa charge accoutumée de 8 livres de poudre (*b*) ; un boulet de 36, à 200 toises, jusqu'à 39 ¾ pouces de bois de différentes espèces, avec 10 livres de poudre (*c*) ; un boulet de 18, à 15 toises, jusqu'à 46 pouces de bois de chêne, avec une charge de 6 livres (*d*) ; un obus de 10 pouces, à 75 toises et une charge de 10 livres de poudre, 3 pieds d'une forte charpente de bois de pin, plus 5 pieds dans un banc de sable très raffermi (13).

Outre l'avantage que les boulets frappant avec obliquité la muraille des vaisseaux, ont de produire des secousses violentes, de larges ouvertures et d'arracher de nombreux éclats,

(*a*) Tracts on mathematical and physical subjects, etc., tom. V, pag. 143.

(*b*) Aide-Mémoire, etc., tom. II, pag. 494, 4ᵉ édit. — Traité élément. d'Art milit. et de fortific., par M. GAY DE VERNON, pag. 91. Paris, an VIII. — Essai général de fortific., par M. DE BOUSMARD, tom. III, pag. 281. Berlin, 1797. — Procès-verbal manuscrit des épreuves faites à Cherbourg par le général MEUNIER.

(*c*) Recherches sur l'Artillerie, etc., pag. 365.

(*d*) Nouv. Princ. d'Artillerie, trad. de DUPUY, pag. 544.

ils ont aussi l'avantage de traverser diagona-
lement ou de battre d'écharpe l'intérieur des
batteries, et le dessus des ponts. Ces deux
avantages sont assez importans pour que, si
l'éloignement de l'objet ne surpasse pas un
quart d'encâblure ou 25 toises, l'on doive re-
commander aux canonniers de diriger les
coups de manière à ce qu'ils arrivent obliquement contre le navire ennemi ; du moins
tant que cela ne nuit pas à quelque autre
combinaison également avantageuse. Si dans
l'Exercice de 1811 on accorde un très grand
prix au tir en belle, et perpendiculaire au
flanc de l'ennemi, cela tient sans doute à
l'ignorance assez générale des effets du boulet
dans chaque circonstance, à la mauvaise installation de l'artillerie sur les vaisseaux français, et au préjugé, trop répandu parmi nos
marins, que le poste à occuper durant une
action est le travers de l'ennemi. La théorie,
d'accord avec toute pratique réfléchie, ne
saurait adopter de préférence une situation
qui égalise seulement les chances, tandis qu'il
est possible de se mettre en état d'employer
fréquemment une grande partie de son artillerie, et d'exécuter toute espèce d'entreprises contre son adversaire, sans que pourtant

il jouisse des mêmes avantages. Je recommande donc, de nouveau, de chercher à se placer par la hanche du vent de l'ennemi, à petite distance, donnant de temps à autre de grandes auloffées, afin de favoriser le pointage d'un plus grand nombre de bouches à feu. Que si l'ennemi continue sa route, il n'aura dans chaque batterie que deux ou trois pièces à diriger contre vous ; s'il force ou diminue de voiles, vous pouvez l'imiter et le tenir toujours dans la même position ; s'il laisse arriver, il présente la poupe et semble quitter la partie ; enfin, s'il donne comme vous de grandes auloffées, il s'expose à ce que le vent coiffe ses voiles plus long-temps qu'il ne voudrait, et à être abordé le beaupré dans vos grands haubans. J'ai toujours été un peu surpris qu'une méthode d'attaquer si avantageuse, mais que je viens d'esquisser si faiblement, n'ait jamais été l'objet des recherches d'aucun des auteurs qui ont écrit sur la tactique navale. J'espère réparer un jour leur oubli à cet égard, ainsi qu'à plusieurs autres. En attendant, j'engage les officiers de marine à se pénétrer intimement (supposant qu'ils ne le soient pas d'avance) des principes fondamentaux que voici : *Dans une action entre deux navires isolés, il faut manœuvrer pour se mettre dans une position où l'artillerie de l'ennemi ne vous découvre que très partiellement, quoique toute la vôtre soit souvent à même de le découvrir, et où vous puissiez effectuer toute espèce d'entreprises contre lui, sans avoir à redouter les siennes. Dans une affaire entre escadres, cherchez à laisser dans l'inaction une partie des forces que vous combattez; n'abandonnez jamais aucun de vos vaisseaux et surtout votre AMIRAL; tâchez sans cesse de vous réunir plusieurs navires contre un seul navire, plusieurs divisions contre une seule division, et combinez ces diverses manœuvres avec la faculté d'employer, à bord de chaque bâtiment, le plus grand nombre possible de vos bouches à feu contre le plus petit possible de celles de l'ennemi.*

TREIZIÈME REMARQUE.

« Si l'on a besoin de pointer les carronades plus haut » que ne le permet la vis de pointage, il faut l'ôter. »

D'ordinaire les vis de pointage ont un défaut : les hélices ne sont pas continuées aussi près de la tête qu'elles pourraient l'être. Il serait bon d'examiner attentivement les vis

de pointage en les embarquant, et d'obtenir
à l'artillerie du port, qu'on donnât un tour
ou un demi-tour de plus aux hélices, selon
le besoin. On se procurerait par là une augmentation d'un degré ou d'un demi-degré
dans l'angle d'élévation, et l'on serait dis-
pensé d'enlever les vis de pointage dans plusieurs cas où il est indispensable de le faire,
faute de ce léger perfectionnement.

Dans l'énumération des objets appartenant aux carronades, on trouve (Exercice
de 1811, pag. 20), qu'elles ont seulement
un coin de mire pour deux; et, dans le reste
des instructions relatives à ces armes, il n'est
plus question de cet ustensile. Cependant, si
l'on veut ménager la vis de pointage et son
écrou, il est essentiel, après que l'élévation
du tir a été réglée par le moyen de cette vis,
de placer un coin de mire sous la culasse :
j'ai vu plusieurs fois, par l'absence de ce soin,
l'écrou se rompre en deux ou trois morceaux,
ou bien la vis se forcer tellement, qu'on ne
pouvait plus la tourner. Il est vrai de dire que
ce dernier accident était dû aussi à ce que,
dans le principe, tout le système n'avait eu
que trop de jeu, et qu'ensuite la vis s'était
trouvée singulièrement amincie, pour avoir

été alternativement couverte de rouille et net-
toyée très à clair avec des matières trop rudes.
Le nettoiement ne doit se faire qu'avec des
poudres tamisées, presque impalpables, et
pareilles à celles dont on se sert pour les fusils
et autres menues armes. Mais, pour revenir
aux coins de mire, il faudrait que leur nombre
fût au moins égal à celui des carronades,
puisque ce n'est pas un cas très extraordinaire
que d'avoir à combattre des deux bords.
En ayant l'attention de faire toujours usage
de ces coins, on préviendrait la plupart des
accidens qui peuvent arriver aux vis; et le
service ne serait point retardé, si l'un des servans veillait à enfoncer ou retirer le coin de
mire, à mesure que le chef ferait mouvoir la
vis. On aurait tort d'objecter que la précaution que j'indique est superflue, et il ne serait
pas suffisant d'alléguer contre elle l'exemple
de notre artillerie de terre, où toutes les pièces
de campagne, et quelques-unes des pièces de
siége, sont munies, depuis la réforme de 1765,
de semblables vis qui agissent seules, sans
qu'on y ait remarqué d'inconvéniens, abstraction faite pourtant de ceux que les gens
à préjugés se plurent à imaginer lorsqu'on
adopta cette innovation (14). Il existe une

bien plus grande disproportion dans les canons de siége et même dans ceux de campagne, entre le poids de la pièce et celui du
boulet, que dans les carronades; aussi ces
dernières, quoique chargées avec de petites
quantités de poudre, paraissent très sensibles
au recul. De plus, elles fouettent considérablement, ayant, au lieu de tourillons, un
support très distant de l'axe de l'âme (15).
En conséquence, leur fouettement fatigue
beaucoup plus les vis de pointage que dans
les canons de siége, dont l'axe des tourillons
n'est éloigné que d'un calibre environ de
l'axe de l'âme, et de 2 à 3 lignes seulement,
dans toutes les pièces de campagne, canons
ou obusiers.

QUATORZIÈME ET DERNIÈRE REMARQUE.

« On ne doit jamais tirer dans les carronades qu'un pro-
» jectile à la fois. »

On lit, dans le récit d'affaires de la marine
anglaise, qu'à bord de plusieurs bâtimens
armés de carronades, on s'est servi avec succès de deux projectiles à la fois (a). La même
chose a eu lieu dans notre marine : par

(a) The british trident, etc., tom. V, pag. 122, 130,
145, etc.

exemple, à bord du brig L'ABEILLE, qui se trouvait commandé provisoirement par M. ARMAND DE MACKAU, alors aspirant, on chargea plusieurs fois les carronades, qui étaient du calibre de 24, avec double projectile, durant l'action qui décida en quelques instans de la prise du brig anglais L'ALACRITY. Ce dernier navire était plus grand et mieux armé que son adversaire. Le *Commander* PALMER, qui le montait, paraissait, à en juger par des lettres trouvées à son bord, avoir de la réputation dans les bureaux de l'Amirauté, et être au moment de recevoir le grade de *Post captain.* L'intrigue, la souplesse, captent souvent la faveur des bureaux; mais cette faveur est vaine en présence de l'ennemi.

Dans le combat du brig LE RENARD, dont j'ai déjà parlé, les carronades du même calibre de 24 furent souvent tirées avec deux paquets de mitraille à la fois. Elles sautaient considérablement; mais, quoique les bragues fixes ne fussent pas neuves ni d'un excellent cordage, aucune ne manqua; plusieurs seulement eurent assez de fils de caret rompus, pour qu'on se crût obligé de les changer après l'action. La plupart des carronades avaient tiré 3o coups, partie à double et partie à simple projectile.

Malgré ces exemples, et d'autres encore que je pourrais citer, qui semblent prouver en faveur des charges avec deux projectiles dans les carronades, je ne dois pas cacher que ce n'est pas dans notre marine seulement que cet usage est prohibé par les ordonnances. Voici un procès-verbal d'épreuves faites en Angleterre, dans l'année 1798, dont les conclusions sont entièrement contraires à la méthode de charger les carronades avec plusieurs projectiles à la fois.

« On a reconnu, en premier lieu, par le
» moyen des épreuves, que les bragues,
» particulièrement lorsqu'elles sont neuves,
» peuvent être amarrées si court, qu'elles
» permettent seulement que le recul fasse
» sortir assez la carronade du sabord pour
» qu'on puisse la charger.

» Toutes les épreuves furent exécutées
» sans que les bragues eussent souffert, et
» sans aucun risque de démonter les carro-
» nades, ni d'endommager les diverses parties
» de leur affût; d'où la commission a con-
» clu que, les carronades étant chargées
» avec la quantité de poudre assignée, d'un

» douzième du poids du boulet, et un seul
» projectile à la fois, on n'a pas à redouter
» d'accident de l'effort auquel les carronades
» sont soumises. La légèreté et la construc-
» tion particulière de ces armes, ainsi que
» le peu de longueur de leurs bragues, oc-
» casionent toujours qu'elles tombent sur
» la bouche lorsqu'on les tire ; et, par la
» réaction de la brague, la vis de pointage,
» qui supporte le premier coup ou choc
» contre la semelle, peut s'endommager au
» bout d'un certain nombre de coups, tirés
» à peu d'intervalle l'un de l'autre. En con-
» séquence, il paraît nécessaire d'enfoncer
» un coin de mire sous la culasse, afin de
» soulager la vis de pointage.

» La commission, *d'après cette considé-*
» *ration,* recommande de ne mettre dans
» les carronades qu'un seul projectile à la
» fois, du calibre de la pièce. Cette précau-
» tion est plus importante à observer avec
» les carronades qu'avec les canons, pour
» lesquels il est dit que, dans certains ins-
» tans, dans un combat engagé de proche,
» on est autorisé à tirer quelques coups avec
» double projectile, quoique cette pratique
» fasse courir des hasards, même avec les

» canons; car il est clair qu'en tirant une
» quantité double de fer à chaque coup, on
» fait supporter aux bouches à feu un effort
» plus considérable.

» Quand on considère que le poids du
» métal des carronades n'est que le quart
» environ de celui des canons ordinaires, la
» conséquence en est que l'effet d'une dou-
» ble charge de projectile, dans les carrona-
» des, doit fatiguer toutes leurs parties; et
» la diminution de la charge de poudre,
» comparativement à celle de canons de
» même calibre, ne saurait apporter une
» compensation suffisante. On doit se sou-
» venir aussi que, lorsque deux projectiles
» sont tirés à la fois, la diminution de vi-
» tesse et de portée, avec l'augmentation de
» déviation des mobiles, doit considérable-
» ment diminuer la chance qu'ils frappent
» un objet déterminé, à moins que cet objet
» ne soit fort peu éloigné (*a*). »

La première chose que je ferai observer
touchant ce procès-verbal des épreuves exécutées avec les carronades anglaises, c'est
que ces épreuves furent propres seulement à
montrer qu'en chargeant les carronades avec

(*a*) The sea gunner's vade-mecum, etc., pag. 133 et 134.

une quantité de poudre égale au douzième du poids du boulet, et un seul projectile à la fois, il n'en peut résulter d'accident, tant à l'égard de ces armes que de leurs bragues et des diverses parties de leur affût, si l'on a d'ailleurs l'attention de placer un coin de mire sous la culasse, pour ménager la vis de pointage. On sent que je dois être partisan de cette dernière mesure, puisque mes observations particulières, dans le cours du service, m'en ont aussi fait reconnaître l'utilité, comme je l'ai dit précédemment. Mais les épreuves qui nous occupent n'ont nullement démontré que les carronades ne sauraient supporter le tir de deux projectiles à la fois ; car le procès-verbal ne fait aucune mention qu'on les ait tirées autrement qu'avec un seul. D'une autre part, si les personnes composant la commission ont pensé que deux boulets de 24, par exemple, tirés avec deux livres de poudre par une carronade de ce calibre, n'auraient pas assez de force pour produire de bons effets contre un vaisseau, nous devons conclure que ces personnes n'avaient pas eu connaissance, ou ne se souvenaient pas, des épreuves de leur célèbre compatriote Robins, dans lesquelles un boulet de 24, lancé par 12 onces de poudre seulement et un canon beaucoup plus léger qu'une carronade, et probablement plus court, avait traversé 22 pouces de bois de chêne, et avait eu encore assez de force pour aller s'enfoncer dans un amas de terre situé au-delà (*a*). Deux boulets du même calibre de 24, tirés par 2 livres de poudre, auraient une force plus considérable, le poids de la charge de poudre étant, toute proportion gardée, de la moitié en sus, et la poudre ayant d'autant plus d'énergie qu'elle est employée en plus grande dose.

Il nous reste à nous assurer par le raisonnement, puisqu'on n'a pas tenté de s'en convaincre par l'expérience, si les carronades anglaises peuvent, sans danger d'éclater, être chargées avec deux projectiles à la fois, et une quantité de poudre dont le poids égale celui du douzième d'un boulet du calibre de l'arme.

Je puis, à défaut d'expériences faites *ad hoc*, citer de nouveau divers faits pratiques que présentent les annales de la marine anglaise (*b*). Je puis rappeler aussi la volée que

(*a*) Nouv. Princ. d'Artillerie, trad. de Dupuy, pag. 316.

(*b*) The british trident, tom. V, pag. 122, 130, 145, etc.

la frégate L'IPHIGENIA, prise quelques jours auparavant par les Français, envoya à la frégate anglaise L'AFRICAINE, avec deux paquets de mitraille ou grappes de raisin dans chaque pièce. Cette frégate avait sur ses gaillards des carronades de 32; et il faut remarquer que dans la marine anglaise les grappes de raisin, ainsi que les cartouches à mitraille dans notre artillerie de terre, sont plus lourdes qu'un boulet du même calibre (a). Le poids des mobiles, au reste, n'est pas ce qui s'oppose seul à l'échappement du fluide élastique et cause la rupture des pièces; c'est aussi la plus grande adhérence de ces mobiles, des valets ou bouchons, et de la charge en général contre les parois de l'arme. Si nos canons de marine, qu'on éprouve par deux coups, avec deux boulets, deux valets ou bouchons, et une charge de poudre égale à la moitié du poids d'un de ces boulets, et, dans les cas où l'on soupçonne la bonté des pièces, avec une charge double de celle-ci et toujours deux boulets et deux valets ou bouchons (b); si ces canons, dis-je, au lieu des

(a) Aide-Mémoire, tom. II, pag. 540 et 544, 4ᵉ édit. — The bombardier and pocket gunner, *au mot* Grape Shot.

(b) Aide-Mémoire, tom. II, pag. 726, 4ᵉ édit.

boulets et valets ou bouchons, étaient remplis, comme le canal d'une mine dans le roc, avec de la terre bien battue, on peut affirmer que la plupart ne résisteraient pas à cette épreuve. Charger ainsi les bouches à feu, est le moyen le plus simple et le plus efficace à employer, lorsque, par un motif quelconque, on veut les faire crever, et qu'on n'a pas à sa disposition un *mouton* assez pesant pour les briser en quelques coups (*a*). Mais les paquets de mitraille ou grappes de raisin étant cylindriques au lieu d'être sphériques comme les boulets, et étant recouverts par une toile peinte, ont plus de points de contact et plus d'adhérence que les boulets avec les parois d'une arme : ainsi, en mettant même à part leur poids plus considérable, ils doivent opposer plus de résistance à l'échappement du fluide élastique, et être plus susceptibles de faire éclater les bouches à feu. J'avoue qu'on peut m'objecter que les battemens d'un boulet du calibre de la pièce sont plus dangereux que ceux de plusieurs petites balles ; mais on observera, outre tout ce qui précède, que la surface aplatie du

(*a*) Mém. de l'Acad. roy. des Scienc. de Paris, année 1750, pag. 7. — Hist. de *idem*, années 1748 et 1750, pag. 28 et 30.

culot d'un paquet de mitraille ou d'une grappe de raisin reçoit une plus forte impression du fluide élastique que l'hémisphère d'un boulet. Cela est démontré par toutes les expériences et les calculs des savans sur la résistance des fluides (*a*), et plus incontestablement par des faits journaliers, prouvant que, lorsqu'on munit les boulets d'un sabot, et mieux encore d'un coin circulaire, qui présentent au fluide élastique la base d'un cylindre au lieu d'un hémisphère, la portée des boulets en est sensiblement accrue (*b*). Cependant un principe constant en

(*a*) Newtonii philosophiæ naturalis principia math., lib. 2. — Nouv. Mém. de l'Acad. de Berlin, année 1762, pag. 102 et suiv. — Traité du mouvement des projectiles, pag. 96 et suiv. — Tracts on mathematical and philosophical subjects, etc., tom. III, pag. 192 et suiv. — Mém. de l'Acad. roy. des Scienc. de Paris, année 1699, pag. 107. — Hist. de *id.*, *ibid.*, pag. 95. — Appendix or supplement to the treatise of artillery, by John Muller, pag. 83. London, 1768. — etc., etc.

(*b*) Aide-Mémoire, etc., tom. II, pag. 757 et 655. — Manuel de l'Artilleur, etc., par le général Durtubie, pag. 86. Paris, an III. — Instruct. sur le service de l'Artill., etc., par M. Hulot, pag. 97, 3ᵉ édit. — Traité élém. d'Art militaire et de fortific., par M. Gay de Vernon, pag. 135. Paris, an VIII. — De la Défense des Places fortes, etc., par Carnot, pag. 518, 3ᵉ édit. — Réfl. sur la fabric. en général des bouches à feu, etc., par le général Lamartillière, pag. 43 et suiv. — Essai sur l'Artill. à cheval, par M. C. Clément, pag. 30 et suiv. Pavie, 1808.

Mécanique, c'est que toute action entraîne une réaction égale. Or, il est évident que plus les projectiles opposent de résistance au fluide élastique, plus ce fluide agit avec violence contre les parois de l'arme, et tend à la faire éclater. Ce serait un des effets particuliers des sabots et des coins circulaires, s'ils n'avaient la propriété de prévenir les battemens des boulets dans la pièce; ce qui apporte une compensation au surcroît de résistance qu'ils opposent à l'échappement du fluide élastique. Au surplus, le fond de la question actuelle n'est pas relatif aux boulets ensabotés, mais aux paquets de mitraille ou grappes de raisin qui ont un culot aplati, comparable à un sabot, et qui, de même que celui-ci, occasione un surcroît de résistance. Ainsi donc, lorsqu'on emploie ensemble deux paquets de mitraille ou grappes de raisin, les pièces doivent supporter, dans le premier instant de l'explosion, un effort encore plus violent que si l'on faisait usage de

— Mém. sur les armes portatives, et particulièrement sur la carabine, par le même, pag. 17 et 22. Pavie, 1808. — Observations sur les fontes des bouches à feu, etc., par C.-S.-M. Dartein, pag. 40. Strasbourg, 1806. — Recherches phys. et chim. sur la fabrication de la poudre à canon, etc., par M. I.-B. Carpentier-Cossigny, pag. 331. Paris, 1807. — etc.

deux boulets à la fois. Ces charges avec deux paquets de mitraille ou grappes de raisin n'ont toutefois causé aucun accident, ni aux carronades de l'Iphigenia, ni à celles de plusieurs bâtimens anglais; et je ne pense pas qu'on puisse regarder comme devant balancer ces faits, l'histoire rapportée par M. Coupe, touchant la rupture de presque toutes les carronades du Royal Sovereign et du Britannia. Il me semble avoir démontré combien on est fondé à douter de la vérité de cette histoire ; en outre elle ne fait pas mention que les carronades de ces deux vaisseaux eussent été chargées avec plusieurs projectiles à la fois. Je pense également que le résultat du rapport de la commission qui fit l'épreuve des carronades anglaises, n'est d'aucune conséquence à l'égard du tir de ces armes avec plusieurs projectiles à la fois : 1°. parce que cette commission n'a pas cherché à s'assurer des inconvéniens de ce procédé, en le mettant en usage; 2°. parce qu'elle n'a pas considéré que, dans les épreuves de réception ordinaires, si les carronades ne sont tirées qu'avec un boulet et un valet, leur charge de poudre est trois fois plus considérable que dans le cours habituel du service, ce qui équivaut au moins à l'addition d'un projectile : la charge de combat des carronades de 32 et 24, par exemple, n'est que de 2 livres 10 onces, et de 2 livres; celle pour épreuve de réception est de 8 et de 6 livres (*a*). 3°. Enfin, on ne saurait accorder une grande autorité au jugement d'officiers qui, chargés de constater des faits importans pour le service de l'artillerie, ont admis, contradictoirement à tous les principes théoriques et aux épreuves de leur compatriote Robins, que deux boulets d'un calibre quelconque, lancés par une carronade avec sa charge accoutumée, n'auraient pas la force de traverser la muraille des vaisseaux; tandis qu'il est de fait qu'un boulet de 24, lancé par 12 onces de poudre seulement, a eu plus que la force nécessaire pour traverser un massif de bois de chêne épais de 22 pouces. Cessons, au reste, de nous occuper de ce qui est relatif aux carronades anglaises, pour examiner ce qui concerne celles de France, lesquelles, suivant l'Exercice de 1811, ne doivent jamais être chargées avec plus d'un projectile à la fois.

(*a*) The bombardier and pocket gunner, etc., pag. 88. — The sea-gunner's vade-mecum, etc., pag. 175 et 201.

La charge de poudre de nos carronades, au lieu d'être habituellement d'un douzième, comme pour celles d'Angleterre, est constamment d'un neuvième dans les combats. Cette plus forte charge ne doit cependant causer aucune espèce d'inquiétude, car elle est bien plus grande encore dans les épreuves de réception; et d'ailleurs nos carronades sont plus fortes en métal que celles d'Angleterre. Le rapport du poids de l'arme au poids du boulet, dans nos carronades de 24, par exemple, est d'environ 71 à 1; et en Angleterre, pour le même calibre, il n'est que d'environ 56 à 1 (*a*). Mais ce qui doit surtout inspirer de la confiance pour cette espèce de bouches à feu, c'est que, quoique leurs épreuves de réception soient très sévères, il est beaucoup plus rare de les voir crever que les canons. C'est ce que m'a fait conclure du moins l'inspection des procès-verbaux que j'ai été à même de me procurer, ainsi que le témoignage de plusieurs fondeurs. Je citerai entre autres celui de M. Chardon, l'un des entrepreneurs de la fonderie du Creusot.

Je n'ai jamais ouï dire, en outre, que

(*a*) The bombardier and pocket gunner, etc., pag. 88 — The sea-gunner's vade-mecum, etc., pag. 132.

dans les combats aucune de nos carronades ait éclaté. Néanmoins ce n'est pas seulement à bord de l'Abeille et du Renard qu'elles ont été chargées avec double projectile ; je crois qu'il y a eu peu de combats engagés de très près, dans lesquels ces armes n'aient pas été chargées de la sorte, ainsi que le reste des bouches à feu. Je puis l'affirmer particulièrement à l'égard du vaisseau l'Algéziras, durant la bataille de Trafalgar. Le contre-amiral Magon, qui montait ce vaisseau, criait souvent aux canonniers : « Mes amis, » ne ménagez pas les projectiles ! mettez-en » plusieurs à la fois : à la distance où nous » sommes, tous les coups font de l'effet ! » Indépendamment des carronades des gaillards, ce vaisseau en avait deux de 36 qui occupaient les deux sabords de chasse de la première batterie.

Je n'hésite pas à engager les officiers de marine à faire mettre dans les carronades deux boulets, ou un boulet et une grappe de raisin, ou enfin deux grappes de raisin, toutes les fois que leur navire se battra de fort près. Une circonstance dans laquelle il est fort avantageux de charger les carronades avec deux grappes de raisin à la fois, c'est lorsqu'on est attaqué par des canots, et même par toute espèce de corvettes, d'avisos et de bâtimens de flottille, qui sont d'ordinaire très faiblement bastingués. Si les carronades servies de la sorte sont plus exposées à rompre leur brague et quelque partie de leur armement que lorsqu'elles sont chargées avec un seul projectile, il faut considérer qu'une affaire ne saurait durer long-temps quand on est fort près de l'ennemi; et que, si l'on ne cherche pas alors à lui faire tout-à-coup beaucoup de mal, celui qu'on éprouve bientôt soi-même ne permet plus de manœuvrer qu'un petit nombre de bouches à feu, soit parce que les autres ont été démontées, soit parce que, ne pouvant plus évoluer, on est combattu par l'avant ou l'arrière, soit enfin parce qu'on a la plupart de ses gens tués ou blessés. Dans les instans décisifs, trop de précaution ne saurait que nuire; il faut hardiment s'exposer aux accidens qu'entraînent les mesures vigoureuses, si ces mesures sont encore plus susceptibles de porter préjudice à l'ennemi qu'à nous-mêmes. Mais cela doit toujours s'entendre des circonstances dans lesquelles il n'y a pas un seul instant à perdre; autrement le soin de conserver la vie des hommes, et même d'épargner les munitions et tout ce qui appartient à l'État, doit être regardé par les officiers comme un devoir de la plus haute importance (*a*).

Je ne conseille, au reste, de mettre double projectile dans les carronades que lorsqu'on se bat de fort près. Je pense qu'il est imprudent d'y mettre trois projectiles à la fois, ou du moins qu'il faudrait, pour le faire, avoir été assuré, par des épreuves décisives, que cela offre quelquefois des avantages et peu de danger. Je recommande d'ailleurs très vivement de bien nettoyer l'intérieur des carronades, toutes les fois que la charge ne sera pas simple, et dans tous les cas, de n'employer jamais qu'un valet. On se servira d'un valet cylindrique, au lieu d'un valet sphérique, quand les carronades devront rester long-temps chargées. Comme ces armes sont presque toujours placées sur des gaillards, ou dans des batteries de cor-

---

(*a*) Diodore de Sicile, liv. XIII, chap. IX. — Histoire de Charles VII, liv. VI. — De la charge des Gouverneurs, etc., par DE VILLE, pag. 47, 52 et 53. — Vie de RUYTER, etc., par RICHER, pag. 220. — Vie de DU GUAY-TROUIN, pag. 149. — Mémoires de *id.*, pag. 87. — Les Hommes illustres de la marine, etc., pag. 306. — Essai général de Tactique, etc., tom. I, pag. 457, édit. de 1803. — etc., etc.

vettes et flûtes, où elles ne sont pas halées en dedans pour être mises *à la serre*, il n'y a pas à craindre que le boulet, venant à mettre le feu à la gargousse par ses ballottemens dans l'âme de la pièce, défonce la muraille. Que s'il pousse le valet jusqu'à la bouche d'une carronade, ce qui est plus facile que dans un canon, à cause du peu de longueur de l'arme, il tombera bientôt à la mer sans revenir continuellement frapper sur la gargousse, du moins lorsque les faux-sabords ne seront pas garnis d'une manche enveloppant entièrement la bouche de la pièce. Mais, dans ce dernier cas, et supposant que le boulet finît par enflammer la gargousse, l'inconvénient d'avoir une manche de faux-sabord crevée, serait certainement de très peu de conséquence. J'ajouterai d'ailleurs que, lorsque les canonniers veillent attentivement sur l'artillerie pendant un gros temps, il n'est guère possible qu'un boulet se remue long-temps dans une arme sans qu'ils l'entendent; et il est presque toujours praticable de refouler de nouveau le boulet, ou de l'ôter, si les pièces ne sont pas halées en dedans, et n'ont pas la bouche appuyée contre la muraille du navire.

J'ai eu l'occasion d'apprendre par tradi-
tion, ou de remarquer moi-même, que dans
presque toutes les marines, c'est-à-dire, dans
celles de France, d'Angleterre, d'Espagne, de
Russie, de Danemark, et dans celle d'Italie,
on fait habituellement les valets sphériques
trop durs et trop gros, en sorte qu'ils entrent
avec difficulté dans les pièces, surtout lorsqu'ils ont contracté de l'humidité. Cela est
cause qu'il faut plus de temps et de fatigue
pour charger; que le recul et les dangers de rupture sont augmentés, et que ces valets, contenant beaucoup de fils de carret, sont très pesans
et font dévier le projectile qui les poursuit :
car celui-ci, conservant davantage sa vitesse,
est obligé de les détourner pour passer devant
eux; et le moindre obstacle suffit pour déranger sensiblement un boulet dans sa course.
En voici un exemple : Hutton, dans ses
expériences, plaçait une toile tendue sur un
cadre de bois, ou une sorte d'écran, entre le
pendule balistique et la bouche des canons.
Cette toile empêchait, lorsque les objets
mentionnés étaient proches l'un de l'autre,
que le fluide élastique ne contribuât, ainsi
que le boulet, à faire osciller le plateau du
pendule. Dans cet état de choses, un boulet

étant venu à rencontrer le haut de l'écran, qui était un morceau de bois très faible, cela fut suffisant pour changer la direction de ce boulet (*a*). Il a été reconnu généralement, d'ailleurs, que, lorsqu'un boulet est placé en arrière d'une grappe de raisin, il porte moins loin et avec moins de justesse que lorsqu'il est placé en avant (16). Or, on ne saurait douter qu'un peloton de fils de carret très serré, ne doive produire un effet analogue, principalement lorsqu'il renferme dans son centre un biscaïen ou un boulet de petit calibre, comme cela arrive quelquefois. Cette méthode, qui paraît être plus suivie en Angleterre qu'en France, est assez nuisible, à moins qu'on ne se batte vergue à vergue; encore vaudrait-il mieux alors employer ensemble deux projectiles du calibre des pièces. La destination véritable des valets dans un combat, est uniquement d'empêcher un instant les projectiles de se déplacer par l'effet du roulis, ou par celui de toute secousse un peu violente (17). Il est essentiel, 1°. pour la célérité du service, qu'ils entrent avec beaucoup de facilité dans l'âme des pièces;

(*a*) Nouvelles Expériences d'Artillerie, etc., pag. 75.

2°. pour ménager le métal, qu'ils soient sphériques, afin qu'ils ne forment pas un coin autour du boulet ; 3°. pour ne pas causer de déviation, qu'ils soient très légers ; 4°. enfin, pour prévenir l'inflammation de la gargousse au moment où on l'introduit, qu'ils soient d'une matière qui ne conserve pas le feu.

Les meilleurs valets, à mon avis, ressembleraient à une balle de paume, seraient également recouverts de peau, de cuir, ou de drap, et leur intérieur serait en laine, bourre, crin ou plume. Ce n'est que par raison d'économie qu'il faudrait faire leur enveloppe de toile à fourrer, et leur intérieur de paille ou de foin. Avant de les couvrir, on les ficellerait, soit avec du gros fil en laine, soit avec du fil à voile ordinaire : ce procédé servirait à assurer leur forme sphérique. On aurait toujours l'attention de leur donner moins de diamètre qu'à l'âme des bouches à feu, et de les laisser un peu mous ; de façon que le refoulage, sans être violent, suffise pour les aplatir un peu, et leur faire contracter quelque adhérence contre les parois de l'arme.

Le tire-bourre en escargot placé à l'extrémité de l'écouvillon amène souvent, outre les culots de gargousse, des débris de valet ou de bouchon, lorsqu'on en place un entre la poudre et le boulet (18). Mais il est difficile de croire, malgré l'intervalle que laisse le vent, qu'un projectile passe par-dessus des débris de valet ou bouchon sans les entraîner; et, dans le cas où il ne le ferait pas, il semble que le fluide élastique devrait achever de les expulser hors de l'âme des pièces. Dans cette hypothèse, ce ne serait pas un très grand inconvénient que l'enveloppe et l'intérieur des nouveaux valets que je propose fussent susceptibles de conserver le feu quelques instans.

Au surplus, je ne parle de l'emploi des valets avec les carronades et les canons, que pour me conformer à l'usage, qu'il est toujours dangereux, pour le perfectionnement même d'un art, de heurter trop subitement de front. Mon opinion particulière est qu'on ne devrait jamais se servir de valets ou bouchons que lorsque les pièces ont à demeurer long-temps chargées (19), ou bien dans les épreuves de réception. Durant le cours d'une action, il suffirait, pour maintenir les projectiles, qu'ils fussent enveloppés avec de la peau, du drap, ou de la grosse toile. Le célèbre Montecuculli rapporte que les Turcs, à l'époque où il écrivait, avaient la coutume d'envelopper leurs boulets avec de la peau de mouton. Il approuve cette coutume, et des auteurs plus modernes semblent partager son opinion (a). — Dans une épreuve exécutée à Toulon en 1762, avec des canons de 36 et de 24, les boulets furent enveloppés de toile, et fournirent, pour la plupart, des portées extrêmement brillantes (20).

Tout capitaine de navire pourrait faire envelopper de la sorte les projectiles avec de la toile à fourrer. Cette méthode dégagerait le bord de l'encombrement causé par les valets, épargnerait l'énorme quantité de fils de carret employée à leur confection, activerait l'action de charger, favoriserait la justesse du tir, et contribuerait à la sûreté des pièces et des diverses parties de leur armement. Les principales précautions qu'elle requiert sont uniquement les suivantes :

L'enveloppe des boulets doit s'appliquer

(a) Memorie del generale principe Montecuculli, etc., liv. II, chap. ii. — Comm. sur *id.*, par le comte Turpin de Crissé, etc., tom. III, pag. 145. Paris, 1769. — L'Artillerie raisonnée, par Leblond, etc., pag. 165.

dessus avec exactitude, sans être trop serrée, afin que l'étoffe conservant un peu
d'élasticité, remplisse mieux l'espace que
laisse le vent, et procure contre les parois de
l'arme une adhérence suffisante. L'enveloppe
des paquets de mitraille et celle de chacune
des deux têtes des boulets ramés ne doivent
être pareillement ni trop justes ni trop
aisées. Je parle de les faire toutes de toile à
fourrer, parce que c'est l'étoffe dont chaque
capitaine a le plus à sa disposition et qui
coûte le moins au gouvernement; mais, sous
plusieurs rapports physiques, l'étoffe en
laine, nommée *frise*, dont on garnit les sabords, est celle qu'il faudrait préférer.

En employant double et triple projectile,
il suffirait probablement, pour maintenir
un instant le reste de la charge, quelle que
fût la violence du roulis, que le projectile
placé le dernier dans la pièce eût une enveloppe. Un moyen très facile de s'assurer de
ce fait, serait d'élever et d'abaisser sept ou
huit fois de suite, avec vivacité, la culasse
des bouches à feu, après qu'elles auraient été
chargées de la manière dont il s'agit (21).

Une mesure qu'il conviendrait aussi d'a-
dopter à bord des navires, serait d'ensaboter

une certaine quantité de boulets. Ce n'est
pas que le sabot semble nécessaire à la con-
servation des pièces en fer, de même qu'à
celle des pièces en bronze (22); mais il a
constamment la propriété de diminuer la
déviation des projectiles et d'augmenter leur
portée (23). Je ne conseille pas néanmoins
d'unir les boulets ensabotés à leur gargousse,
comme on le fait pour l'artillerie de campagne. Les calibres de nos bouches à feu
sont en général trop gros, et leurs munitions
trop pesantes, pour que cela se fît sans qu'on
eût ensuite de la peine à placer de pareilles
cartouches dans la bouche des pièces, et
surtout à les enfoncer jusqu'au fond de
l'âme. De plus, il faudrait conserver les
cartouches à boulets dans les soutes à poudre,
ou dans des caissons faits exprès, comme le
reste de l'*apprêté*, et ce serait une chose
assez inquiétante que d'avoir ainsi, dans le
même local, beaucoup de fer et une grande
quantité de poudre. Je voudrais d'ailleurs
qu'on ne fît usage des boulets ensabotés que
dans les canonnades réputées à grandes distances entre navires, ou qui s'étendent au-
delà de 200 toises (*a*); et comme on ne doit

(*a*) Nouv. Princ. d'Artill., etc., trad. de DUPUY, pag. 515.

tirer alors que lentement, sans faire jamais partir deux coups à la fois, tant afin de ne pas s'envelopper de fumée, qu'afin d'être à même d'observer la chute de chaque projectile, on sent qu'en pareille circonstance, la vivacité que procure à l'action de charger la réunion d'une gargousse à un boulet ensaboté, ne serait même pas à rechercher infiniment à l'égard des canons de petit calibre. Quant aux autres, il est douteux, je le répète, qu'il fût très facile et très expéditif d'enfoncer d'énormes cartouches jusqu'au fond des bouches à feu. Mais, lorsque les distances ne s'étendent pas au-delà de 200 toises, la quantité de déviation qui appartient en propre au boulet n'est pas considérable, et l'usage des sabots ajouterait peu sur mer à la justesse du tir. Les mouvemens ordinaires du navire, la fumée dont on s'entoure si les coups se succèdent avec rapidité, et l'impossibilité de rectifier les coups l'un par l'autre, voilà quelles sont les causes

—Essai math. et hist. sur la tactique navale, etc., par JEAN CLERK; trad. par M. DANIEL LESCALIER, 1re partie, pag. 132. Paris, 1791.—Manuel du canonnier marin, par M. CORNIBERT, pag. 158. — Instruccion sobre punterias, etc., pag. 43. — The british and french mariner's encyclopædia, etc., pag. 64 et 65. — etc., etc.

principales de l'inexactitude du tir dans les combats qui se livrent à la mer.

Quoique les boulets ensabotés ne fussent pas unis aux gargousses, on pourrait aussi se passer de valets ou de bouchons, en garnissant le pourtour du sabot d'un morceau de frise. — Il est bien entendu d'ailleurs que le boulet sera fixé au sabot par deux bandelettes de fer-blanc, placées en croix, et dont les extrémités seront clouées sur ce dernier, ainsi que cela se pratique toujours (*a*). — On ne mettrait un valet par-dessus le boulet que lorsque les pièces auraient à demeurer long-temps chargées; et il ne faudrait envoyer le coup de la sorte que lorsqu'on serait engagé trop à l'improviste pour avoir le temps de retirer le valet. Si je parle d'ailleurs de ne mettre qu'un seul boulet dans les pièces qui doivent rester long-temps chargées, c'est encore pour condescendre à la coutume. Mon opinion est qu'il vaut mieux mettre deux boulets dans chaque canon des batteries couvertes, et deux grappes

(*a*) Manuel de l'artilleur, etc., par le général Durtubie, pag. 218, 5ᵉ édit. — Aide-Mémoire, etc., tom. II, pag. 535, 4ᵉ édit. — Traité d'artifice de guerre, par M. Bigot, pag. 32. Paris, 1809. — etc., etc.

de raisin dans chaque bouche à feu des gaillards. Dans les circonstances où l'on ne voit l'ennemi que lorsqu'on est sur lui, ces charges sont celles qui conviennent; et si au contraire on l'aperçoit de loin, on a le temps, même en voulant tirer avant d'être à petite portée, de retirer un projectile ou de changer entièrement la charge, selon qu'on le juge convenable. — Dans les rades où l'on craint d'être surpris par des embarcations, il est à propos de mettre deux grappes de raisin dans chaque carronade, et jusqu'à trois dans les canons de tout calibre. Les balles de mitraille, quoique tirées en grand nombre, et soit qu'elles frappent de plein fouet ou après avoir ricoché, ont presque toujours assez de force pour tuer ou blesser des hommes qui ne sont abrités par rien (a). La portée très petite d'une chasse double ou triple de mitraille est plutôt avantageuse que désavantageuse dans la position ci-dessus; car, lorsqu'on est surpris par des embarcations dont la hauteur est de 2 à 3

(a) Nouv. Princ. d'Artill., trad. de Dupuy, pag. 468, 471, 531 et 532. — Réfl. milit. et polit. du marquis de Santa-Cruz, etc., tom. V, pag. 253. — Dell' uso del armi da fuoco, ou la trad., par M. de Saint-Auban, § 224.

pieds seulement au-dessus de l'eau, et qui se trouvent parvenues très près du navire, il est difficile d'élever assez la culasse des pièces pour que l'axe soit dirigé sur les assaillans. En conséquence, il est bon que les mobiles s'abaissent sensiblement, aussitôt qu'ils sont sortis de la bouche des pièces.

Les arètes de la base des sabots destinés aux carronades auraient besoin d'être un peu arrondies pour mieux boucher l'orifice de la chambre, et pour que l'espace vide entre les sabots et les gargousses fût le plus petit possible. J'ai, du reste, une objection à prévenir touchant les sabots, c'est qu'il n'en est point fourni dans l'armement des navires, et que les capitaines n'ayant à bord, ni tour, ni tourneur, ni bois propre à en faire, il est assez inutile de leur prouver l'avantage d'un procédé qu'ils sont hors d'état de mettre à exécution. Ma première réponse est que j'espère, ainsi que j'ai commencé par le dire dans l'Introduction, que mes Remarques sur les Exercices de 1808 et 1811 engageront le Gouvernement à s'occuper de perfectionnemens presque indispensables dans le service de l'artillerie des vaisseaux. Ensuite j'avertis que le prix approximatif de cent sabots est, pour les canons de campagne de 12, 8, 6 et 4, seulement de 9 francs, 6 francs 50 centimes, 6 francs et 5 francs (*a*). Les sabots pour nos pièces de 18, 24 et 36, seraient naturellement plus chers, surtout si l'on ne les faisait pas confectionner en très grande quantité. Mais quel est l'officier vraiment digne de commander, qui hésiterait à faire un faible sacrifice pécuniaire pour se procurer une chose dont il aurait reconnu l'utilité dans les combats? Il en est, au reste, du perfectionnement qui nous occupe maintenant comme d'une infinité d'autres; c'est un devoir pour un capitaine de se les procurer à ses propres dépens, s'il n'a pas moyen de le faire autrement. D'ailleurs avec un peu d'intelligence et d'aptitude, il est facile de trouver dans un navire une foule de ressources de toute espèce, qui contribuent, par un concours de petites améliorations, à prévenir les revers et à préparer les succès. Le capitaine de frégate BAUDIN, qui récemment avait armé, d'une manière que tout le monde louait, LE RENARD, LA DRYADE et LA BAYADÈRE, prouvait, par sa conduite, ce que

(*a*) Traité d'artifices de guerre, par M. BIGOT, pag. 33. Paris, 1809.

je viens d'avancer, mieux que je ne saurais le faire par mes discours. Ce ne fut pas uniquement à perfectionner le matériel de ses navires qu'il exerça ses talens et son désintéressement ; les hommes composant les équipages sous ses ordres furent constamment l'objet de ses soins, de ses démarches et de sa libéralité. Il suffit toujours qu'un officier possède un sens droit et une âme élevée, pour tenir une conduite semblable ; et, s'il possède de l'instruction, elle lui est dictée en outre par des principes consignés dans beaucoup d'ouvrages militaires (a). Le bien du service exige, surtout en France, qu'un chef sache à la fois se faire aimer et respecter de ses inférieurs. La soumission et l'idolâtrie

(a) Hérodote, liv. II, chap. II. — Polybe, Hist., liv. VI. — De Regim. princ., liv. I, chap. X. — Defensive war by sea, etc., by captain ROBERT PARK, art. 9, pag. 168. Ipswich, 1704. — Défense des places, par VAUBAN, pag. 178, édit. de l'an III. — Réfl. milit. et polit. du marquis DE SANTA-CRUZ, trad. par M. DE VERGY, tom. I, pag. 52, et tom. VI, pag. 233.— Abrégé des Comm. de M. DE FOLARD, etc., tom. III, pag. 353. — Introduction à la guerre d'Allemagne en 1756, etc., par le général LLOYD, trad. par un officier français, pag. 85 et 94. Londres, 1784. — The seaman's vade-mecum, etc., by W. MOUNTAINE, pag. 154. — The naval chronicle, tom. VIII, n° 45, pag. 107. — Observ. et Instruct., etc., par un capitaine de la marine royale, trad. par M. Y.-M.-G. LAOUENAN, pag. 6 et 34. Paris, 1815. — etc., etc.

pour l'autorité, non plus qu'un dévouement constant pour la chose publique, ne sont pas nos vertus nationales. Mais laissant ce nouveau sujet, indépendant du matériel des navires, je terminerai ce qui concerne celui-ci en rapportant la maxime favorite du capitaine BAUDIN : *La marine est une grande machine très compliquée, et c'est de la perfection des détails que dépend la perfection de l'ensemble.*

FIN DES REMARQUES.

NOTES.

(1) On trouve la Notice suivante dans un catalogue de livres qui devaient être publiés en 1792, par Firmin Didot; catalogue imprimé à la suite des *Nouveaux Élémens de Fortification*, de M. Julienne de Belair.

« *De l'Artillerie maritime et navale*, ou Principes sur
» l'emploi de différentes bouches à feu dans les opéra-
» tions de la tactique navale, et dans celles relatives à la
» défense des côtes et des grands établissemens militaires;
» par M. Julienne de Belair.

» Ouvrage précédé d'un Discours sur l'histoire des
» progrès des différentes branches de l'artillerie, et
» sur l'étendue que cette importante partie de la science
» militaire occupe dans l'arbre encyclopédique, et
» suivi de divers Mémoires sur les moyens de perfec-
» tionner la fabrication et l'usage des différentes bouches
» à feu, ainsi que les mobiles divers qu'elles servent
» à projeter.

» Il n'avait encore paru aucun ouvrage de ce genre dans
» aucun des pays de l'Europe. Un Mémoire récent de
» M. du Bouchage, directeur de l'artillerie de la marine,
» prouve plus que tout ce que l'on pourrait dire, combien
» il est instant de fixer l'attention sur cet objet im-
» portant. »

(2) La plupart des marins auront remarqué dans les combats, ou même dans les exercices et les saluts, que,

lorsqu'on est le plus incommodé par la fumée du bâtiment sur lequel on se trouve, et celle des bâtimens par lesquels on est entouré, on aperçoit encore la lueur de coups de canon très éloignés. Ce fait a été reconnu et constaté il y a bien des années. Par exemple, le père FOURNIER nous apprend que, lors de l'incendie de la flotte espagnole dans la baie de Guétari, le 22 août 1637, par une escadre française, sous les ordres de l'archevêque de Bordeaux, la canonnade avait lieu « parmi les éclairs et les horreurs de » tant de bouches à feu, à travers une épaisse fumée (a). » Et, dans le récit de la bataille du Texel, livrée le 21 août 1673, par les flottes combinées de France et d'Angleterre contre l'armée de Hollande, on rapporte que « la » flamme des coups de canon pénétrait au travers de l'épais- » seur de la fumée, comme l'éclair au travers des ténè- » bres (b). » Je puis affirmer, en mon particulier, que j'ai observé des faits semblables dans plusieurs occasions; mais je me borne à citer l'engagement des escadres françaises et espagnoles, sous les ordres de l'amiral VILLENEUVE, contre l'escadre anglaise, sous les ordres du vice-amiral CALDER, par la raison que ma manière d'observer s'accorde avec celle de personnes ayant écrit sur cet engagement, et se trouve consignée en ces termes, dans un ouvrage assez récent : « Au » combat du 9 juillet 1805, sous le cap Finistère, le » temps était fort brumeux, et l'on tirait à la lueur du feu » de l'ennemi, sans presque l'apercevoir (c). » Quant à l'obscurité profonde qui résulte des canonnades soute-

(a) Hydrographie, etc., pag. 367. Paris, 1643.

(b) Vie de MICHEL RUYTER, etc., par GÉRARD BRANDT, pag. 610. Amsterdam, 1698. — Vie de *idem*, par RICHER, tom. II, pag. 197. Paris, 1789.

(c) Nouveau Dictionnaire des siéges et batailles, etc., par F.-M. M****, tom. II, pag. 464. Paris, 1808.

nues, il en est fait mention dans presque tous les ouvrages où il est parlé de combats maritimes (*a*).

(3) La distance du but en blanc, c'est-à-dire du second point où la trajectoire coupe la ligne de mire, dépend non-seulement du plus ou moins de courbure de
la trajectoire, mais encore du plus ou moins d'ouverture
de l'angle de mire. On diminue cet angle en ajoutant un
corps quelconque sur la partie supérieure du bourrelet
de volée, et on le réduit à zéro, si le corps ajouté rend
le demi-diamètre supérieur du bourrelet égal au demi-
diamètre de la plate-bande de culasse; car alors la ligne
de mire est parallèle à l'axe de la pièce. C'est du reste
ce que l'on faisait habituellement autrefois à l'aide d'un
instrument de bois, ou de cuivre, nommé *fronteau
de mire*, parce qu'on croyait que les projectiles étaient
animés d'abord d'un mouvement qu'on appelait violent (*motus violentus*), qui les rendait, jusqu'à une
assez grande distance du point de départ, insensibles aux
effets de la pesanteur, et leur faisait décrire une ligne

(*a*) L'Art des armées navales, par le P. Hoste, pag. 42, 53 et
83. Lyon, 1697. — Annales des Provinces-Unies, tom. II, pag. 205.
— Histoire générale de la Marine, par Boismêlé, tom. II, pag. 542,
551 et 552. Paris, 1746. — Vie de du Guay-Trouin, par Richer,
pag. 139. Paris, 1789. — Mémoires de *id.*, par lui-même, pag. 36 et
80. Amsterdam, 1748. — Les Hommes illustres de la Marine française, etc., par Graincourt, pag. 172. Paris, 1780. — Histoire navale d'Angleterre, par Lediard, tom. I, pag. 313. — Mémoire manuscrit pour l'armée (au sujet du combat du 12 avril 1782), par le
général de Bougainville, en plusieurs endroits. — Principios de tac-
tica naval, por Manoel do Espirito Santo Limpio, etc., pag. 158,
161 et 163. Lisboa, 1797. — The british trident, tom. V, pag. 28 et
205. — The victorious british flag, pag. 74 *bis* et 81 *bis*. — London
gazette extraordinary, june 11, 1794. — *Id.* March. 25, 1806. — An
Universal Dictionary of the Marine, etc., by Falconer, *au mot* Line.
London, 1769. — The sea-gunner's vade-mecum, pag. 126. London,
1812. — etc., etc.

droite, représentant le prolongemeut de l'axe de la
pièce (a). D'après ce principe, le point où allait frapper
le centre d'un boulet n'était éloigné de celui où allait
aboutir la ligne de mire que d'un demi-diamètre de la
pièce, ce qui n'était d'aucune importance. Maintenant on
est universellement revenu de cette erreur. TARTAGLIA, célèbre mathématicien de Brescia, est le premier qui entreprit de prouver qu'aucune partie du chemin parcouru par
un boulet n'était une ligne droite (b); et GALILÉE le
démontra plus évidemment, après avoir exposé les lois
de la chute des graves (c). L'expérience, au reste,
ne laisse aucun doute à cet égard. A 100 toises seulement
de la batterie, l'abaissement d'un boulet, quels que soient
son calibre et sa vitesse initiale, est au moins de 3 à
4 pieds; à 200 toises, cet abaissement est de 20 à 23 pieds,
et ainsi de suite, toujours en augmentant selon un rapport considérable (d). Mais revenons à ce qui concerne
l'angle de mire. On le diminue, ai-je dit, en ajoutant
un corps quelconque sur le bourrelet. Cette opération

(a) Practica de Artilleria, etc., por DIEGO UFANO VELASCO, etc.,
lib. I, dialog. 9. Bruxelles, 1612; ou la traduction, pag. 55. Zutphen,
1621. — Travaux de Mars, etc., par ALLAIN MALLET DE MANESSON, etc.,
tom. III, pag. 46. Paris, 1685. — Mémoires d'Artillerie de SAINT-
REMI, tom. I, pag. 115, 3e édit. — Histoire de l'Acad. roy. des Scienc.
de Paris, année 1707, pag. 120. — Réflexions polit. et milit., trad. de
l'espagnol de M. le marquis DE SANTA-CRUZ, etc., par M. DE VERGY,
tom. V, pag. 191. Paris, 1738. — Artillerie raisonnée, par LEBLOND,
pag. 109 et suiv. Paris, 1776. — A new Naval History, etc., by JOHN
ENTICK, pag. XL. London, 1757. — Tractado de Artilheria, por
JOAO MULLER. Appendix do traductor, tom. II, pag. 175. Lisboa, 1792.
— etc., etc.

(b) Opere del famosissimo NICOLO TARTAGLIA, Quesito terzo, etc.

(c) Opere di GALILEO GALILEI, tom. III, dialog. 4. Padova, 1744.

(d) Instruccion sobre punterias, etc., pag. 67 et 68. — Dell' uso delle
armi da fuoco, pag. 95; ou la traduction, par M. de SAINT-AUBAN,
§ 67.

diminue la distance du but en blanc, si la courbure de la
trajectoire reste la même, parce que la ligne de mire,
s'écartant moins dans le principe de la trajectoire, en
est plus promptement rencontrée une seconde fois. L'opération contraire, ou d'ajouter un corps quelconque (appelé *hausse*) sur la plate-bande de culasse, produit naturellement un effet opposé, c'est-à-dire qu'on augmente
de la sorte la distance du but en blanc. Ainsi, au moyen
de deux instrumens placés fixement, l'un sur la plate-
bande de culasse, l'autre sur le bourrelet de volée, ou,
en s'exprimant autrement, au moyen d'une hausse et
d'un fronteau de mire, on peut procurer à ses canonniers
la facilité de pointer toujours de but en blanc, ou directement sur l'objet. Dans l'*Essai sur l'art du tir à la
mer*, j'ai calculé les dimensions que doivent avoir ces
deux instrumens, pour les différentes bouches à feu en
usage dans la marine. Je n'ai donné au fronteau de mire
qu'une seule hauteur pour chaque pièce, n'ayant pas jugé
convenable de le compliquer et de le rendre susceptible
de s'abaisser et de s'élever, parce qu'il n'est pas sous la
main du chef de pièce, au moment où celui-ci est occupé à pointer. La hausse satisfait seule à tous les cas. Elle
est divisée en trois colonnes : la première, pour le boulet; la deuxième, pour le boulet ramé ou deux boulets ;
la troisième, pour la mitraille. Soit qu'on fasse usage de
l'un ou l'autre de ces projectiles, on fixe une visière mobile, à l'aide d'une vis de pression, sur un numéro de la
colonne appartenant à l'espèce de projectile avec lequel
la pièce est chargée, et qui correspond à la distance,
exprimée en toises, dont on est éloigné de l'ennemi. On
doit sentir que, dès qu'on emploiera cette méthode, les
mouvemens d'un navire cesseront de s'opposer entièrement à ce qu'on règle l'élévation du pointage avec une

certaine précision. Supposons, en effet, comme on le faisait jadis, que le chemin du boulet, pendant un espace assez considérable, soit rectiligne et parallèle à la ligne de mire; il est évident, quelle que soit l'agitation du vaisseau, que si, un peu avant que la ligne de mire ne rencontre le point qu'on veut ajuster, on a fait feu, de manière à ce que le projectile ait eu le temps de parcourir la distance dont on est éloigné de l'ennemi, au moment où la ligne de mire aboutit précisément sur ce point, le projectile devra le frapper, ou à peu de chose près, puisque son centre de figure n'est éloigné, par la supposition, d'un point quelconque de la ligne de mire, que d'un demi-diamètre de la pièce. Mais si, par la combinaison de la hausse et du fronteau de mire, on place toujours le but en blanc, c'est-à-dire le second point où la trajectoire rencontre la ligne de mire, à la même distance que celle où se trouve l'objet, il est clair que, le feu étant mis à la pièce de manière que le projectile parcoure cette distance pendant le temps qu'il faut à la ligne de mire pour venir, dans ces balancemens, aboutir sur le point qu'on veut frapper, le projectile y parviendra au même instant, et, en un mot, remplira sa destination.

En employant la méthode qui vient d'être indiquée, on ne doit donc pas regarder comme chimérique la possibilité de régler à la mer l'élévation du pointage avec une certaine précision, malgré le mouvement continuel des navires. Mais tous les instrumens, tels que les quarts de cercle, planchettes, tourillons, coins de mire gradués, etc., qui peuvent servir à terre, sur une plate-forme immobile, à déterminer l'angle de projection ou l'inclinaison de l'axe de la pièce à l'égard de l'horizon, tous ces instrumens sont inutiles à bord de nos bâtimens. En effet, dès que les ponts s'élèvent ou s'abaissent à l'égard de l'horizon, quoique les mêmes rapports de position subsistent entre les instrumens, les pièces, les affûts et les ponts , l'angle de projection se trouve augmenté ou diminué d'une quantité qu'on ne saurait déterminer par aucun moyen. C'est une erreur de croire que le fil-à-plomb conserve à bord une situation verticale , et qu'il a seulement l'apparence d'être en mouvement par l'effet de la mobilité de tous les objets dont il est entouré. Les agitations de l'air dans les batteries, ou sur le pont ; un peu de raideur et de frottement au point de suspension ; la vitesse acquise par ce point et par le pendule , pendant un roulis ou un tangage , vitesse qui agit encore pendant le roulis ou le tangage suivant ; toutes ces causes impriment au système du fil-à-plomb des mouvemens qui lui sont absolument particuliers. Il se relève quand il devrait s'abaisser , *et vice versâ* , faisant souvent imaginer que le navire incline vers babord ou tribord , vers l'avant ou l'arrière , lorsqu'il fait précisément le contraire. En l'observant attentivement , en même temps que la mâture , on lui voit faire jusqu'à deux ou trois oscillations, tandis que celle-ci n'en fait qu'une seule : ce qui doit être , puisque la mâture , bien qu'un pendule véritable , n'étant pas de la même espèce que le premier, ayant des dimensions infiniment plus grandes, et étant mue par des causes différentes , ne saurait avoir avec lui des mouvemens isochrones.

(4) Il y a très long-temps que, pour la première fois , il a été parlé des micromètres, dans les *Mémoires de l'Académie royale des Sciences de Paris (a)*. Depuis, on a inventé un grand nombre d'instrumens de cette

(a) Mémoires de l'Académie, etc., année 1666, tom. VII, pag. 97.

nature, et la description de plusieurs est donnée dans la collection de ces mêmes Mémoires (*a*).

Il y a aussi des espèces de micromètres, auxquels les inventeurs ont donné un autre nom, tel que le *Polymétroscope dioptrique*, dont on trouve la description dans les Mémoires d'Artillerie de Scheel (*b*), et le *Mégamètre*, dont le capitaine Phipps a fait usage dans son voyage vers le pôle boréal (*c*). Ce *Mégamètre*, inventé par M. de Charnières, est peu propre à mesurer, dans les combats, la distance d'un navire à un autre, ne fût-ce qu'à cause de l'obscurité produite, dans l'instrument, par la section diamétrale de chacun des deux objectifs (*d*).

En 1813, il a paru à Édimbourg un ouvrage intitulé : *Traité sur de nouveaux Instrumens de Physique*, etc. , par le docteur Brewster (*e*), qui donne la description de huit ou dix micromètres, avec lesquels on peut, entre autres choses, mesurer la distance qui existe d'un navire à un autre.

Je ne donnerai des détails qu'à l'égard d'un seul micromètre, que j'ai eu l'occasion d'éprouver. C'est celui à double prisme de cristal de roche, inventé par M. Alexis Rochon, membre de l'Institut. Pour se servir de cet instrument, on le dirige sur un objet dont les dimensions sont connues, tel, par exemple, qu'un sabord, un mât,

(*a*) Mémoires et Histoire de l'Acad., année 1701, pag. 92 et 119. — Mémoires, année 1714, pag. 65. — Mémoires, année 1717, pag. 57. — Mémoires, année 1724, pag. 347. — Machines approuvées, tom. VI, pag. 45. — Mach. appr., tom. II, pag. 103. — Art., pag. 9. — etc.

(*b*) Pag. 347, 1re édit. — Ou 2e partie, pag. 107, 2e édit.

(*c*) Voyage au pôle boréal, etc., pag. 89 et suiv. Paris, 1775.

(*d*) Théorie et pratique des longitudes en mer, pag. 22 et suiv. Paris, 1772. — Mémoires de l'Acad., etc., année 1767, pag. 129 et suiv.

(*e*) A Treatise on new philosophical instruments, etc.

une voile, etc. ; et l'on fait mouvoir le double prisme, à
l'aide d'un bouton en cuivre, jusqu'à ce que les deux
bords de la double image qu'on aperçoit se touchent
légèrement. Cette courte opération exécutée, on regarde
où s'est arrêté l'indicateur du double prisme, sur une
échelle graduée et numérotée. Le chiffre auquel correspond l'indicateur est le nombre de fois que la largeur
ou la hauteur de l'objet observé est contenue dans la
distance à laquelle il est situé.

On voit que l'usage de cet instrument est extrêmement
facile. Sa construction, en outre, ne me paraît pas plus
susceptible de dérangement que celle de la meilleure
longue-vue; mais il a (un peu moins cependant que
le *Mégamètre*) l'inconvénient d'obscurcir les objets,
inconvénient très grave dans un combat, où la fumée
est déjà si gênante pour exécuter toute espèce d'observations. Il a aussi un inconvénient, commun d'ailleurs à tous
les micromètres actuels; c'est celui d'exiger la connaissance précise d'une des dimensions de l'objet dont on veut
déterminer l'éloignement. Je crois qu'on pourrait y remédier, et avoir l'un des côtés du triangle que mesure le
micromètre compris dans l'instrument lui-même, ou placé
dans son voisinage. On combinerait, au moyen de deux
miroirs, la réflexion des deux extrémités de cette base,
avec la vue d'un point seulement de l'objet dont la distance serait cherchée. M. Servois, professeur à l'École
d'Artillerie de La Fère, s'occupe à faire construire un
micromètre, d'après cette idée; et j'ai entendu dire qu'un
colonel anglais, nommé Keating, l'a déjà fait avec succès.
Des instrumens de cette nature seront très utiles aux ingénieurs, aux artilleurs, et surtout aux marins. Un perfectionnement essentiel à leur ajouter, serait de les munir
d'un système optique, ayant les propriétés des longues-

vues de nuit et de brume, afin que, durant les combats, la fumée en empêchât moins souvent l'usage.

Les octans, sectans et cercles de réflexion exigent, comme on le sait, de même que les micromètres actuels, la connaissance de certaines dimensions de l'objet dont on souhaite déterminer l'éloignement, ou plutôt, et cela est encore pis, la connaissance de la hauteur de cet objet. Il en résulte, à l'égard des navires, deux causes fréquentes d'erreur : la première consiste à se tromper sur leur rang; la seconde, à avoir des données fausses sur la hauteur des mâts correspondante à chaque rang de navires. Mais, comme des à peu près valent encore mieux qu'une absence totale de données, on pourra se servir, selon l'occasion, des tables calculées par M. DE CHURRUCA, relatives aux bâtimens espagnols (a); de celles relatives aux bâtimens anglais, que l'on trouve dans l'ouvrage de ROBERT SIMMONS (b); et de celles relatives aux bâtimens français, calculées par M. VERDUN DE LA CRENNE (c). Un capitaine de vaisseau en a calculé, d'après les dimensions actuelles de nos bâtimens de guerre, que l'on doit regarder comme beaucoup plus exactes que celles de M. VERDUN DE LA CRENNE. On trouve ces dernières tables dans l'appendix des Exercices et Manœuvres des bouches à feu, imprimé à Paris en 1815 (pag. 78). Je remarque ici, en définitif, que les tables relatives à des navires étrangers seraient plus utiles en temps de guerre; mais que, pour exercer le coup d'œil des observateurs en temps de paix, et habituellement dans nos

(a) Instruccion sobre punterias, etc., pag. 81.

(b) The sea-gunner's vade-mecum, pag. 44 et 46.

(c) Cours élémentaire de Tactique navale, par M. AUDIBERT DE RAMATUELLE, pag. 13 et suiv., tab. 2.

rades, il vaudrait mieux avoir des tables relatives aux
bâtimens par lesquels on se trouve entouré.

(5) M. Bidone ne s'est guère occupé que des ricochets qui s'effectuent à la surface de l'eau; il admet aussi
un refoulement des molécules de ce fluide, produisant une
sorte de bourrelet, comme le font les molécules d'un
terrain quelconque. Mais, selon lui, ce qui force principalement un mobile à se relever, c'est l'espèce d'explosion
ou réaction des parties de l'air ambiant, et de celles adhé-
rentes à ce corps et au plan réflecteur, qui se trouvent
prises sous le mobile et fortement comprimées à l'instant
du choc. D'après des expériences et des considérations peu
rigoureuses, M. Bidone semble regarder l'eau comme parfaitement imcompressible et dépourvue d'élasticité; et il
conclut en définitif que « la vraie cause des ricochets,
» à la surface de l'eau, consiste dans l'action de la couche
» d'air comprimé entre la surface du corps et celle du
» liquide, et dans l'action du vent qui s'enfonce après le
» corps dans le creux fait sur le liquide, combinées avec
» la vitesse et la direction du corps au moment du rico-
» chet (a). » Musschenbroeck (b), d'Alembert (c), Bris-
son (d), Spallanzani (e), Avanzini (f), Araldi (g), etc.,
ont aussi donné quelques explications des causes du ricochet; mais ces explications ne servent qu'à mieux faire

(a) Mémoire sur la cause des ricochets, etc., pag. 66. Turin, 1811.

(b) Cours de Physique, § 1447.

(c) Encycl., *aux mots* Réfraction et Ricochets.

(d) Dictionnaire de Physique, *aux mêmes mots.*

(e) De lapidibus ab aquâ resilientibus dissertatio. Modène, 1765.

(f) Mémoires de l'Inst. italien, classe de Phys. et de Math., tom. I,
partie 1re, pag. 199, année 1806.

(g) *Id., id.,* tom. II, partie 1re, pag. 343.

sentir le mérite du Mémoire de M. Bidone sur le même sujet. Je trouve néanmoins que ce dernier savant, imitant la plupart de ceux qui découvrent une cause quelconque d'un phénomène, a trop accordé d'influence à l'explosion ou réaction des parties d'air comprimées sous les mobiles à l'instant du choc. L'élasticité des mobiles mêmes, à défaut de celle du plan réflecteur, doit contribuer au ricochet, indépendamment de diverses autres causes indiquées par les savans que je viens de nommer.

(7) D'après les dimensions prescrites par nos règlemens, cet angle devrait être moins ouvert; mais il peut arriver qu'il le soit autant. La raison en est que le frottement, les chocs et les oxidations altèrent la surface extérieure du métal; et que d'ailleurs les pièces ne sont jamais assez exactement forées ni tournées, ni les instrumens de vérification assez parfaits dans l'artillerie d'aucune nation (du moins ceux dont on s'est servi habituellement jusqu'à ce jour), pour que l'inclinaison réciproque de l'axe et de la ligne de mire ne puisse varier de quelques lignes, et par conséquent accroître ou diminuer l'ouverture de l'angle de mire de quelques secondes (a).

(8) L'accroissement accidentel de cet angle est quelquefois bien plus considérable. Par exemple, la frégate LA Cérès, étant combattue, à moins de 100 toises, par les frégates anglaises LE Niger et L'Acbar, eut la flèche de son grand mât de catacoi coupée auprès de la pomme. Or, pour que cela soit arrivé ainsi, il a fallu que l'angle de pro-

(a) Tractado de Artilheria, por João Muller, traducido por Texeira, tom. II, pag. 27. — The practical sea-gunner's companion, etc., pag. 63, 69 et 70. London, 1781. — Tratado de Artilleria, por Don Tomas de Morla, tom. II, pag. 311 et suiv. — Instruccion sobre punterias, etc., pag. 19 et 39.

jection fût au moins de 15 degrés, et probablement d'une douzaine de degrés plus grand que le canonnier n'en avait eu l'intention. Dans le cas d'une aberration aussi forte, un boulet à 400 toises se trouverait élevé de plus de 500 pieds au-dessus de la surface de la mer ou du sol. On ne doit donc pas s'étonner que tant de projectiles dans les combats passent par-dessus les mâts des plus grands vaisseaux.

(9) Bourdé de Villehuet (a), Texier de Norbec (b), Robert Park (c), Mountaine (d), R. Simmons (e), et un capitaine de vaisseau anglais, auteur d'un ouvrage très utile (f) sur l'armement et la tenue des bâtimens de guerre, recommandent de pointer plutôt bas que haut, et en général en plein bois. Ce principe est fondé sur l'expérience des combats. Je vais citer plusieurs faits qui tendent à le prouver.

A la bataille navale de Soulsbaie, livrée le 7 juin 1672, entre l'armée de Hollande et celle d'Angleterre, « il y » avait déjà trois heures et demie que Tromp, qui montait » le Lion d'Or, et Spragge, qui montait le Prince Royal, » étaient à côté l'un de l'autre sans manœuvrer les voiles, » et faisaient un feu continuel du canon et de la mous- » queterie. Il arriva à Tromp une chose qui paraît aussi » impossible qu'elle est véritable, c'est que de 470

(a) Le Manœuvrier, etc., pag. 189.

(b) Recherches sur l'Artillerie, etc., § 261.

(c) Defensive war by sea, pag. 261 et suiv. Ipswich, 1704.

(d) The seaman's vade-mecum, etc., pag. 148, 152, 158 etc., London, 1780.

(e) The sea-gunner's vade-mecum, etc., pag. 101.

(f) Observations et instructions à l'usage des officiers de la marine anglaise, trad. par M. Laouenan, pag. 19. Paris, 1815.

» hommes qui étaient à bord du LION D'OR, exposés à
» de si grands périls et pendant tant de temps, il n'y en
» eut pas un seul de blessé (a). » GÉRARD BRANDT, auteur
contemporain, dit : « Ce n'est point sur de faux bruits que
» j'annonce ce fait ; je l'ai appris de gens dignes de foi, qui
» ont entendu plusieurs fois le lieutenant-amiral TROMP
» et d'autres témoins oculaires en faire le récit. La plu-
» part des boulets passaient par-dessus les vaisseaux. Je
» puis assurer aussi avec une égale certitude que le géné-
» ral RUYTER combattit avec un bonheur tout extraordi-
» naire, et qu'il eut très peu de morts et de blessés. On
» l'entendit dire à quelqu'un, au plus fort du combat :
» *Je vous prie de prendre garde à ce qui se passe. Regar-*
» *dez comme volent les boulets, et écoutez comme ils*
» *sifflent ; et cependant tous nos agrès sont encore en*
» *état, et presque tout l'équipage est sain et sauf (b).* »
On voit combien les Anglais avaient tort de pointer si
haut ; mais les canonniers hollandais, qui sans doute
pointaient plus bas, mirent hors de combat presque
tout l'équipage des vaisseaux qu'ils combattaient.

Dans une action qui eut lieu en 1693, entre le navire
anglais L'HANNIBAL, de 36 canons, et le corsaire français LE
LOUIS, de 52 canons, le premier, après six heures de
combat, réussit à se faire abandonner de son adversaire :
« Il avait alors onze boulets dans son grand mât, dont trois
» avaient passé au travers ; plusieurs y étaient restés, et
» étaient entrés de trois ou quatre pouces d'épaisseur ;
» huit coups dans son mât de misaine, dont deux le per-
» çaient à jour. Ses voiles de hune étaient en pièces, son
» grand mât de hune éclaté par la moitié, et la vergue
» coupée en deux, sa civadière emportée, le bâton de

(a) Vie de RUYTER, par RICHER, tom. II, pag. 196.

(b) Histoire de MICHEL RUYTER, etc., pag. 608, année 1698.

» son pavillon coupé, plusieurs coups dans ses antennes;
» ses œuvres vives et mortes toutes désassemblées : mais,
» comme le navire français tirait toujours très haut, il
» ne reçut pas plus de trente coups dans la coque, dont
» quatre étaient sous la ligne d'eau. Il n'eut que 5 hommes
» tués, et 32 blessés très légèrement, la plupart par
» des éclats et par des contusions. Le capitaine de l'Han-
» nibal, étant de retour en Angleterre, apprit par le ca-
» pitaine Pierre Wall, qui avait été pris par le Louis,
» et se trouvait à son bord pendant l'action, que ce dernier
» navire avait eu 63 hommes tués et 70 blessés. L'Han-
» nibal en fut redevable principalement à ce qu'on poin-
» tait bas ses canons, et toujours contre la coque. Les
» pièces de la batterie, qui étaient des demi-couleu-
» vrines, étaient chargées avec des boulets ramés à deux
» côtés; et les canons de son tillac avec des boulets ronds
» et à cartouches, ainsi qu'avec des balles de mous-
» quet (a). »

Lors de la prise de la frégate française l'Africaine, le 21
mars 1800, par la frégate anglaise la Phæbé, d'un même
nombre de bouches à feu à peu près, « le capitaine de la pre-
» mière ordonna à chaque chef de pièce de toujours poin-
» ter à démâter, pour rester maître de combattre ou
» d'échapper.—Le calme était parfait.—L'ennemi tirant
» toujours en plein bois, tua beaucoup de monde à l'Afri-
» caine (elle portait des troupes). Le capitaine français,
» s'apercevant que le combat au canon lui était désa-
» vantageux, ordonna l'abordage. L'Anglais laissa arri-
» ver, en envoyant une décharge de canons et d'obus
» (probablement on aurait dû dire de carronades au lieu
» d'obus). Plusieurs pièces de l'Africaine sont démon-
» tées; ses voiles et ses agrès sont endommagés; presque

(a) Collection des Voyages, tom. VI, pag. 171.

» tous ses marins sont remplacés par des grenadiers, des
» chasseurs et des canonniers de l'armée de terre. Ces
» nouveaux combattans donnaient et recevaient la mort
» avec un sang-froid admirable. — Enfin, après quinze
» heures de combat, le capitaine français voulut décider
» une action qui coûtait tant de sang; il tenta un second
» abordage; l'ennemi s'en préserva, en tendant un filet
» au-dessus de son bord, et envoyant une volée de mi-
» traille. L'AFRICAINE, entièrement désemparée, ne gou-
» vernait plus. Tous les canonniers avaient été mis hors de
» combat; la batterie et les gaillards étaient couverts de
» morts et de blessés. Le feu prit dans le bâtiment; les
» officiers et les soldats accoururent vers le plus grand
» danger; ils parvinrent à éteindre l'embrasement sans
» le secours de la pompe, brisée par les boulets. A chaque
» minute les pertes de L'AFRICAINE augmentaient. Le ca-
» pitaine fut successivement atteint de deux blessures,
» dont la seconde fut mortelle. Tous les marins avaient
» succombé; les vergues et les mâts étaient hachés,
» six mille coups de canon avaient été tirés; une seule
» pièce répondait encore au feu de l'ennemi, la batterie
» ruisselait de sang. — L'AFRICAINE finit par amener (a). »
Des faits à peu près semblables, touchant le combat de
cette frégate, m'ont été rapportés de vive voix; j'en
excepte pourtant le sang-froid admirable des troupes de
terre. Il m'a été dit, au contraire, que ces troupes, dont
une partie avait été laissée dans l'entrepont, ayant eu,
dans cette place, quelques hommes tués ou blessés,
crièrent à la trahison, et montèrent tumultueusement sur
les gaillards, pour se défendre avec leurs fusils. Il m'a été
dit également que le capitaine de L'AFRICAINE avait eu

(a) Nouveau Dictionnaire historique des siéges et batailles mémo-
rables, etc., tom. I, pag. 42 à 44.

l'imprudence, avant l'action, d'ordonner à ses canonniers de jeter à la mer les coussins de mire, afin qu'ils
ne pussent se dispenser de pointer à démâter. — Au demeurant, il est certain que la perte de cette frégate fut
causée principalement pour avoir négligé de tirer en
plein bois contre un ennemi qui avait la sagesse de
suivre cette méthode, et qui ne laissa pas que de causer
aussi beaucoup d'avaries dans le gréement de L'AFRICAINE;
effet inévitable, quelque bas qu'on cherche à pointer,
car bien des coups viennent toujours à s'élever par suite
du roulis et de l'inexactitude du pointage.

Les 23, 24 et 25 août 1810, il y eut un combat dans le
grand port de l'Ile-de-France (dont les Anglais possé-
daient l'île de la Passe), entre quatre frégates anglaises
et les frégates françaises LA BELLONE et LA MINERVA, ac-
compagnées d'un bâtiment de la compagnie des Indes,
qu'elles avaient pris, et de la corvette LE VICTOR, qui ne
participa autrement à l'action qu'en recevant une volée
de la frégate anglaise LA NÉRÉIDE. Je dis à cet égard ce qui
m'a été rapporté par plusieurs témoins oculaires, et ce
qui se trouve consigné en outre dans un récit très détaillé, que le capitaine de frégate DECAEN, alors premier
lieutenant de LA MINERVA, a eu la complaisance d'écrire,
à ma sollicitation, et de remettre en mes mains. Le résultat de l'action, comme on le sait, fut la prise de deux
frégates anglaises et la destruction des deux autres. Les
frégates françaises pointèrent en plein bois pendant tout
le temps du combat, et leurs adversaires parurent en
général avoir pointé beaucoup trop haut.

Entre autres exemples de même nature que je pourrais citer, je choisis, pour terminer, le combat livré au
mois d'août 1812, devant Saint-Tropez, par le brig français LE RENARD, de 14 carronades de 24 et de 2 canons

de 8. Ce brig attaqua, à la vue d'un vaisseau et d'une frégate anglaise, le brig de la même nation, LE SWALLOW, percé de 22 sabords et portant des carronades de 32. La rapidité avec laquelle la frégate s'avançait vers les combattans, fut cause principalement que le lieutenant de vaisseau, CHARLES BAUDIN, ne put s'emparer du SWALLOW, qui fut cependant horriblement maltraité et obligé de s'enfuir honteusement vers les siens, sans attendre un instant pour être secouru. La vérité oblige de dire que LE RENARD avait en sa compagnie, lorsque l'action s'engagea, la goëlette LE GOELAND, armée de 8 bouches à feu. Mais celui qui la commandait s'éloigna subitement du champ de bataille en tenant le vent, sous prétexte que la barre de son gouvernail avait été coupée. Ainsi, voilà encore un officier français qui, de même que celui qui commandait LE VICTOR, a manqué à l'importante loi du soutien réciproque. Cette grave faute est la plus habituelle aux officiers sans courage ou sans talens ; et, en vérité, il est difficile de décider ce qu'il y a de plus nuisible et honteux, en présence de l'ennemi, si c'est la lâcheté ou l'ineptie. L'une et l'autre devraient être punies avec la dernière rigueur, soit qu'elles se trouvent séparées ou réunies : mais, en Angleterre seulement, on manque rarement de donner à cet égard de justes et sévères exemples, et, par cela même, on a moins souvent l'occasion d'en donner. Laissons toutefois un sujet d'une si haute considération, pour revenir à celui de la note actuelle. L'équipage du RENARD avait été habitué dans les exercices à pointer toujours très bas, et, un instant avant le combat, le capitaine CHARLES BAUDIN avait dit aux canonniers : « Mes amis, tirez en plein bois ; les » Anglais n'aiment pas qu'on les tue. » Cette plaisanterie, très faite pour plaire à des matelots français, est

vraie en outre au pied de la lettre. Les Anglais , sans
être avares de leur sang lorsque cela est indispensable,
ont la sagesse de le ménager dans les circonstances ordinaires. Le tir à démâter leur est peu redoutable , parce
qu'à l'aide d'excellens matelots et d'une bonne discipline, les avaries qu'ils reçoivent dans le gréement sont
promptement réparées.

On voit donc qu'en général les faits pratiques, d'accord avec le sentiment des officiers que j'ai cités précédemment, indiquent qu'il est essentiel de toujours pointer plutôt bas que haut, ou de la manière directement
opposée à celle qui est prescrite par l'exercice de 1811. Si
quelques auteurs ont recommandé de pointer à démâter
dans des circonstances particulières, dans d'autres ils ont
recommandé le contraire. Par exemple, M. Audibert de
Ramatuelle s'exprime ainsi : « Les vaisseaux embossés
» doivent commencer le feu aussitôt que l'ennemi sera
» à portée, et le diriger sur la mâture. Quelques hom-
» .mes de plus ou de moins tués dans les batteries ne
» sauraient empêcher l'ennemi d'exécuter son plan d'at-
» taque ; au lieu que des vaisseaux démâtés ou dégréés
» peuvent non-seulement manquer leur manœuvre, mais
» encore ils peuvent occasioner du désordre parmi les
» autres , surtout s'ils gouvernent au plus près (a). »
Mais si M. Audibert de Ramatuelle s'exprime de la
sorte dans ce passage, dans deux autres il engage spécialement à tirer sur les gaillards, pour tuer les hommes
qui s'y trouvent postés (b). Je ne me rappelle qu'un
seul auteur qui se soit prononcé décidément en faveur
du tir à démâter ; c'est M. de Churruca. Il dit, entre

(a) Cours élémentaire de Tactique navale, pag. 472.

(b) *Idem* , pag. 471 et 490.

autres choses, dans un de ses ouvrage intitulé, *Instruction militaire pour le vaisseau* LE CONQUÉRANT :
« Tout commandant ou officier de batterie doit se sou-
» venir que le premier et principal objet d'un com-
» bat naval est de dégréer et démâter l'ennemi. —
» Lorsqu'on courra le même bord que lui, deux ou
» trois canons de l'avant seront toujours dirigés au
» trélingage du mât de misaine et aux liures de beaupré;
» tandis que deux ou trois canons du centre seront spé-
» cialement employés contre le trélingage du grand
» mât (*a*). » Dans son Instruction sur le pointage,
M. DE CHURRUCA se prononce aussi d'une manière très
favorable au tir à démâter, et les trélingages sont, suivant lui, le point important à frapper. Dans ma traduction de ce dernier ouvrage, j'ai combattu son opinion,
et je me borne à répéter ici que, même lorsqu'on pointe
très bas (surtout ayant le soin de le faire dans la direction d'un mât), les coups qui viennent accidentellement à s'élever endommagent d'ordinaire le gréement,
et ne sont pas sujets à passer par-dessus toute la mâture.
Dès le temps de DIEGO UFANO, c'est-à-dire dans le
16ᵉ siècle et au commencement du 17ᵉ, on pensait que
« le tir élevé n'est d'aucun profit; aussi est-il appelé
» le coup perdu (*b*). » Ce sont les expressions de cet
artilleur expérimenté, et d'autres anciens auteurs ont
énoncé une opinion semblable (*c*). En résumé, le moyen

(*a*) Instruccion militar para el navio CONQUISTADOR, dispuesta por su Comandante, pag. 40. En Brest, 1799.

(*b*) Artillerie, etc., pag. 113. Zutphen, 1621; ou Tratado de artilleria, etc. Bruxelles, 1612.

(*c*) El perfecto artificial bombardiero y artillero, etc., pag. 152. — L'École de Mars, etc., tom II, pag. 531. — Dictionnaire de Marine, par AUBIN, *au mot* Canonnier. — Réflexions militaires et politiques,

le plus assuré de démâter un navire, c'est d'endommager les mâts vers le pont des gaillards. Lorsque les
projectiles donnent à cette hauteur, ils ont de plus la
chance de couper les haubans ou leurs rides, et une
infinité d'autres manœuvres ; ils peuvent en outre détruire les embarcations, la roue du gouvernail, la pompe
à incendie, les coffres d'armes, dans lesquels ils causent
parfois des explosions ; ils peuvent démonter l'artillerie
placée dans ces lieux, tuer ou blesser les hommes qui la
servent, ainsi que ceux de la manœuvre, et enfin la
plupart des maîtres, des officiers, le second et le capitaine. C'est là qu'il faudrait toujours diriger les boulets,
si l'on pouvait se flatter qu'ils ne s'élèveraient ou ne s'a-
baisseraient qu'autant qu'on le souhaite ; mais, dans
l'impossibilité de répondre de la hauteur où ils frappe-
ront quand on est à une certaine distance, il faut toujours pointer très bas ; car un boulet qui traverse le bord
à la flottaison, ou bien qui ricoche à peu de distance de
l'ennemi, d'où il ne saurait s'élever considérablement,
doit être regardé comme beaucoup mieux employé que
ceux qui passent par-dessus la pomme des mâts, ou seulement à la hauteur des perroquets, parce qu'il ne se
rencontre là que des objets peu importans à détruire, et
qu'il y a de vastes espaces entièrement vides. Au reste,
lorsqu'on parle du tir, comme je le fais maintenant, et
à l'exemple des auteurs dont je rapporte les opinions,
sans spécifier aucune de ses circonstances, il est entendu
que c'est du boulet dont on fait usage, et que la mer
n'est pas dans un état d'agitation extraordinaire. Mais,
lorsqu'on fait usage de la mitraille ou du boulet ramé,

trad. de l'espagnol, du marquis de SANTA-CRUZ, etc., tom. VI,
pag. 75. — etc.

ou que la mer est assez grosse pour que le boulet rond lui-même doive mal ricocher, il faut, au lieu de tirer bas, pointer au contraire assez haut pour que tous les projectiles, et surtout la mitraille et les boulets ramés, ne s'abaissent guère au-dessous de la lisse des bastingages; mais, pour obtenir ce résultat, il suffit de diriger les coups vers le milieu au plus des bas mâts. En tirant sur les trélingages, on s'expose à ce que les projectiles, qui s'élèvent accidentellement, ne produisent aucun effet, ou des effets d'une très faible importance. Enfin, l'élévation à donner au pointage offre des cas très distincts les uns des autres, qui exigent des solutions particulières, et demandent à être examinés chacun séparément, ainsi que je me suis appliqué à le faire plus amplement ailleurs.

(10) Voici littéralement ce que dit M. Cornibert : « J'assurerai que pendant deux ans que j'ai été inspec-
» teur de la fonderie de Nevers, il a été tiré plus de
» deux mille coups de canon à plusieurs boulets ronds
» et ramés pour épreuves ordinaires et extraordinaires
» des bouches à feu fabriquées dans cet établissement.
» Les canons et carronades placés sur des traîneaux et
» plateaux très solides, reposant sur la terre, quelque-
» fois molle, dans toute leur longueur, étaient pointés
» avec tout le soin possible contre une butte distante de
» 150 toises au plus du lieu de départ des boulets,
» et d'ailleurs assez large pour n'être jamais manquée
» dans le tir ordinaire. Malgré toutes les précautions
» prises, et la régularité du pointage, que quelquefois
» j'ai fait rectifier avec un cordeau, la moitié et plus
» des boulets manquaient la butte; un boulet frappait
» au pied, tandis que l'autre allait tomber plus loin,

» en passant par-dessus. Ces irrégularités ne pouvaient
» certainement être occasionées que par le choc des
» projectiles l'un contre l'autre dans la pièce ou en
» sortant. Aux épreuves à outrance, on s'est servi de
» boulets ramés, bien justes dans leurs dimensions,
» fabriqués soigneusement et avec du bon fer, aux
» forges de Guérigny ; presque tous se sont cassés sor-
» tant des pièces, rarement ils ont atteint la butte, et
» des morceaux ont été trouvés très écartés à droite et
» à gauche de la direction du tir (*a*). »

(11) C'est ce qu'on voit arriver fréquemment. Entre
autres faits, je citerai que, dans l'action qui eut lieu le
3 novembre 1805 entre la division de sir RICHARD STRA-
CHAN et une division française inférieure en force, le
vaisseau français LE MONT-BLANC reçut dans ses basses
vergues plusieurs boulets ramés qui ne firent que s'y
appliquer. Ce n'est pas qu'on ne puisse citer aussi des
occasions où les boulets ordinaires ont produit le même
effet. Par exemple, dans un combat que j'ai déjà cité, le
navire anglais L'HANNIBAL reçut 11 boulets dans son
grand mât, dont il n'y eut que trois qui passèrent
d'outre en outre ; plusieurs autres pénétrèrent seulement à une profondeur de 3 ou 4 pouces. Le mât de
misaine en reçut 8, parmi lesquels il n'y en eut que
2 qui traversèrent entièrement (*b*). A en juger cependant
par le récit de l'action, la distance entre les combattans
était médiocre, et le calibre des plus petits canons du
bâtiment français ne pouvait être moindre que du 4,
puisque les pièces d'un calibre inférieur à celui-là ne

(*a*) Table de portées des canons, etc., pag. 174 et 175.

(*b*) Collection des Voyages, tom. VI, pag. 171.

figurent plus au rang des canons dans notre marine. On doit donc croire que les boulets qui s'enfoncèrent si peu dans les mâts avaient subi un ou plusieurs des accidens qui ont été décrits précédemment, ou que c'étaient seulement des balles de mitraille ; car il est certain qu'il n'y a aucun boulet, ne fût-il que du calibre de 4, qui dans les circonstances ordinaires n'ait assez de force pour traverser un mât à 200 ou 300 toises. Les *Amusettes* mêmes, qui sont des espèces de pierriers ou espingoles portant une balle d'une ou deux livres, percent de part en part, à mille pas de distance (au dire de leur inventeur, le célèbre maréchal de SAXE), de gros chênes de plus de 18 pouces de diamètre (*a*). J'avoue que cette distance, qui équivaut au moins à 400 toises, me semble un peu exagérée. Des renseignemens plus certains à cet égard sont ceux fournis par les tableaux des expériences de HUTTON. On y voit qu'à des distances d'une trentaine de pieds les boulets de canon du calibre d'une, de trois et de six livres, lancés par des quantités de poudre égales au tiers ou à la moitié au plus du poids des boulets respectifs, ont pénétré dans des blocs de bois d'orme, les premiers jusqu'à 20 pouces environ, les seconds jusqu'à 30, et les troisièmes jusqu'à 42 (*b*). Mais pour revenir aux boulets ramés, s'ils ne font parfois que s'appliquer contre les objets qu'ils rencontrent, d'autres fois, les projectiles de cette nature ont semblé produire de très bons effets. C'est ainsi que dans un combat, qui dura quatre jours, et fut livré en 1666, entre les Anglais et les Hollandais, la cause de l'avan-

(*a*) Les Rêveries, ou Mémoires dans l'Art de la guerre, de MAURICE, comte de Saxe, pag. 153. La Haye, 1736.

(*b*) Tracts on mathematical and philosophical subjects, etc., by CHARLES HUTTON, tom. III, pag. 34, 38, 111, 143, etc. London, 1812.

tage qu'obtinrent ces derniers parut devoir s'attribuer en partie à des boulets enchaînés qui , selon l'évêque Burnet , venaient d'être inventés par le grand-pensionnaire de Witt (a). Les Anglais se servirent aussi avec succès de pareils boulets enchaînés , indépendamment de diverses autres inventions meurtrières, tant contre l'escadre de M. de l'Étenduère, au mois d'octobre 1747 (b), que contre une autre de nos escadres aux ordres de M. de Kersaint, le 21 octobre 1757 (c). — Le Lys , vaisseau de 74, monté par du Guay-Trouin, eut, en combattant le Devonshire , vaisseau à trois ponts, son gouvernail haché par deux *balles ramées* de 36 livres (d). Enfin , à bord du navire anglais l'Hannibal , dont il a déjà été question deux fois , et qui força le corsaire français à l'abandonner, les canons de la batterie furent toujours chargés avec des boulets ramés.

Malgré ces exemples , qui prouvent assez en faveur de l'usage des boulets ramés , il est prudent, premièrement, de ne compter que sur l'effet de ceux d'un gros calibre , surtout si on les tire accompagnés d'un second projectile ; secondement, de les diriger toujours contre le gréement , une trentaine de pieds audessus des bastingages. Ces principes n'admettent d'exceptions que lorsqu'on a affaire à de petits navires d'un faible échantillon. Tous les projectiles d'une certaine

(a) Histoire navale d'Angleterre, traduite de Lediard, tom. II, pag. 611. — Histoire des progrès de la puissance navale de l'Angleterre, etc. , tom. I, pag. 273.

(b) *Idem*, *ibid.*, pag. 111.

(c) Les Hommes illustres de la Marine française, par M. Graincourt, pag. 318. Paris, 1780.

(d) Mémoires de M. du Guay Trouin, etc., pag. 130. Amsterdam, 1748.

pesanteur sont susceptibles de leur causer du dommage, n'importe où ils frappent; et même il est avantageux que la force qui les anime ne soit pas très violente, parce qu'alors ils font sauter plus d'éclats, et font des ouvertures plus considérables. C'est un fait reconnu par Santa-Cruz (a), d'Antoni (b), Dupuget (c), Muller (d), Lombard (e), Morla (f), la Martillière (g), R. Simmons (h), etc., et constaté par les expériences séparées de Robins (i), de Texier de Norbec (j) et de Hutton (k).

(12) On pourrait encore ajouter, en faveur du peu d'influence du recul des pièces sur la nature du tir, que, dans les nombreuses expériences de Hutton avec des canons suspendus à une barre de fer, et formant un pendule très mobile, ce savant n'a remarqué aucune irrégu-

(a) Réflexions militaires et politiques, traduites par M. de Vergy, tome VIII, pag. 188.

(b) Instituzioni fisico-mecaniche, Dinamica, § 370, 371 et 372 — Dell' uso delle armi da fuoco, § 177 et 185.

(c) Essai sur l'usage de l'artillerie, etc., pag. 187.

(d) Tractado de artilheria, tom. 1, pag. 6. Lisboa, 1792.

(e) Tables du tir du canon, etc., pag. 11 et 15.

(f) Tratado de artilleria, etc., tom. II, pag. 482 et 483; tom. III, pag. 403.

(g) Recherche sur les meilleurs effets à obtenir de l'artillerie, tom. I, pag. 424.

(h) The sea-gunner's vade-mecum, pag. 94.

(i) Nouveaux Principes d'Artillerie, traduction de Dupuy, pag. 408 et suiv.

(j) Recherches sur l'Artillerie, tom. II, pag. 360 et suiv.

(k) Tracts on mathematical and philosophical subjects, etc., tom. III, pag. 287.

larité dans la direction des coups (ni aucune diminution dans les vitesses initiales) qui pût être attribuée à cette installation, quoique parfois le plateau contre lequel allaient frapper les boulets fût éloigné de 106 pieds. Les seules expériences qui sembleraient contredire tout ce que j'ai avancé jusqu'ici à ce sujet, sont celles que l'on trouve consignées, ainsi qu'il suit, dans l'Histoire de l'Académie royale des Sciences de Paris.

« M. Geoffroy ayant rapporté des Transactions phi-
» losophiques, que l'on avait trouvé dans la Société
» Royale de Londres, qu'une certaine charge d'arme à
» feu détournait la balle de droite à gauche, pendant
» que le canon, en reculant, allait de gauche à droite ;
» ce fait, quoique absolument possible, parut fort dou-
» teux, et l'on voulut s'en assurer avant que d'en cher-
» cher des raisons ingénieuses, qu'on aurait eu peut être
» le malheur de trouver.

» M. Cassini le fils se chargea de l'expérience, et il
» fit faire une machine la plus semblable qu'il put à celle
» d'Angleterre. C'était un triangle isocèle de bois, sur
» lequel était placé et arrêté bien ferme un fusil de 3
» pieds 8 pouces à peu près, dont la culasse posait sur le
» milieu de la base du triangle, et le bout sur le som-
» met. Il faut supposer, sans entrer dans une description
» plus exacte, que la machine était soutenue à ses trois
» angles sur trois petits pivots qui l'empêchaient de
» frotter à terre, qu'on la pouvait rendre fixe et iné-
» branlable par des vis qui entraient dans ses pivots, et
» qu'aussi, en ôtant les vis de l'angle du sommet et d'un
» des angles de la base, elle pouvait tourner sur le pivot
» du troisième angle, comme sur un centre, et qu'elle
» tournait très facilement, parce qu'il y avait des rou-
» lettes aux deux que l'on voulait qui pussent être mo-
» biles.

» Cela fait, M. Cassini le fils arrêtait la machine,
» chargeait son fusil, tirait, remarquait l'endroit où la
» balle avait frappé sur un ais placé à 17 pieds de dis-
» tance; ensuite il ôtait les vis de l'angle du sommet et
» d'un des angles de la base, rechargeait son fusil et
» tirait. Il fallait alors que la machine reculât, puisqu'elle
» était libre, et son recul était l'arc de cercle que décri-
» vait l'angle mobile de la base. On remarquait l'endroit
» où la balle avait frappé, la machine étant libre, et on
» le comparait à celui du coup fixe.

» L'expérience fut répétée un grand nombre de fois,
» avec plusieurs charges différentes, tant pour les coups
» fixes que pour les autres. Comme la machine reculait
» ou tournait toujours étant libre, ces coups-là ne frap-
» paient jamais au même endroit que le coup fixe; mais
» ils frappèrent toujours tous à droite du coup fixe, parce
» que le recul circulaire se faisait de ce sens-là, et ja-
» mais il ne se trouva entre le coup et le recul la contra-
» riété de direction marquée par l'expérience d'Angle-
» terre.

» Un avantage qu'eut celle de M. Cassini, c'est que,
» toutes les fois qu'il remit sa machine fixe, il fut bien
» assuré qu'elle se retrouvait dans la même situation,
» dans la même direction, et qu'elle n'avait reçu nul
» changement des ébranlemens et des secousses précé-
» dentes; car tous les coups fixes allèrent toujours dans
» le même trou. Peut-être, au contraire, dans l'expé-
» rience d'Angleterre, le fusil qui n'avait pas été arrêté
» assez ferme s'était-il détourné de sa première direc-
» tion, et cela aurait suffi pour faire que le coup en
» eût une contraire au recul.

» Le recul a toujours été d'autant plus grand, que la
» charge a été plus forte; mais les coups de la machine

» libre n'ont pas été éloignés des coups fixes, à propor-
» tion de la grandeur du recul. Au contraire, plus la
» charge a été forte et le recul grand, plus l'écart des
» coups libres a été petit. Cela vient de ce que la balle
» sortant alors avec plus de vitesse, elle se sent moins
» de l'impression du recul, qui ne commence à ébranler
» la machine que quand la balle est sur le point de
» sortir (a). »

Il est certain que plus la vitesse d'un projectile est
grande, moins il séjourne dans une arme; mais, d'un
autre côté, le recul de celle-ci doit être plus vif, à proportion de l'augmentation de la charge de poudre, et,
sous ce rapport, plus susceptible d'influer sur la direction du projectile. Il semble résulter cependant des expériences précédentes, qu'il n'y a pas compensation, et
que, plus on augmente la charge et la vitesse d'un projectile, moins la direction du tir est dérangée par l'irrégularité du recul. L'historien de l'Académie d'ailleurs
n'a nullement fait attention que ces effets pouvaient pro-
venir aussi du moindre espace que la balle avait à parcourir dans l'arme, à mesure que la charge, étant plus
forte, occupait plus de place. Nous remarquerons en
outre que la longueur du canon du fusil dont il s'a-
git avait environ 67 fois 7 lignes 9 points, c'est-à-dire
environ 67 calibres ou diamètres de la bouche de l'arme,
en supposant un peu plus d'un pouce pour épaisseur de
la culasse. Or, cette longueur est proportionnellement
beaucoup plus considérable que celle d'aucun canon de
siége ou de bataille, laquelle n'est guère au-dessus ou
au-dessous de 27 à 14 calibres, et qui ordinairement est
de 18 calibres (b). Quant aux canons avec lesquels

(a) Histoire de l'Acad. royale des Sciences, année 1703, pag. 98 à 100.

(b) Handbuch für officiere, etc., von SCHARNORST, tom. I, pag. 138.

Hutton exécuta ses expériences, le plus long de tous avait 4o calibres de longueur d'âme; mais ce fut avec celui-là qu'il tira le moins souvent. Ceux dont il se servit le plus fréquemment avaient 15, 20 et 3o calibres. Ainsi, il ne faut pas conclure de ce que ce savant n'a pas remarqué d'habitude que l'extrême mobilité de leur système n'influait pas sur la nature du tir, que la même chose aurait dû avoir lieu dans le canon de fusil employé par M. Cassini le fils, qui proportionnellement était beaucoup plus long, et peut-être plus léger. Mettons à part ce qui concerne le plus ou moins de légèreté, pour ne pas compliquer la question : il a été reconnu, et il est facile de sentir que la longueur excessive d'une arme doit être cause que le recul commence avant que le projectile n'en soit dehors. D'Antoni a dit qu'avec les canons très longs, ou coulevrines, fabriqués jadis, les coups manquaient de justesse (a). Le même fait avait été remarqué en France à l'égard de la coulevrine de Nancy, portant des boulets de 18 livres, et dont la longueur était de 21 pieds 11 pouces 6 lignes, depuis la tranche de la bouche jusqu'à l'arrière de la culasse, ce qui faisait environ 49 calibres pour la longueur de l'âme (b). On peut attribuer l'irrégularité du tir dans cette coulevrine, ainsi que dans les autres pièces semblables, à ce que leur âme devait souvent être moins droite que celles des pièces plus courtes, ensuite aux battemens plus répétés du boulet, et au mouvement de rotation plus

(a) Dell' uso delle armi da fuoco, etc., pag. 9o.

(b) Mémoires d'Artillerie de Saint-Remi, tom. I, pag. 117. — Milice française, par le père Daniel, tom. I, pag. 447. Paris, 1721. — L'École de Mars, etc., par M. de Guignard, tom. II, pag. 199. Paris, 1725. — Comm. sur les Mémoires de Montecuculli, etc., tom. I, pag. 273. Paris, 1769. — etc., etc.

vif acquis avant sa sortie ; mais on ne peut guère douter aussi que, dans des pièces trois à quatre fois plus longues que les pièces actuelles, le recul ne fût plus susceptible de se faire sentir avant que le projectile n'eût dépassé la bouche de l'âme. Or, les expériences d'Angleterre, rapportées par M. GEOFFROY, répétées en France par M. CASSINI le fils, ayant été faites avec des fusils qui sont proportionnellement beaucoup plus longs qu'aucun canon ou obusier en usage aujourd'hui, et même qu'aucune ancienne coulevrine, leurs résultats ne prouvent rien à l'égard de l'artillerie de gros calibre. On a négligé d'ailleurs de rendre compte, dans ces expériences, de la quantité de poudre dont les différentes charges étaient composées : point essentiel ; car, si elles étaient très petites et ne communiquaient aux balles que de très faibles vitesses, il n'est pas étonnant, surtout avec des balles de plomb dont la pesanteur spécifique est plus considérable que celle des boulets de fer, que le recul, dont la facilité et l'obliquité étaient favorisées par des circonstances particulières, commençât avant que les balles fussent hors du fusil. Tout engage à penser en effet que les charges habituelles étaient fort petites, puisque c'est lorsqu'on les a augmentées que l'influence du recul a été le moins sensible ; et que, dans les expériences de HUTTON, au contraire, on n'a eu lieu de remarquer cette influence que dans un seul cas, celui qui est précisément opposé (a). Au reste, le tir d'une même arme à feu offre des anomalies continuelles, selon la quantité et la qualité de poudre dont les charges sont composées, selon la forme et la pesanteur spécifique des projectiles, et selon d'autres circonstances, telles que l'état de l'atmosphère, le refou-

(a) Tracts on mathematical and philosophical subjects, etc., tom. III, pag. 62. — Nouv. Expériences d'Artillerie, etc., pag. 74 et 75.

13..

lage, la nature des bouchons, le plus ou moins de différence entre le diamètre de l'âme et du projectile, etc., etc., circonstances qu'il est infiniment difficile d'apprécier avec exactitude. Les armes de différentes longueurs, formes et calibres ont naturellement dans leurs effets des variations et anomalies bien plus considérables encore. Aussi a-t-il été reconnu depuis nombre d'années qu'en Artillerie, de même qu'en Physique ou en Mécanique, il n'est pas permis de conclure du petit au grand (a). Or donc, on ne croira pas que les expériences de M. Cassini et celles d'Angleterre, exécutées avec des fusils, contredisent aucunement celles de Pompée Targon, d'Errard de Bar-le-Duc, du général Devault, de Hutton et de Scharnorst, qui furent exécutées avec des canons et des obusiers.

(13) Dans le Dictionnaire de la marine de Falconer, on trouve ce qui suit : « Extrait d'une lettre de l'officier » commandant l'artillerie à Gibraltar, le 10 mai 1756.... » J'avais dit, devant le gouverneur et le commodore Ed- » gecumbe, que, dans le cas où Gibraltar serait attaqué » par mer, les obusiers rendraient de grands services, » n'imaginant pas que le côté d'aucun vaisseau fût à l'é- » preuve d'un obus de dix pouces, tiré de but en blanc » ou à une petite élévation, avec la charge entière de » poudre. La plupart des assistans n'ayant pas été de mon » avis, on convint d'avoir recours à l'expérience. On » construisit un but d'environ six pieds carrés, égalant en » force et en résistance les parties les plus épaisses de nos » plus grands vaisseaux de ligne; car il avait trois pieds

(a) De la charge des gouverneurs de places, par Antoine de Ville, pag. 429. Rouen, 1666. — Histoire de l'Acad. royale des Sciences, année 1767, pag. 6. — Aide-Mémoire, etc., tom. II, pag. 733, 4e édit.

» d'épaisseur et était composé de bonnes poutres de bois
» de pin. Nous tirâmes dessus avec un obusier de marine
» de 10 pouces, à la distance de 150 verges et avec 10
» livres de poudre.

» Le premier obus effleura précisément le haut du but,
» et alla se loger dans un banc de sable situé au-delà ; le
» second frappa le sol trois pieds en avant de ce but, et
» en traversa la partie la plus basse ; mais le troisième
» donna une pleine satisfaction : il passa au travers du
» centre même de l'objet, et alla s'enfoncer de cinq pieds
» dans le banc de sable très raffermi qui se trouvait der-
» rière (a). »

Sans paraître avoir eu connaissance de cette expérience,
M. DE BOUSMARD a calculé que nos obus de 6 pouces pénètrent dans le bois à plus de deux pieds, et nos obus de
8 pouces à plus de cinq (b). Comme cet ingénieur n'a pas
spécifié l'éloignement du but ni l'espèce du bois, il est
difficile d'asseoir un jugement bien fixe sur cette estima-
tion ; mais il est probable qu'elle est plutôt trop forte que
trop faible. Supposons, par exemple, le but aussi rapproché et l'espèce de bois aussi peu dure que dans l'expérience précédente ; je dis que l'effet accordé par M. DE
BOUSMARD à nos obus de 8 pouces (qu'on lance avec 28
onces de poudre seulement) serait à peu près aussi grand
que l'effet de l'obus de 10 pouces, du pied de Londres, lancé
par 10 livres de poudre *avoir du pois,* ce qui fait environ 9
pouces du pied de roi et 9 livres poids de marc. Je fais
équivaloir, comme on le voit, la pénétration de cet obus
qui fut de cinq pieds dans un banc de sable très raffermi,

(a) An universal dictionnary of the marine, etc., *au mot* Mortier.

(b) Essai général de fortification, par M. DE BOUSMARD, tom. III,
pag. 281. Berlin, 1797.

à celle de deux pieds dans du bois de pin, et, en cela, je ne crains pas à mon tour d'être taxé d'exagération.

Si je m'en étais rapporté à des expériences très multipliées, faites avec des balles de fusil en plomb et en fer, j'aurais admis égalité entre la pénétration dans du sable très fin et très comprimé, et celle dans les bois qui ne sont pas très durs : car, tant à l'égard de cette sorte de sable que de ces sortes de bois, l'enfoncement moyen, à une distance de 20 à 30 pieds, est de 5 à 6 pouces pour les balles en plomb, et de 9 à 10 pouces pour les balles en fer (a). Mais j'ai déjà dit qu'il ne convient guère de déterminer positivement les effets des pièces de gros calibre, par comparaison avec ceux des menues armes; et je pense en outre, qu'un fait ou un principe quelconque doit être discuté d'autant plus rigoureusement, qu'il est plus favorable aux idées que l'on cherche à répandre. Voyons donc si des épreuves, ou des faits pratiques, concernant les pièces de gros calibre, prouvent, de même que les expériences faites avec des fusils, que la résistance du sable très fin et très comprimé égale au moins celle des bois qui ne sont pas très durs.

Au siége de Gibraltar, en 1782, on a expérimenté que, mettant à part le défaut de sable très fin qui s'écoule facilement, ce qui oblige à le soutenir par des tonneaux, des sacs ou des fascines, il forme des ouvrages meilleurs et plus impénétrables aux boulets que la terre commune (b);

(a) Nouveaux Principes d'Artillerie, etc., trad. de DUPUY, pag. 289 et 442. — Esame della polvere, ou la trad. par le vicomte DE FLAVIGNY, § 111 et 189. — Handbuch für officiere, etc., von SCHARNORST, tom. I, tables 10 et 11, pag. 35 et suiv. — The sea-gunner's vade-mecum, etc., page 173. — Manuscrit du procès-verbal d'expériences faites à Magdebourg 1814, sur la carabine et le fusil d'infanterie.

(b) Conseil de guerre privé sur l'événement de Gibraltar, en 1782,

et il est à remarquer que le banc de sable dans lequel
s'enfonça l'obus anglais dont j'ai fait mention, était extrêmement raffermi, ce qui n'existait pas à l'époque du
siége, pour des tranchées exécutées depuis peu de temps
et sous le feu de batteries formidables. « Or, il est cons-
» tant que les mobiles pénètrent d'environ $\frac{2}{3}$ de moins
» dans les terres rassises que dans les terres nouvelles (a). »
Ce fait d'expérience était reconnu dès le temps d'Errard
de Bar-le-Duc. Voici comme cet auteur s'exprime sur ce
sujet : « La force ordinaire d'un canon, portant des bou-
» lets de 33 livres, et ayant 19 calibres de longueur,
» depuis l'embouchure jusqu'à la plate-bande de culasse,
» chargé au moins avec 11 livres de poudre, est de per-
» cer (étant tiré de 110 toises environ) 15 à 17 pieds de
» terrasse, moyennement rassise, 10 à 12 pieds seule-
» ment de bonne terrasse, 22 et 24 pieds de terre mou-
» vante (b). » Des expériences plus modernes ont eu
des résultats assez conformes à ceux-ci (c). Mais supposons qu'un boulet de 24 ait la même vitesse qu'un boulet
de 33; il s'enfoncera moins que lui dans un corps quelconque, c'est-à-dire de 10 pieds au plus dans la terre
très rassise, et un peu moins encore dans du sable très
fin et très comprimé. Nous savons d'ailleurs que le boulet
de 24, à 120 toises, perce $43\frac{1}{2}$ pouces de bois de chêne,
et nous ne pouvons douter qu'à 110 toises, il ne perçât

pag. 96; *imprimé en* 1793, *sans nom d'auteur, mais attribué à*
d'Arçon.

(a) Essai général de fortification, tom. III, pag. 279.

(b) La Fortification démontrée et réduite en pratique, pag. 6, édition
revue et corrigée. Paris, 1620.

(c) Aide-Mémoire, tom. II, pag. 494, 4e édit. — Essais sur quelques
parties de l'artillerie et des fortifications, par le général comte C****
(Chasseloup), pag. 31. Milan, 1811.

davantage de bois de pin, qui est beaucoup plus tendre ; par conséquent, son enfoncement serait de 4 pieds au moins dans cette dernière espèce de bois. Or, le rapport de 4 à 10, que je trouve par l'examen d'expériences faites en grand, et toujours en évaluant au plus bas possible les circonstances qui favorisent mon opinion, est le même que celui de 2 à 5 que j'ai fixé ci-dessus pour la résistance du bois de pin, comparée à celle d'un banc de sable très fin et très raffermi, rapport qui serait d'ailleurs l'unité même, si je n'avais consulté que les expériences faites avec des fusils chargés, tantôt avec des balles de plomb, tantôt avec des balles de fer.

(14) Les officiers du corps royal, qui se prononcèrent le plus contre les vis de pointage, furent M. DE VALLIÈRE fils, directeur général de l'artillerie (a), et M. DE SAINT-AUBAN, l'un des inspecteurs généraux (b). Leurs écrits sur ce sujet se trouvent compris dans un ouvrage intitulé : *Collection de Mémoires authentiques*, etc., Alethopolis, 1774. On en lit aussi des extraits dans les Mémoires d'artillerie de SCHEEL, qui a rendu un compte exact et détaillé de la polémique excitée par la réforme de 1765.

(15) MULLER a donné une démonstration de cette partie du mouvement des pièces, appelée *fouettement*, que supportent les vis de pointage ou les coins de mire, et l'entre-toise de mire ou la sole des affûts. M. TEXIER DE NOR-BEC, par la manière équivoque dont il a traduit et cité certains passages de cet auteur, a semblé vouloir s'appro-

(a) Remarques de M. le marquis DE VALLIÈRE sur les Observations de l'auteur des Mémoires sur l'Artillerie nouvelle, pag. 72.

(b) Précis d'un Mémoire successivement présenté en avril 1768 et en mai 1771, par un inspecteur général du Corps royal de l'Artillerie, pag. 91.

prier cette démonstration (*a*), à l'égard de laquelle M. DE
MORLA, de son côté, a eu de fortes réminiscences (*b*).
Cependant elle n'est pas assez savante pour engager à en-
courir l'apparence du plagiat. La voici, au surplus, traduite littéralement :

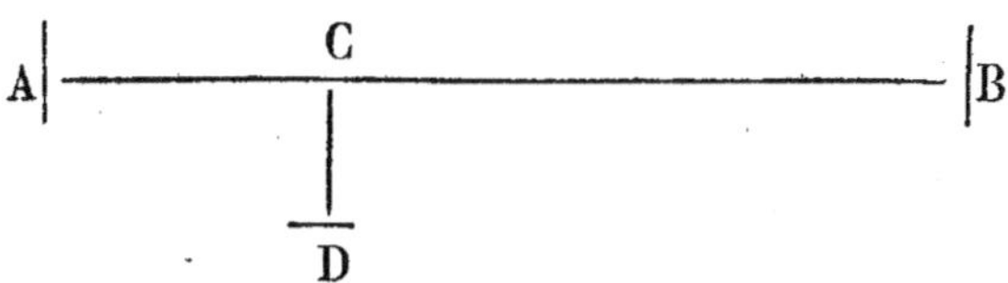

« Supposons, dit MULLER, que AB représente l'axe de
» de l'âme, et CD la distance de l'axe des tourillons à
» celui-ci. Le fluide élastique, au moment de l'explosion,
» travaille contre la culasse A et cause le recul; mais
» comme la pièce est retenue contre l'affût par les touril-
» lons, elle fait effort autour du point D, et par consé-
» quent la culasse presse avec violence le coin de mire et
» la sole qui se trouvent au-dessous d'elle. Mais l'élasti-
» cité de ces corps la repousse, et ensuite son poids la
» force à retomber. La pièce acquiert donc ainsi un mou-
» vement circulaire autour du point D : ces chocs font
» sauter le coin de mire, nuisent à la justesse du tir, et
» secouent parfois les affûts assez rudement pour en causer
» la rupture (*c*). »

L'affût des carronades est si solide qu'il ne peut guère
se rompre; mais quelquefois la secousse du *fouettement*
a fait renverser l'arme et la sole : du moins lors de la
première installation, où tout le système se trouvait fort

(*a*) Recherches sur l'Artillerie, etc., § 177.

(*b*) Tratado de artilleria, tom. I, pag. 291.

(*c*) Tractado de artilleria, pag. 98.

élevé, et où les bragues courantes ne pouvaient prévenir cet accident. Depuis l'installation à bragues fixes, je n'ai pas ouï parler qu'il se fût renouvelé. Quant au dérangement du tir, attribué au mouvement de l'arme, on a vu précédemment qu'il est illusoire, ou de très peu d'effet. MULLER néanmoins n'est pas le seul qui soit d'une opinion contraire.

Un des motifs pour lesquels GRIBEAUVAL, auteur de la réforme de 1765, ne plaça pas positivement l'axe des tourillons dans le même plan que l'axe de l'âme, semble avoir été d'éviter que, si le premier, par défaut de fabrication, venait à être plus haut que dans le modèle et au-dessus du second, la culasse ne se soulevât à chaque coup, sans y être sollicitée par la réaction des objets situés au-dessous d'elle. Il regarde cet inconvénient comme nuisible à la durée des pièces, non-seulement parce qu'il tend à les courber, mais aussi à cause des battemens du boulet, qu'il semble croire plus intenses et plus fréquens lorsque l'arme bascule de la sorte (a). Mettons à part ce qui est relatif à la justesse du tir, puisque cette question a déjà été résolue; mettons aussi à part l'ensemble de la mesure précédente, raisonnable comme précaution d'un innovateur : on aurait pu objecter à GRIBEAUVAL que la réaction du fluide enflammé, qui s'échappe par la lumière et qui froisse vivement l'air, suffirait dans certains cas pour contre-balancer l'effet résultant de la situation de l'axe des tourillons au-dessus de celui de l'âme. Cela, comme on le sent, dépendrait principalement de la distance entre ces deux axes, de l'ouverture plus ou moins grande de la lumière, et ne saurait être déterminé que par l'expérience. Au reste, quelques secousses,

______

(a) Collection de Mémoires authentiques, pag. 37.

quand elles sont modérées, ne sont pas assez nuisibles pour qu'on doive mettre un soin minutieux à les prévenir; mais le mieux, je l'avoue, est que la culasse se meuve plutôt, dans le premier moment, par en bas que par en haut. La vis de pointage, ou le coin de mire, s'oppose à ce mouvement; et avant que la réaction en cause un dans le sens opposé, il est probable que le projectile se trouve déjà hors de la pièce.

(16) Dans un mémoire très intéressant, que j'ai déjà cité, on lit ce qui suit : « Il existe une différence d'opi-
» nions sur les doubles charges à la mer; c'est-à-dire que
» l'on n'est pas généralement d'accord si le boulet rond
» doit être mis immédiatement sur la poudre, ou s'il doit
» être placé sur la mitraille. Cette question a été décidée
» irrévocablement par l'expérience que j'en ai faite sur LA
» SEMILLANTE, devant M. MOTARD. Nous avons évidem-
» ment reconnu que la mitraille, placée sur la poudre
» immédiatement, allait plus loin et plus en direction
» sans se rompre que dans le cas contraire, et que, quand
» elle est suivie par le boulet, qui va toujours plus vite
» qu'elle, elle en est bientôt brisée et éparpillée en tous
» sens, sans compter que le boulet lui-même est aussi
» détourné de sa direction par le choc, et que son effet
» est par conséquent diminué de beaucoup (a). »
Dans les Exercices de 18o8 et 1811 (b), il est également recommandé, lorsqu'on met deux projectiles dans les pièces, de placer toujours en avant celui des deux qui a le plus de vitesse. M. DE KERGUELEN (c) et M. DE CHUR-

(a) Mémoire manuscrit sur le service de l'artillerie à bord des frégates, attribué à M. MOURGUE, lieutenant-colonel d'artillerie de la marine.

(b) Pag. 3o et 31.

(c) Relations des combats et des évènemens de la guerre de 1778, etc., par Y.-J. KERGUELEN, pag. 11. Paris, 1796.

RUCA ($\ddot{a}$) ont fait la même recommandation, ainsi que je
l'ai déjà cité dans le texte. Je connais cependant un capitaine de vaisseau, ayant beaucoup d'expérience et des
connaissances très étendues dans les différentes branches
de l'art naval, qui prétend avoir observé qu'il est à propos de faire précisément le contraire, c'est-à-dire de
placer le projectile qui acquiert le plus de vitesse derrière
celui ou ceux qui en acquièrent ou en conservent le
moins. Cet officier est, je crois, entièrement dans l'erreur (*b*). J'engage néanmoins les officiers de marine
qui auront l'occasion de faire des expériences sur le tir,
de chercher à s'assurer des limites approximatives de l'é-
cartement causé à la mitraille par un boulet rond, ou un
boulet ramé, placé derrière elle. Il serait assez avantageux, quand on est abordé et qu'on plonge sur les gaillards d'un navire ennemi, que les balles de la mitraille
eussent beaucoup de divergence; et, quant à la déviation
du boulet rond ou du boulet ramé, on aurait peu à s'en
inquiéter, en pointant assez bas pour que ces projectiles
dussent toujours rencontrer ou effleurer à peu près les
bordages du pont.

(*a*) Instruccion sobre punterias, etc., pag. 63.

(*b*) Le même capitaine de vaisseau a fait, sans y mettre son nom, un
Appendice pour une nouvelle édition des Exercices et manœuvres de nos
bouches à feu, imprimée à Paris en 1815, chez BACHELIER, libraire pour
la Marine. Voici comment il s'exprime dans cet Appendice, touchant la
manière de disposer les doubles charges, sur lesquelles d'ailleurs je l'avais
entendu verbalement s'exprimer dans le même sens : « En chargeant avec
» un boulet rond et un boulet ramé, ou paquet de mitraille, il faut
» mettre le boulet le premier dans la pièce, si l'on veut qu'ils aillent à
» peu près également loin; dans le cas contraire, le boulet rond conserve
» une assez grande portée, mais la mitraille *surtout* tombe à très petite
» distance. » — Du reste, j'aurais pu m'autoriser de l'opinion de cet officier, sur la nécessité d'observer les distances à la mer, laquelle est conforme à celle de MM. TEXIER DE NORBEC, DE CHURRUCA, CORNIBERT,
ROBERT SIMMONS, etc.

En temps de paix, les officiers de marine ont rarement une quantité de munitions consommables assez grande pour tenter de faire de pareilles épreuves ; mais, en temps de guerre, il arrive qu'on prend des navires qu'il faut bientôt après brûler ou couler. Avant d'exécuter l'une ou l'autre de ces opérations, on peut (si ces navires ont des bouches à feu) en prendre une ou deux, avec toute la poudre et les projectiles qu'ils ont à bord (a). Je sais que nous avions dans les deux dernières guerres des capitaines osant à peine se donner le temps de détruire une prise. J'en ai vu de très avides d'argent, mais chez lesquels l'inquiétude et la peur l'emportaient sur l'avarice, faire d'abord la faute de ne pas se tenir assez près des navires qu'ils avaient capturés, et ensuite n'en retirer que les objets (souvent de très peu de valeur) qui se trouvaient le plus sous la main. Quelque mauvais que soit le temps, on doit se tenir à une très petite distance des navires qu'on amarine. On n'a pas à craindre d'en être abordé, en se plaçant au vent à eux, veillant leurs mouvemens et tous les changemens de brise. Mais, lorsque la mer est belle, il faut couper la mâture d'une ou deux prises, puis les faire accoster de long en long, l'une à tribord et l'autre à babord, pour les décharger avec les palans ou les caliornes, comme un bugalet, un ponton, ou une chaloupe. On garnira les côtés du navire avec de fortes et nombreuses défenses, et, en outre, il y aura des hommes munis de gaffes et d'espars, auxquels on recommandera d'empêcher soigneusement les navires de se heurter. Tous les officiers, aspirans et sous-officiers seront présens à l'embarquement des effets. Une partie d'entre eux resteront à bord, les autres passeront sur les prises. Il leur sera enjoint de

______

(a) Mémoire manuscrit sur le service de l'artillerie à bord des frégates.

frapper de leur arme tout homme qui commettrait le moindre pillage. L'ordre à établir pour ces sortes d'occasions est d'une nécessité majeure, et l'on ne doit jamais mettre sous voile, même en temps de paix, sans avoir composé et mis en action un rôle d'*amarinage*, avec autant de soin que les rôles d'incendie, de combat, de manœuvre, etc. Je ne pense pas qu'on blâme la recommandation que je fais ici de tuer ou blesser tout fauteur de désordre, dans une circonstance qu'on doit ranger parmi celles qui exigent le plus d'activité et de discipline. De semblables sévérités ont été indiquées et pratiquées de tous temps à la guerre, tant sur terre que sur mer ; et même l'inobservation du silence a été jugée digne d'être punie de mort par des militaires pleins de sagesse et d'humanité (*a*). Au reste, lorsque les mesures seront bien prises d'avance à bord d'un bâtiment, et que les matelots et soldats seront bien avertis du danger qu'ils courent en s'écartant de leur devoir, il sera rare, ou peut-être il n'arrivera jamais que leurs supérieurs en soient réduits à employer des châtimens justes et utiles , mais si terribles qu'ils répugnent à ceux mêmes qui sont forcés de les infliger.

(17) Pendant que les canonniers règlent l'élévation et la direction du pointage, on leur recommandé presque toujours de ne donner aucune secousse aux bouches à feu. Le motif principal qui suggère cette précaution, est de ne

____

(*a*) Polybe, Histoire, lib. VI. — Réflexions militaires et politiques du marquis DE SANTA-CRUZ, etc., tom. V, pag. 11, 58, 62 et 63. — Mémoires de DU GUAY-TROUIN, pag. 18 et 74. Amsterdam , 1748. — Vie de *idem*, par RICHER, pag. 55 et 135. — Le Manœuvrier, etc., par BOURDÉ DE VILLEHUET, pag. 175. Paris, an VIII. — Instruccion militar para el navio CONQUISTADOR, dispuesta por su Commandante (M. DE CHURRUCA), pag. 37, 50 et 54. Brest, 1799. — Observations et Instructions, etc., par un capitaine de la marine royale; trad. par M. Y.-M.-G. LAOUENAN, pag. 80. Paris, 1815. — etc., etc.

pas déranger la traînée de poudre faite sur la plate-bande
de culasse, et destinée à être enflammée par le boute-feu,
si la batterie ou platine manque son effet. L'usage de cette
traînée de poudre est excessivement nuisible : il rend l'action d'amorcer plus lente, expose à divers accidens, et
maintient la coutume pernicieuse de se servir des boute-
feux ; coutume qui fait perdre à peu près autant de coups
qu'elle est de fois suivie. Il faut, lorsque le feu ne prend
pas à la charge par le moyen de la batterie, armer de nouveau celle-ci, remplacer la poudre du bassinet et changer
l'étoupille, si cela est nécessaire. On ne doit songer à se
servir de boute-feux que lorsque les batteries ou platines
sont hors de service, et lorsqu'on n'en a pas de rechange.
Il est presque impossible, dès que le navire roule, tangue
et donne un peu vivement des auloffées et arrivées, d'employer avec succès les boute-feux, à moins qu'on ne se
batte vergue à vergue, ou que, par la multiplicité des
coups, on ne finisse par suppléer à leur défaut de justesse.
La mèche, quelque bonne qu'elle soit, et avec quelque
adresse et dextérité qu'on en fasse usage, reste toujours
un peu de temps avant d'enflammer la traînée de poudre
faite sur la plate-bande de culasse (a), et, en conséquence,
la précision du pointage doit toujours en être altérée. Mais,
si cette traînée de poudre est difficile à enflammer par le
moyen de la mèche, elle s'enflamme aisément par la moindre étincelle partant de l'amorce d'une pièce voisine ; et,
de plus, tandis que l'on verse de la poudre sur la plate-
bande de culasse, il en tombe d'ordinaire sur l'affût et sur

(a) Le Mouvement igné, considéré principalement dans la charge
d'une pièce d'artillerie, etc., par L.-C.-D.-G. (M. PEYRE) ; Expériences
x et xi, pag. 146 et suiv. — Mémoire manuscrit sur le service de l'artillerie à bord des frégates.

le pont, ce qui est une nouvelle source d'accidens (*a*). Je voudrais que, au lieu d'employer le boute-feu quand les batteries sont hors de service, on fît usage, pour enflammer l'étoupille, d'un pistolet chargé à poudre, ainsi qu'il semble que cela a parfois été pratiqué dans la marine espagnole (*b*).

Je voudrais aussi, et cela préviendrait bien des accidens, qu'on se passât de cornes d'amorce, ce qu'on peut obtenir en agissant comme il suit :

On fait un petit cône ou cornet en parchemin, dont la jointure est collée. Le sommet est tronqué de manière à produire une ouverture assez grande pour que le tuyau des étoupilles y entre avec facilité. On enfonce dans ce cône ou cornet une étoupille, jusqu'à ce qu'elle soit arrêtée par son godet ; on emplit de poudre le cornet, qui doit avoir précisément la même capacité que le bassinet, et, sur le tout, on place un petit rond de carton dont on joint les bords à ceux de la base du cône, au moyen d'une bandelette de papier très fin, ensuite d'un peu de colle. Une autre bandelette, mais en parchemin, collée sous le rond de carton, et qui dépasse tout ce système, sert à décoiffer l'étoupille quand on veut amorcer. Dès qu'elle est décoiffée, on laisse tomber la poudre dans le bassinet ; on dégage l'étoupille du cône ou cornet, que l'on jette sur le pont ; on introduit celle-ci dans la lumière, et la pièce est amorcée. Les boîtes à étoupilles contiennent d'ordinaire 50 étoupilles faites avec des tuyaux de plume, sans l'addition que je viens d'écrire ; elles n'en contiennent que 30, avec cette addition.

(*a*) Tables de portées, etc., pag. 145 et 146.—Mémoire manuscrit sur le service de l'artillerie à bord des frégates.

(*b*) Instruccion militar para el navio CONQUISTADOR , dispuesta por su Commandante (M. DE CHURRUCA), pag. 12 et 20. Brest, 1799.

Il paraît qu'avant moi plusieurs personnes avaient songé à perfectionner, d'après des vues semblables, la confection des étoupilles ; c'est du moins ce qui m'a été dit assez vaguement, quelque temps après que j'en ai eu répandu l'idée parmi les officiers de la marine. Cette idée dans le principe était plus imparfaite qu'elle ne l'est maintenant. Je n'avais d'abord imaginé de placer au-dessus du godet d'étoupille qu'un simple cornet de papier collé au tuyau de plume, et dont les bords reployés sur eux-mêmes étaient aussi collés l'un contre l'autre. Par cet arrangement on a un peu de peine à déchirer le cornet, et l'on répand parfois de la poudre à droite et à gauche ; en outre, il reste autour de l'étoupille du papier qu'on perd du temps à arracher, ou qui peut gêner la communication de la flamme entre la poudre du bassinet et le godet de l'étoupille. C'est toutefois dans cet état d'imperfection que mes étoupilles ont servi à bord de la goëlette l'Estafette au commencement de 1814, lorsqu'étant mouillée dans la baie d'Agay, elle fut attaquée pendant la nuit par des embarcations anglaises qu'elle parvint à repousser. Durant de simples exercices à feu en rade de Toulon, cette goëlette avait eu deux fois, en suivant la méthode habituelle d'amorcer, des pièces dont l'amorce avait été enflammée par des étincelles parties de la pièce voisine. — Les avisos et petites corvettes, à bord desquels la distance entre les sabords est moindre qu'à bord des grands navires, et qui d'ailleurs sont à batterie-barbette, sont très exposés à cette sorte d'accident, principalement lorsqu'ils sont à l'ancre et évités le bout au vent.

Dans l'année 1813, à bord du vaisseau la Ville de Marseille, où je commandais l'artillerie, j'avais obtenu la permission, après des expériences qui ne permettaient pas de révoquer en doute la supériorité de mes étoupilles, d'en faire confectionner un certain nombre. Le capitaine exigea que la plus grande partie fût conservée dans l'état habituel, et ce fut néanmoins dans cette circonstance qu'il montra le plus de libéralité et de clarté dans les idées. Toutes les autres améliorations que je tâchai d'introduire dans le service de l'artillerie, quoique pour la plupart usitées depuis long-temps jusque dans la marine française, furent repoussées avec opiniâtreté.

D'autres capitaines qui, par leurs connaissances, leurs talens et leur conduite, offrent un parfait contraste avec le même officier, ont récemment adopté à leur bord les étoupilles que j'ai perfectionnées. M. Mourgue, lieutenant-colonel d'artillerie de la marine, auquel on attribue un Mémoire manuscrit que j'ai déjà cité plusieurs fois, a vu de ces étoupilles à bord de la corvette LA BAYADÈRE, et en approuve infiniment l'adoption.

On trouve, dans l'appendice de la nouvelle édition des Exercices et manœuvres des bouches à feu des vaisseaux, une description de mes étoupilles (a). J'engage à la lire ; mais je préviens que l'auteur a avancé sans l'avoir reconnu par expérience, comme je l'ai fait, que les boîtes ordinaires à étoupilles en contiennent quarante lorsqu'elles sont munies de leur cornet. C'est une erreur qui, je crois, n'a pas pu être corrigée, parce qu'elle était déjà imprimée lorsque l'on songea à me demander des renseignemens très détaillés. Du reste, je dois m'excuser de m'étendre autant sur un si léger perfectionnement. J'en agis ainsi, parce qu'il est du nombre de ceux que les capitaines sont entièrement à même de pratiquer, et parce que je suis certain qu'il prévient une infinité de retards et d'accidens. Je suis loin de le regarder comme un moyen unique et

____

(a) Pag. 54 et 55.

parfait d'amorcer les bouches à feu : le même résultat s'obtient par des procédés tout différens, et peut-être préférables. On enflamme la poudre avec des acides et des esprits fortement rectifiés, ainsi que l'attestent d'anciennes et de nouvelles expériences (*a*); et, dans ces derniers temps, quelques personnes semblent s'être occupées avec succès de porter le feu aux charges par un système basé sur celui des briquets pneumatiques (*b*). Mais le moyen qui, jusqu'à ce jour, me paraît réunir le plus d'avantages, de certitude et de commodité, ce sont les étoupilles chloratées et le mécanisme percutant, imaginés par M. Regnier, conservateur du dépôt central de l'artillerie (*c*). Je ne pense pas du reste devoir entrer dans aucun détail au sujet de ces divers moyens d'enflammer la charge des bouches à feu, tant pour ne pas rendre cette note-ci trop étendue, que parce que les capitaines sont beaucoup moins à même de les adopter que le perfectionnement que j'ai indiqué pour les étoupilles actuelles.

Mais, quel que soit le mode d'enflammer la charge des bouches à feu sur lequel on fixe ses vues, on se rappellera qu'il doit agir presque instantanément, et faire partir le coup à la volonté du chef de pièce. Les boute-feux, je le répète, doivent absolument être supprimés, ou ne servir qu'à défaut total d'autres moyens. On supprimera

(*a*) Mémoires de l'Académie royale des Sciences de Paris, année 1726, pag. 93, et année 1747, pag. 34. — Histoire de *idem*, année 1726, pag. 30, et année 1747, pag. 4. — Expériences faites en 1812, à Venise, et précédemment en Angleterre.

(*b*) M. Lair, chef du Génie maritime. — M. Pauly, inventeur de fusils se chargeant par la culasse. — M. Julien le Roi, mécanicien de l'artillerie. — etc.

(*c*) De la défense des places fortes, etc., par Carnot, pag. 548, 3e édit. Paris, 1812.

14..

également les cornes d'amorce, les épinglettes et les traî-
nées de poudre (*a*). La suppression de ces dernières fera
qu'on ne sera plus obligé de mettre tant de soins à ne
pas donner de secousses aux pièces. Le seul inconvénient
qu'il y aura encore à les remuer brusquement, sera de
s'exposer à déranger les projectiles de leur place, et les
faire s'écarter de la gargousse. Cela pourtant ne peut
guère arriver que par un choc violent de la tête de l'affût
contre la muraille du navire, lorsque, remettant l'arme
en batterie, sans avoir la précaution de ne filer qu'à
mesure le garant du palan de retraite, un fort roulis
viendra à s'opérer vers le bord où l'on combattra (*b*). Au
surplus il serait fort important, pour la célérité du tir,
jointe à la diminution du nombre des servans, qu'on
ne fût pas obligé, durant le cours d'une action, de remettre les canons en batterie. C'est un procédé qu'on a dû
suivre une infinité de fois, tantôt guidé par la seule nécessité, tantôt par suite d'un plan sagement combiné. Comme
exemple du premier cas, je rapporterai qu'à la bataille de
TRAFALGAR, les canonniers de plusieurs des vaisseaux abor-
dés ne palanquaient pas les canons aux sabords, parce qu'ils
trouvaient naturellement cette manœuvre trop longue et
trop périlleuse. Comme exemple du second cas, je rap-
pellerai deux faits qui eurent lieu l'un et l'autre au commencement de 1814.—Dans un combat très vif que la frégate française de 18, LA CLORINDE, eut à soutenir contre
la frégate anglaise de 24, L'EUROTAS, les canons de LA CLO-
RINDE, après qu'ils furent rentrés par l'effet de la première
décharge, furent toujours tirés sans être remis en batterie.

(*a*) Exercices et manœuvres des bouches à feu à bord des vaisseaux, etc.,
pag. 54 et 55. Paris, 1815.

(*b*) Mémoire manuscrit sur le service de l'artillerie à bord des frégates.
— The sea-gunner's vade-mecum, etc., pag. 198.

A bord de l'Aréthuse, capitaine Bouvet, la même chose
eut lieu, dans une affaire où cette frégate maltraita considérablement la frégate anglaise l'Amélia, qui était plus
forte qu'elle, et qui ne dut son salut qu'à sa fuite, favorisée
par une grande supériorité de marche. Enfin cette méthode de ne pas remettre les canons en batterie a été re-
commandée plus ou moins rigoureusement, dans le cas
d'abordage ou de combat vergue à vergue, par Robert
Park (a), William Mountaine (b) et M. de Churruca (c).
Ces trois auteurs entendent d'ailleurs qu'en pareil cas les
pièces doivent être chargées avec plusieurs projectiles.

On pourrait pratiquer certains changemens dans l'installation des affûts actuels, qui procureraient, entre autres
avantages, celui de ne pas remettre totalement les canons
en batterie, sans qu'on eût cependant à redouter de fréquentes ruptures. Voici ce que j'ai imaginé à cet égard :

1°. On encastrera le bout d'une forte barre en bois ou
en fer dans le milieu de l'entretoise de volée de l'affût, en
se ménageant la faculté de placer ou d'enlever aisément
cette barre. Son autre bout, fixé par un boulon en fer
sur le milieu du seuillet du sabord, aura une fente lon-
gitudinale ou un clan, tel que le canon se trouve rentré
à bout de brague, un peu avant que l'extrémité antérieure de ce clan soit en contact avec le boulon, et
tel aussi que la bouche du canon vienne à peu près au ras
de la surface extérieure du navire, quand l'extrémité
postérieure de ce même clan sera en contact avec le
boulon.

2°. Pour diminuer la tendance au recul, en même

<hr>

(a) Defensive war by sea, pag. 170 et suiv. — New naval magazine, etc.,
may 1800, pag. 226. — *Idem*, october *id.*, pag. 486.

(b) The seaman's vade-mecum, etc., pag. 140 et 150.

(c) Instruccion militar para el navio Conquistador, etc., pag. 145.

temps que pour faciliter les pointages obliques, les deux roues de l'arrière de l'affût seront remplacées par deux rouleaux, qui auront leur axe dans la direction d'un rayon de l'arc de cercle décrit par l'affût, au point d'application de chacun de ces deux rouleaux. Les roues de devant seront aussi remplacées par des rouleaux; mais ceux-ci tiendront à un système tournant dans tous les sens, à l'instar des roulettes d'un lit et de la plupart des meubles. — Dans les affûts *à la Congrève*, dont au 1er juin 1811 il y avait déjà cinquante navires de pourvus *(a)*, ce système tournant existe pour les quatre rouleaux. Mais je pense qu'avec nos affûts il vaut mieux n'installer de la sorte que les rouleaux de l'avant; et, lorsqu'il s'agira de faire avancer le canon d'un pied ou dix-huit pouces, afin que la bouche vienne au ras de la surface extérieure du navire, on aidera l'action des palans de côté, en soulévant avec la pince et l'anspect la partie postérieure de l'affût, de façon que tout le système soit presque entièrement supporté par les deux rouleaux de l'avant, lesquels, ainsi que je viens de le dire, doivent pouvoir tourner en tous sens. On pourra même, en raison de ces diverses dispositions, se passer des palans de côté, et plus facilement encore du palan de retraite.

3°. On abattra le chanfrein des bordages extérieurs et intérieurs des deux montans de chaque sabord, ce qui achèvera de procurer la faculté de pointer beaucoup plus vers l'avant ou l'arrière du navire, qu'on ne saurait le faire dans l'état actuel des choses. Les personnes qui ont lu les ouvrages de MM. DE KERGUELEN, JULIENNE DE BELAIR et WILLIAM CONGRÈVE auront reconnu que presque tout ce que j'ai proposé jusqu'ici est fondé sur des

_____

(a) An elementary treatise on the mounting of naval Ordnance, etc., by lieut. col. WILLIAM CONGREVE, etc., pag. 46. London, 1811.

principes dont l'excellence a été évidemment démontrée
par ces trois officiers (a).

4°. Afin de rendre moins rude la secousse que supporte
la brague, on aura la précaution, principalement lorsque les canons seront chargés avec plusieurs projectiles,
de placer un faubert, ou tout autre corps de même nature, contre les rouleaux de l'arrière de l'affût.

5°. Enfin si l'on conserve les palans de côté, on cher-
chera, en ne donnant que très peu de mou dans leur garant, à leur faire partager et l'office et la fatigue de la
brague. J'observe d'ailleurs qu'il serait fort important de
doubler à chaque sabord le nombre des crocs et des boucles qui servent à la brague et aux palans, non-seulement
pour remédier aux ruptures causées par le recul, mais
encore à celles provenant des boulets ennemis; et, afin
qu'un même projectile ne pût pas enlever à la fois les
ferrures habituelles et celles qu'on aurait ajoutées, on
sent qu'il conviendrait de laisser entre elles le plus
grand espace possible.

L'installation précédente participe de celle à brague
courante et de celle à brague fixe. On ne doit donc pas
redouter qu'elle ébranle, outre mesure, aucune partie
du navire ni des affûts. Ce qui s'est passé à la bataille de
Trafalgar et durant les actions brillantes de la Clorinde
et de l'Aréthuse, doit achever de rassurer à cet égard,
puisqu'il n'arriva pas d'accident, malgré qu'on n'eût pas
pris une seule des précautions que je viens d'indiquer.
J'ajouterai, en dernier lieu, que des canons, entièrement installés à brague fixe, rendirent d'excellens ser-

(a) Relation des combats et des évènemens de la guerre maritime de
1778, etc., par le contre-amiral de Kerguelen, pag. 6. — Élémens de
fortification, etc., par M. Julienne de Belair, pag. 738 et suiv.,
planch. 18. Paris, 1792. — An elementary treatise on the mounting of
naval Ordnance, etc., pag. 11 et suiv.

vices, à bord de la frégate LA MINERVA et de la prise LE CEYLON, durant le long et glorieux combat du GRAND-PORT. Ces canons étaient du 18 anglais, très courts et très légers (a); ils devaient en conséquence avoir des mouvemens de recul très brusques, quoique les charges de poudre pesassent au plus le quart du poids de leur boulet. Je ne propose au reste l'installation décrite que comme un moyen de rendre nos affûts marins moins mauvais, mais non pas de les rendre bons : cela me paraît impossible. Leur construction est essentiellement vicieuse. Ils exigent beaucoup de monde et de travail pour être remis en batterie; ils sont mal assujettis, et tuent ou estropient parfois les servans, si la charge est enflammée accidentellement, ou s'il survient un roulis violent et inattendu. Ils ont une foule d'autres défauts qu'il serait trop long d'énumérer, et je me borne à citer en dernier lieu le plus grand de tous, que voici : les pointages obliques, physiquement plus difficiles à régler que l'élévation de la pièce, parce que le roulis d'ordinaire aide à donner celle-ci; les pointages obliques, dis-je, ne sauraient être exécutés par le chef de pièce lui-même. Ils exigent qu'un ou deux servans embarrent sous l'affût avec la pince ou l'anspect, opération fatigante à cause de la disposition des roues, et qui ne transporte tout l'ensemble de l'arme qu'avec des saccades plus ou moins sensibles, au lieu de produire un glissement graduel et compassé, comme cela serait à désirer.

BOURDÉ DE VILLEHUET a parlé d'affûts inventés en Angleterre, dont les flasques, séparés en deux par une section horizontale, tournent librement dans leur partie

____

(a) Mémoire manuscrit sur le service de l'artillerie à bord des frégates. — Rapport manuscrit du combat du Grand-Port à l'Isle-de-France, par le capitaine de frégate R. DECAEN.

supérieure autour d'une cheville ouvrière ; cette disposition procure au chef de pièce la faculté de donner lui-
même à l'arme la direction convenable (*a*). HUTCHINSON
a fait mention d'affûts semblables, et les a représentés
dans les planches de son ouvrage (*b*). Des auteurs anglais
très modernes louent beaucoup les affûts inventés par
M. GOVER (*c*) ; mais l'officier qui a perfectionné et natu-
ralisé dans sa patrie les fusées incendiaires et meurtrières
(dont plusieurs Européens semblent d'ailleurs avoir
parlé avant lui (*d*), et dont l'usage dans les Indes est im-
mémorial), M. le lieutenant-colonel WILLIAM CONGRÈVE,
a fait sentir l'inconvénient que les affûts de M. GOVER
ont d'être trop lourds et trop embarrassans, de même
que ceux de l'ingénieur suédois CHAPMAN, auxquels
toutefois il donne la préférence (*e*). Je trouve que
ceux même qu'a imaginés M. WILLIAM CONGRÈVE,
ont encore plusieurs inconvéniens, tant pour les canons que pour les carronades. Néanmoins ils me paraissent être préférables à toutes les inventions de même
nature produites jusqu'ici, et mériter d'être adoptés, en
attendant qu'on ait trouvé quelque chose de plus parfait
encore. Quant à ceux à *aiguilles* du général MONTALEM-

(*a*) Le Manœuvrier, etc., pag. 217. Paris, 1814.

(*b*) A treatise on naval architecture, etc.

(*c*) A new and enlarged military dictionary in french and english, etc.,
by CHARLES JAMES, *au mot* Gun. — The sea-gunner's vade-mecum, etc.,
pag. 124 et suiv.

(*d*) Élémens de fortification, par M. JULIENNE DE BELAIR, pag. 582.
Paris, 1792.—Pyrotechnie militaire, etc., par C. F. RUGGIERI, pag. 278.
— Mémorial de l'officier du Génie, etc., tom. I, pag. 60. — A new and
enlarged dictionary, etc., tom. I, *au mot* Fouguette. — Traité des fusées de guerre, par M. DE MONTGÉRY, ch. 1er. Paris, 1825.

(*e*) An elementary treatise on the mounting of naval Ordnance, etc.,
pag. 29.

BERT, ils ne conviennent d'aucune manière au service de la marine.

(18) Tout le monde sait que les culots de gargousse restent quelquefois au fond de la pièce, et je n'ai pas besoin en conséquence de faire aucune citation à l'appui de cette circonstance du tir des bouches à feu. Mais tout le monde ne sera pas également persuadé que l'explosion ne chasse pas toujours hors de la pièce le bouchon ou valet placé entre la poudre et le projectile. Je vais rapporter, pour le prouver, un fait consigné dant un des traités d'artillerie les plus recommandables, tant par le mérite même de l'ouvrage, que par le caractère respectable de son auteur.

« On remarqua par hasard, dans l'école d'artillerie de
» Ségovie, que, lorsque les canons de 24 et de 16 étaient
» chargés avec $4\frac{1}{2}$ et $3\frac{1}{2}$ livres de poudre, contenues dans
» des sachets de camelot, ayant par-dessus un bouchon
» de foin lié et façonné avec de la ficelle, plus un bou-
» let de calibre et un second bouchon pareil au premier
» sur ce boulet, il arrivait constamment que le premier
» bouchon, c'est-à-dire celui placé entre la gargousse
» et le boulet, demeurait dans l'âme de la pièce. On vou-
» lut reconnaître à quelle place il s'arrêtait, et dans quel
» état il se trouvait. On vit que le plus souvent il se dé-
» faisait, que parfois il restait tout entier, mais toujours
» conservant sa couleur, et étant seulement un peu char-
» bonné et enflammé vers la partie avoisinant le plus la
» *lumière*. Quant à la place qu'il occupait dans l'âme de
» la pièce, elle était toujours précisément celle qu'il oc-
» cupait à l'instant où le canon venait d'être chargé. Ce
» fait, qui paraît incroyable, a été observé, en diverses
» occasions, par tous les officiers de ce département,
» ainsi que par S. Exc. M. le comte DE LACY; et il

» prouve que toute la poudre de la charge s'enflamme
» entièrement, avant que le boulet reçoive un mouve-
» ment sensible ; car d'une autre façon le fluide produit
» par elle ne pourrait pas traverser le bouchon, surtout
» lorsqu'elle se trouve, comme dans les épreuves précé-
» dentes, renfermée dans un sachet (a). »

Un fait énoncé d'une manière aussi positive, par un auteur aussi digne de foi que M. DE MORLA, ne me semble
pas de nature à être révoqué en doute, quelque singu-
lier qu'il puisse paraître. Je ne chercherai à discuter que la
cause qui en est assignée ; et, afin de rendre mes objections plus puissantes, je les appuierai, pour la plupart,
sur des expériences relatives à la manière d'agir de la
poudre et aux propriétés du fluide qu'engendre sa décomposition par le feu.

Je pense devoir faire remarquer, en premier lieu, que
M. DE MORLA n'a pas dit de quel instrument on fit usage
pour reconnaître la situation du bouchon après que le
coup était tiré. Cela me fait présumer qu'on employa le
tire-bourre ordinaire. Il est d'ailleurs très naturel de supposer que, dans une expérience faite par des artilleurs
sur des bouches à feu, on se soit servi des attirails ap-
partenans à celles-ci, et qui se trouvaient sous la main.
Partant de cette hypothèse, nous conviendrons qu'un
tire-bourre étant assez lourd, et éprouvant un frottement très sensible dans l'âme des pièces, on a pu n'être
pas averti avec exactitude de l'instant où il se trouvait en
contact avec le bouchon, d'autant que celui-ci était presque toujours défait. En conséquence on n'aura jamais été
parfaitement assuré de la place qu'occupait ce bouchon,

______

(a) Tratado de artilleria, por Don TOMAS DE MORLA, tom. I, pag. 77.
Segovia, 1784.

et on a dû souvent le croire situé plus au fond de l'âme qu'il ne l'était effectivement.

Pourquoi d'ailleurs conclure si facilement que la poudre s'est enflammée totalement avant qu'aucune partie du fluide qu'elle dégage dès que son inflammation commence, ait pénétré au travers d'un bouchon de foin, et agi sur le projectile? La circonstance que cette munition se trouvait renfermée dans un sachet de camelot est d'une bien faible considération; il suffit, pour le sentir, de songer à la puissance énorme que possède l'explosion de plusieurs livres de poudre. Qu'est-ce, pour des forces semblables, que de mettre en morceaux un sachet de camelot, sans compter que les effets de la brûlure aident ceux de l'expansion? Le ressort de la poudre est presque incalculable, dès qu'il est suffisamment comprimé. Par exemple, 26 grains de poudre, contenus dans de petits tubes d'excellent fer, dont les parois avaient près d'un pouce d'épaisseur, et dont l'ouverture était hermétiquement bouchée par un canon de 24, pesant 8081 livres, *avoirdupois*, ont eu assez de force, tantôt pour soulever le canon, tantôt pour rompre les parois des tubes (*a*). La raréfaction, la subtilité et la dilatabilité du fluide élastique sont excessives, et donnent naissance à des phénomènes que l'on peut expliquer mathématiquement, concevoir par analogie, mais dont on ne saurait acquérir la perception physique. Voici deux de ces phénomènes :

« M. Deschiens de Ressons a fait voir, à la compagnie » royale des sciences, l'expérience suivante : Il a chargé » un fusil d'une balle forcée, sans aucune poudre, et l'a » attaché à un poteau. Il a ensuite adapté la bouche d'un

______

(*a*) Bibliothèque britannique, tom. I, pag. 333.

» pistolet à la lumière du fusil, de sorte que les deux ca-
» nons du pistolet et du fusil faisaient un angle droit ; il a
» tiré. La poudre du pistolet enflammée, qui entrait par
» la lumière du fusil, en a fait sortir la balle avec tant
» de violence, qu'elle pouvait percer une porte à quinze
» pas, ce qui excède la force du pistolet (*a*). »

L'autre phénomène, rapporté également dans l'Histoire de l'Académie des Sciences, donne encore une
idée plus extraordinaire de la dilatabilité du fluide élastique.

« M. DE MISSIESSY, lieutenant d'artillerie, a écrit à
» M. DUHAMEL, qu'ayant voulu faire crever une pièce
» de canon de fer de rebut, du calibre de 8 livres de
» balle, pour en pouvoir transporter plus facilement les
» morceaux, on chargea cette pièce avec 5 livres de pou-
» dre ; dessus la gargousse on mit un valet ou rondelle
» de bois de calibre ; on en plaça un second à un pied de
» distance du premier, et on emplit le reste de l'âme de
» la pièce jusqu'à sa bouche avec la glaise bien battue :
» en cet état, on la descendit dans une fosse ; et après
» l'avoir bien assujettie contre des pilotis, avec des coins
» qui en fermaient exactement la bouche, on y mit le
» feu avec une traînée. Le coup partit, mais il parut plus
» sourd qu'à l'ordinaire, semblable à peu près au bruit
» d'un fourneau de mine, et accompagné d'un sifflement
» qui fit croire que la pièce était crevée, et qu'il y en
» avait quelques morceaux en l'air : elle ne l'était cepen-
» dant point ; elle n'était pas même fêlée, et on la sortit
» de la fosse aussi entière qu'elle y avait été mise. La
» terre grasse dont on l'avait remplie était devenue si
» dure, qu'il fallut, pour l'ôter, employer l'aiguille avec

(*a*) Histoire de l'Académie royale des Sciences de Paris, pag. 20,
année 1719.

» laquelle on perce les rochers pour y faire des mines,
» et que deux hommes y travaillèrent pendant trois jours.
» On ne trouva dans l'âme que la gargousse et les deux
» valets calcinés, dont le premier était venu joindre le
» second, n'y ayant d'ailleurs ni cendre ni charbon; il
» faut que toute la poudre, à l'instant de l'explosion, se soit
» fait passage par la *lumière*, qui, à la vérité, était assez
» grande, puisqu'elle avait environ six lignes. Ceux qui
» connaissent la prodigieuse expansion de cette matière,
» lorsqu'elle est animée par le feu, peuvent juger de la
» vitesse énorme nécessaire pour que cinq livres de pou-
» dre se soient dissipées en un instant par une ouverture
» de six lignes, et du tort que les lumières trop grandes
» peuvent faire aux armes (*a*). »

DUHAMEL fit des expériences pour reproduire le même phénomène. La mauvaise qualité du canon qu'il employa d'abord ne lui permit pas d'y réussir; et, comme on n'a pas toujours à sa disposition des bouches à feu à sacrifier, il continua ses recherches avec des tubes en fer fabriqués exprès. La poudre contenue dans ces tubes venant à être enflammée, l'explosion se fit aussi par la lumière, toutes les fois que celle-ci était un peu évasée et les parois d'une résistance convenable. Cet auteur évalue la force d'expansion du fluide élastique à 24400 fois la pression moyenne de l'atmosphère, c'est-à-dire que ce fluide a la faculté de se dilater dans l'air, jusqu'à y occuper un espace 24400 fois plus grand que la quantité de poudre qui le fournit (*b*). En admettant un instant ce calcul, et que le pied cube de poudre, lorsqu'elle est foulée, pèse au moins

(*a*) Histoire de l'Académie royale des Sciences de Paris, pag. 28 et 29, année 1748.

(*b*) Mémoires de l'Académie royale des Sciences de Paris, pag. 9 et suiv., année 1750.

80 livres (*a*), 5 livres de cette matière produisent à l'instant de l'explosion une quantité de gaz dont le volume est de 1525 pieds cubes, lesquels, dans la circonstance rapportée par M. DE MISSIESSY, ont dû s'échapper par une ouverture de 6 lignes (de diamètre probablement), dans un intervalle de temps si court que la pensée peut à peine le concevoir ; car nous venons de lire que le bruit de la détonation fut à peu près semblable à celui d'un fourneau de mine, abstraction faite néanmoins du sifflement mentionné, qui était causé sans doute par les dernières parties du fluide élastique, mais duquel la durée n'est aucunement spécifiée.

On pensera peut-être que DUHAMEL attribue trop d'élasticité et d'expansion au fluide engendré par la poudre. C'est un sujet à l'égard duquel la théorie laisse encore aujourd'hui un vaste champ aux conjectures. JEAN BERNOULLI avançait que la force élastique des vapeurs produites par la poudre enflammée égale au moins 100 fois la pression de l'atmosphère ; DANIEL BERNOULLI, 10000 fois cette pression, BRACCHUS 450, ROBINS 1000, AMONTONS 5000, DULACQ 4000, D'ANTONI 1400 à 1900, INGEN-HOUSS 2276, LOMBARD 9215, HUTTON 2000, M. GAY DE VERNON 30000 à 80000, le général LA MARTILLIÈRE 43600 ; enfin, BOYLE, HAUKSBÉE, DE LA HIRE, HALLES, PAPIN, BÉLIDOR, STAHAL, CRELL, le comte DE RUMFORT, COLMAN, CRUICKSHANK, HERMSTAEDT, PROUST, etc., etc., se sont aussi occupés du phénomène de la déflagration de la poudre, et ont émis des opinions diverses sur la nature et la quantité des vapeurs ou gaz qui en sont le résultat.

D'après une analyse chimique des matières, M. GILOT a calculé que 100 livres de poudre, si elles s'enflammaient

______

(*a*) Mémoires d'Artillerie, de SAINT-REMI, tom. II, pag 13, 3ᵉ édit.

parfaitement, produiraient un volume de gaz permanent qui, réduit à la température zéro du thermomètre de RÉAUMUR, et soumis à la pression moyenne de l'atmosphère, égalerait 462,97 pieds cubes (a). Mais qu'on suppose ce calcul exact, ou qu'on adopte pour résultat tout autre volume de gaz permanens, peut-on se dissimuler que la chaleur ayant, d'après l'opinion des chimistes les plus modernes, la propriété de dilater également et considérablement toute espèce de fluides aériformes (b), doit, au moment de l'explosion, modifier le volume de ces gaz d'une infinité de façons? En effet, l'intensité de la chaleur est elle-même susceptible de modifications infinies, selon la rapidité de l'inflammation et la durée de la combustion ; selon la capacité, la forme , l'humidité , la sécheresse , l'échauffement, le refroidissement du lieu que la charge de poudre occupe dans l'âme de la pièce ; selon la nature et la cohérence des valets ou bouchons ; selon la résistance de la colonne d'air chassée en avant, etc. , etc. , toutes choses qui, prises en particulier ou ensemble, sont susceptibles de variations incalculables. Or donc, on ne s'étonnera pas qu'en généralisant trop le problème, et donnant une solution unique pour des milliers de cas, dont chacun exigerait une solution très distincte, les auteurs qui viennent d'être cités, quoique possédant tous beaucoup de mérite, soient parvenus à des résultats si différens les uns des autres, et qui, par cette seule considération, démontrent réciproquement leur incertitude et leur fausseté. LOMBARD, qui pendant le cours entier de sa

(a) Traité de fortification souterraine ou des mines offensives et défensives, pag. 6 et suiv. Paris, 1805.

(b) Expériences de M. PRIEUR, 2e cahier du Journal de l'École Polytechnique. — Mémoire de M. GAY-LUSSAC, Annales de Chimie, no 128, pag. 137 et suiv.

vie s'est occupé de sujets relatifs à la balistique, et qui n'a pas enfanté moins de suppositions et de calculs illusoires que ses devanciers et ses successeurs, a dit cependant avec beaucoup de raison : « Ce serait avoir une idée bien » fausse de la nature de la poudre et de sa manière d'agir, » que de prétendre asservir un tel agent à suivre exacte- » ment, dans tous les cas, la règle prescrite par une for- » mule (a). » Si l'on parvient jamais à déterminer *à priori* toutes les lois de la déflagration de cette substance, ce ne sera du moins qu'après une infinité d'épreuves très va- riées, et dont les principales seront très conformes à l'état de chaque question.

Au demeurant, pour discuter l'opinion de M. DE MORLA, il ne nous est pas nécessaire de savoir précisément quel est le volume des gaz produits par l'explosion des charges de $3\frac{1}{2}$ et $4\frac{1}{2}$ livres de poudre, dans les canons de 16 et de 24. Il nous suffit d'être assurés, par la connaissance d'expé- riences diverses et du sentiment de beaucoup de savans et d'artilleurs, que le fluide élastique possède une extrême dilatabilité, et conséquemment une extrême subtilité. Or, comme un bouchon de foin est très perméable et ne laisse pas que d'adhérer avec force aux parois intérieures d'un canon, il est très certain que le fluide élastique doit d'a- bord le traverser sans le déranger sensiblement, et agir sur le boulet dès les premiers instans de l'inflammation ou de l'explosion. Ce principe a été reconnu par des ar- tilleurs anciens et modernes (b), et je ne saurais admettre avec MM. TEXIER DE NORBEC et CORNIBERT, que la même chose n'a point lieu, à quelques modifications près, quand

(a) Nouveaux Principes d'Artillerie, note 36, pag. 454.

(b) Mémoires d'Artillerie, de SAINT-REMI, tom. I, pag. 179, 3e édit. — Traité du mouvement des projectiles, etc., pag. 173. — etc.

15

on se sert de valets faits en corde, au lieu de bouchons faits avec du fourrage (*a*). Hutton a conclu, de ses nombreuses expériences à cet égard, que les valets en corde très serrés et chassés avec force dans les pièces ne s'opposent nullement à l'échappement du fluide élastique (*b*); et il est au total fort naturel de penser que les valets de toute espèce, étant facilement pénétrés par l'eau, ne sauraient être imperméables à un fluide infiniment plus raréfié, qui agit avec d'autant plus d'efficacité dans les premiers instans de l'explosion, qu'il est alors extrêmement comprimé.

Aussitôt cependant qu'une certaine quantité de fluide élastique a pénétré au travers d'un bouchon ou d'un valet, puis entre lui et le projectile, ce fluide, dont la nature est d'agir en tous sens, tend à repousser le bouchon ou valet dans la direction opposée à celle où se meut le projectile; et, si l'on supposait qu'après quelques instans il ne restât plus de fluide derrière le bouchon, l'inertie de celui-ci étant moindre que celle du boulet, il devrait reculer davantage que le boulet n'avancerait, abstraction faite de la facilité avec laquelle il est traversé par le fluide, et de son adhérence aux parois de l'âme. On sait d'un autre côté, que toute espèce de corps qui est totalement entouré de poudre, ou par le fluide qu'elle engendre, n'acquiert que très peu de mouvement. Par exemple, un boulet posé sur un tas de poudre à l'air libre descend seulement s'appuyer sur le plan inférieur, lorsque ce tas

(*a*) Recherches sur l'artillerie, etc , tom. I, § 115. — Tables de portées, etc., pag. 136 et suiv.

(*b*) Tracts on mathematical and philosophical subjects, etc., tom. III, pag. 7, 8 et 9.

de poudre est enflammé (*a*). Une balle d'un calibre moindre qu'un fusil ou qu'un pistolet, étant placée dans l'un ou dans l'autre, entre deux quantités de poudre égales, reçoit à peine assez de vitesse pour sortir du tube, quoique le feu ait été mis auprès de la culasse, ou par la lumière accoutumée. C'est peut-être ainsi que les faiseurs de tours d'adresse chargent une arme, lorsqu'ils ont l'air d'en parer le coup ; et l'on prétend que jadis les charlatans agissaient de la sorte pour faire accroire qu'ils savaient se préserver, par des *charmes*, de la blessure des armes à feu (*b*). Dulacq, en citant ce fait, dit néanmoins, avec raison, qu'il ne voudrait pas faire cette expérience sur lui-même (*c*); car, si l'action de la charge inférieure vient à l'emporter sur celle de la charge supérieure, une balle peut acquérir assez de vitesse pour blesser grièvement. Au surplus, la perméabilité d'un bouchon de foin, son adhérence aux parois, et la facilité avec laquelle il se défait, doivent le rendre bien plus impropre qu'aucune balle, ou boulet, à sortir de l'âme des bouches à feu ; et il n'est pas besoin, pour l'en empêcher, de mettre de la poudre par-dessus ; il suffit qu'il s'y trouve un corps tel qu'un boulet, qui non-seulement est imperméable, mais qui en outre est moins adhérent et plus lourd que lui. Cela me semble incontestablement prouvé par les faits que rapporte M. de Morla, du moins lorsque toutes les circonstances sont précisément les mêmes que celles qui accompagnèrent les expériences faites à l'école de Ségovie.

Il est probable, d'ailleurs, que les bouchons employés

(*a*) Théorie nouvelle du mécanisme de l'artillerie, par Dulacq, § 12.

(*b*) Histoire de l'Académie royale des Sciences de Paris, pag. 4, année 1707.

(*c*) Théorie nouvelle du mécanisme de l'artillerie, § 12.

dans ces expériences étaient de nature plus cohérente et perméable que de coutume, ou que la surface intérieure des pièces était couverte d'aspérités ; car, si le bouchon, placé entre la poudre et le projectile, restait presque toujours dans les pièces après l'explosion, ce fait serait très connu de tous les artilleurs, et, en outre, les accidens de gargousses enflammées pendant leur introduction auraient lieu bien plus fréquemment. On ne doit pas douter, pourtant, qu'il ne reste souvent des débris enflammés de ce bouchon dans l'âme des pièces, après qu'on y a passé l'écouvillon ; et c'est à eux que j'attribue principalement les inflammations accidentelles, plutôt qu'au culot des gargousses qui sont faites habituellement de matières ne conservant pas le feu, à l'exception du fil en lin, ou en chanvre, avec lequel elles sont cousues. On sent qu'il vaudrait mieux que ce fil fût en laine, ou bien qu'il fût remplacé par une corde à boyaux très déliée ; mais, dans tous les arts, il est rare que les idées et les procédés raisonnables ne soient pas entremêlés d'inconséquences évidentes.

Les valets en corde, qui sont plus lourds et moins perméables que les bouchons de fourrage, doivent moins souvent qu'aucun bouchon de cette dernière espèce demeurer entiers, après l'explosion, dans la place qu'ils occupaient auparavant, lorsqu'on en a mis un entre la poudre et le projectile. Je n'ai jamais vu dans le cours du service, ni ouï dire à des artilleurs marins, qu'on ait retiré un valet tout entier d'une pièce, après le départ du coup. Je puis seulement assurer que j'ai vu parfois l'écouvillon amener des débris de valets enflammés, appartenant sans doute à celui qui était placé entre la poudre et le projectile. Dans les circonstances où il y avait seulement un valet par-dessus le projectile, pour contenir toute la charge, je ne me rappelle pas d'en avoir vu des débris retirés par l'écouvillon. Je ne réponds pas néanmoins qu'un boulet ne puisse passer par-dessus les débris du valet placé devant lui, et que parfois ces débris ne demeurent dans la pièce après l'explosion. Il me semble que cela doit surtout arriver lorsque les armes, au lieu d'être chargées avec un boulet, ou un boulet ramé, le sont avec de la mitraille. Je dirai d'ailleurs, au sujet de cette dernière charge, qu'il a été reconnu, dans des expériences faites à Turin en 1743, qu'un bouchon ou valet, placé par-dessus la mitraille, nuit à la portée des balles et augmente leur divergence (a). Mais continuons à examiner les inconvéniens des débris des bouchons ou valets qui restent dans les pièces après qu'elles ont tiré.

De même que les culots de gargousse, ces débris ont non-seulement l'inconvénient de pouvoir enflammer la poudre lors de son introduction; mais, en outre, ils sont susceptibles d'obstruer l'orifice inférieur de la lumière : car le placement de la gargousse et l'action du refoulage les repoussent naturellement jusqu'au fond de l'âme. La crasse et l'humidité qui règnent dans celle-ci, après plusieurs décharges, doivent contribuer à ce qu'ils se collent contre les parois, surtout dans notre marine, où l'usage est de mouiller fréquemment et abondamment l'écouvillon. Dans la marine anglaise, cet usage est prohibé, parce qu'on le croit susceptible, lorsque la pièce est échauffée, de donner une sorte de trempe au métal et de la faire éclater (b).

(a) Dell' uso delle armi da fuoco, ou la traduction, par M. DE SAINT-AUBAN, § 202.

(b) A new naval history, by JOHN ENTICK, pag. XXXIX. London, 1757. — The seaman's vade-mecum, etc., pag. 56. — The sea-gunner's vade-mecum, etc., pag. 200.

En mer, la cause d'avaries la plus commune pour les gargousses est l'humidité qu'elles contractent dans les soutes ; et comme dans le cours d'une action l'intérieur des pièces est aussi très humide, on sent que les culots de gargousse peuvent fréquemment s'attacher au fond de l'âme, ainsi que la poudre, lorsqu'elle est réduite en pâte, ce que favorise toute espèce d'humidité, et que doit achever de produire un refoulage excessif. J'ai déjà dit que cet inconvénient d'un refoulage excessif avait été éprouvé par des marins anglais, et qu'il se trouve indiqué dans leurs ouvrages. Le texte du passage qui m'a fourni cette citation appartient originairement à l'ouvrage d'un capitaine de la marine royale de la Grande-Bretagne, qui ne s'est pas nommé ; et il a été transcrit par Robert Simmons, maître canonnier dans cette même marine. Je dois avertir que j'ai supposé une faute de copiste ou d'impression dans ce passage, que voici en anglais, avec sa traduction littérale.

« In pricking the cartridges it has been observed,
» that, ramming the wire hard occasions a great part
» of the powder, and the end of the cartridges to re-
» main in the gun, etc. (a). »

« En crevant les gargousses, il a été observé que, si
» l'on enfonce le dégorgeoir avec violence, il en résulte
» qu'une grande partie de la poudre et que le culot des
» gargousses demeurent dans le canon, etc. »

Un dégorgeoir a peu de grosseur, et il ne peut réduire en pâte que la très petite quantité de poudre sur laquelle il agit immédiatement. J'accorde cependant, en raison de cette circonstance, que l'amorce est suscep-

______

(a) Observations and instructions for the use of the commissioned, the junior, and other officiers, of the royal navy, etc., pag. 18. — The sea-gunner's vade-mecum, etc., pag. 102.

tible de faire long feu, et même de ne pas enflammer la charge ; mais il est difficile de croire, parce qu'on aura enfoncé le dégorgeoir trop fort, que la quantité de poudre réduite en pâte manque de s'enflammer avec le reste de la charge ; et, quand même cela arriverait, cette quantité de poudre est si petite, qu'on ne saurait s'assurer de son existence durant le cours des exercices ainsi que des combats, où toutes les opérations s'exécutent par des moyens grossiers. La seule objection à faire contre ce raisonnement me semble être celle-ci : en admettant qu'il ne reste dans la pièce, après l'explosion, qu'une quantité de poudre en pâte de la grosseur d'un pois au plus, mais capable de conserver le feu et de fuser quelques instans, cela est suffisant pour occasioner l'inflammation de la nouvelle gargousse ; et c'est par cet accident lui - même qu'on a jugé de la cause qui le produit. Je ne m'aventurerai pas à récuser positivement un fait d'une nature aussi délicate ; mais je ne pense pas qu'on puisse se refuser à m'accorder, d'un autre côté, qu'un refoulage excessif ne soit capable de réduire en pâte la poudre qui avoisine le culot des gargousses. Cette partie est généralement la plus humide, parce que le culot fait plus de plis que le corps de la gargousse, et parce que c'est très souvent sur lui que la gargousse reste posée durant qu'elle séjourne dans les soutes ; c'est lui, en outre, qui est placé le premier dans les pièces, qui va s'appuyer directement contre le fond de l'âme, et qui, par conséquent, recueille le plus grand surcroît de crasse et d'humidité. Or, la poudre qui l'avoisine, laquelle n'est peut-être déjà qu'un amas de pulverin humide et compacte, doit facilement achever d'être réduite en pâte par l'effet d'un refoulage excessif, et ne faire que fuser au lieu de détonner.

(19) J'ai lu dans un ouvrage anglais (mais j'ai inutilement employé plusieurs jours pour retrouver cet ouvrage, ou le passage dont j'avais besoin), que les Anglais ne gardent pas à la mer leur artillerie chargée d'avance; ils ont une coutume qui semble dépendre en partie de cette circonstance. Lorsqu'ils rencontrent de nuit, ou très à l'improviste, quelque navire, ils ne cherchent pas à le questionner sur-le-champ; ils s'en tiennent à l'écart un instant, ne laissent paraître, si c'est de nuit, aucune lumière; font tous les préparatifs nécessaires pour le combat, hissent ensuite les signaux de reconnaissance, s'approchent le plus possible du navire rencontré, et se mettent en disposition, s'il se trouve être ennemi, de lui envoyer tout à coup leur volée (a). Comme ils ont en général affaire à des bâtimens dont les équipages sont bien inférieurs aux leurs en discipline et en pratique, il ne s'exposent que fort peu, en n'ayant pas d'avance toutes leurs bouches à feu chargées. En effet, eux seuls en temps de guerre séjournent sur les mers; ils ne rencontrent le plus souvent que des bâtimens de leur nation, ou bien que de faibles ennemis, fugitifs et effrayés; et, lors même que ceux-ci sont les plus nombreux, il ont de reste le temps de faire toutes leurs dispositions de combat, en raison de la maladresse et du peu d'assurance de leurs antagonistes.

De ces avantages possédés par les Anglais, il résulte naturellement qu'ils acquièrent une sécurité excessive, et que, s'ils exercent une grande surveillance, c'est bien plus dans la crainte de manquer à faire des prises,

---

(a) Observations et Instructions, etc., par un capitaine de la marine royale, trad. par M. Y.-M.-G. Laouenan, pag. 18. — The sea-gunner's vade-mecum, pag. 101.

que dans celle d'être pris : de là vient aussi que les endroits du navire qu'ils habitent le plus particulièrement,
savoir, la batterie basse des vaisseaux et le faux pont des
frégates, sont embarrassés de certains objets appartenant aux matelots, tels que tables, bancs, coffres,
sacs, etc., qui ne se rencontrent pas dans les nôtres (*a*).
Il n'y a guère de logé à nos bords que le capitaine et
l'état-major ; le surplus des marins et soldats est à peine
campé. Joignez à cela qu'ils sont très mal nourris, payés,
vêtus, conduits et exercés ; en sorte que, quelque faute
qu'ils commettent, on doit intérieurement être très porté
à les plaindre et les excuser.

Mais, de la sécurité inspirée aux Anglais par la fai-
blesse et le peu d'habileté de tous les adversaires qu'ils
ont eu à combattre depuis long-temps, il résulte aussi
que le système de leur marine, au lieu de tendre à une
perfection réelle, n'a tendu qu'à obtenir une supériorité
bien prononcée sur leurs ennemis. La guerre avec les
Américains, peuple disposé à sortir des sentiers de la
routine, les a subitement forcés à adopter de grandes
améliorations : une des plus importantes est l'augmentation du calibre des bouches à feu, combinée avec la diminution de leur longueur et de leur poids ; mais il est
digne d'être observé que cette amélioration fut spécialement indiquée, en 1745, dans un Mémoire de Robins (*b*), et son utilité prouvée par des expériences en
grand que ce savant exécuta à Chattam, vers le même
temps et d'après les ordres du Bureau de l'Amirauté (*c*).

(*a*) Observations et Instructions, etc., par un capitaine de la marine
royale, trad. par M. Y.-M.-G. Laouenan, pag. iii et iv.

(*b*) Projet pour la perfection de la marine anglaise. — Nouveaux Principes d'Artillerie, etc., trad. de Dupuy, pag. 47 et suiv.

(*c*) Lettre à milord Anson. — Nouveaux Principes d'Artillerie, etc.,
trad. de Dupuy, pag. 337 et suiv.

Toutefois, les démonstrations mathématiques les plus
évidentes, les faits physiques les plus irrécusables, le
savoir, les talens et la réputation de ROBINS, l'ascendant
d'un héros qui était son ami et son protecteur, je parle
du célèbre GEORGE ANSON, qui était alors membre du
Bureau de l'Amirauté, et par l'intercession duquel RO-
BINS avait obtenu de faire des épreuves à Chattam ; rien
ne put surmonter la prévention ou l'inertie d'un tribu-
nal routinier. Soixante et dix années s'écoulèrent avant
qu'il fût pris aucune résolution définitive à cet égard. Il
fallut qu'une nation naissante et marchande, qui possé-
dait seulement quelques frégates, donnât des leçons de
l'art naval aux souverains antiques et absolus de la mer ;
ou plutôt, il fallut que les clameurs de la populace de
Londres, que l'indignation générale de la Grande-Bretagne, en voyant les frégates anglaises toujours battues
par celles des Américains, contraignissent de vieux ami-
raux à consentir qu'on employât des moyens dont ils
avaient méconnu l'excellence. Qu'on ne pense pas, du
reste, que les épreuves de ROBINS fussent les seules, en
Angleterre, qui militassent en faveur du raccourcisse-
ment et de l'allégement des bouches à feu. Depuis le milieu à peu près du règne d'ÉLISABETH jusqu'à nos jours,
c'est-à-dire depuis 1625 jusqu'en 1816, on les vit se re-
nouveler de temps à autre. Les principales furent exécutées, ou protégées, par le comte DE MANSFIELD, le colonel WEIDEMAN, le duc DE CUMBERLAND, le baron
STARK, lord LIGONIER (grand-maître de l'artillerie), le
général ARMSTRONG, le général WILLIAMSON, le major
HISLOPE, M. GOVER, M. JOHN ROEBUCK, lord MOIRA,
sir SIDNEY SMITH, etc., etc. (a).

(a) Tractado de artilheria, traducido por TEXEIRA REBELLO, tom. I,

Les carronades, qui seraient plus parfaites si elles avaient, comme les canons, l'âme entièrement cylindrique et le fond aplati, et si elles n'avaient pas à la bouche cet évasement nommé *parasouffle,* sont cependant d'une utilité bien reconnue, non-seulement à bord des petits bâtimens, mais aussi des plus grands vaisseaux de ligne, et, aux défauts près que je viens de citer, et du support qui leur sert de tourillons, ce ne sont que des canons raccourcis et allégés de métal. Peu de temps après les premières qui furent fabriquées, ce qui eut lieu en 1774, à Carron en Écosse (*a*), la frégate anglaise la Rainbow en fut totalement armée, partie du calibre de 68, partie du calibre de 42. La Rainbow ayant rencontré la frégate française l'Hébé, armée de canons de 18, la fit amener après quelques volées. Toutes deux avaient, dit-on, 44 bouches à feu ; mais l'équipage de l'Hébé était double de celui de la frégate anglaise (*b*). Cet évènement, qui parlait assez vivement en faveur des pièces courtes d'un gros calibre, ne fit aucune impression sur les lords de l'Amirauté. Ce n'est pas, comme je l'ai fait observer ailleurs, que la marine britannique ne possède, pour tous les calibres qu'elle a adoptés, des canons de divers poids et longueurs ; mais ceux qu'on

pag. 5, 6 et 16. — Appendix or supplement to the treatise of artillery, etc., by John Muller, pag. 129 et suiv. London, 1768. — Nouveaux Principes d'Artillerie, trad. de Dupuy, pag. 430 et 477. — Recherches sur l'Artillerie, etc., tom. I, § 155. — Monthly journal, may 6, anno 1800. — New naval magazine, etc., nº XVIII, pag. 252. — A new and enlarged military dictionary, by Charles James, *art.* Gun. — etc., etc.

(*a*) The british and french mariner's encyclopædia, etc., pag. 72. London, 1802. — A new and enlarged military dictionary, *art.* Carronade. — The sea-gunner's vade-mecum, pag. 131.

(*b*) Encyclopédie méthodique ; marine, tom. I, pag. 98. Paris, 1783. — Élémens de fortification, etc., par M. Julienne de Belair, pag. 534 et 535.

emploie presque exclusivement sont les plus lourds et les plus longs, les moins faciles à manœuvrer avec peu de monde, ceux qui consomment les plus grandes charges de poudre, et qui procurent aux boulets des vitesses trop considérables pour produire tout le ravage possible, dans les faibles murailles des navires, aux distances où le tir à la mer commence à obtenir une justesse tolérable, et permet raisonnablement de faire usage de l'artillerie. L'administration de la compagnie des Indes - Orientales plus clairvoyante, sous ce rapport (comme sous beau-coup d'autres), que l'Amirauté, arme depuis long-temps la plupart de ses navires avec des canons courts et légers, qui, dans une infinité d'occasions, n'ont pu manquer de servir utilement ; mais c'est surtout entre nos mains que leur utilité a été prouvée. Ils composaient, au com-bat du GRAND - PORT, ainsi que je l'ai dit précédem-ment, l'armement des gaillards de LA MINERVA et des deux batteries du CEYLON. La distance moyenne à la-quelle se livra le combat fut de 300 à 400 toises, et il se renouvela pendant trois jours consécutifs. Les na-vires n'éprouvaient presque aucun mouvement causé par la mer, étant dans une rade parfaitement fermée. On voit toutefois que ce ne fut qu'à force de tirer qu'on put remédier à la déviation des boulets lancés, soit par les canons courts, soit par les canons longs, puis-que ce combat n'eut des résultats décisifs qu'après un si grand nombre d'heures. Les canons courts, du reste, étaient du calibre de 18 livres *avoirdupois*, ce qui ré-pond au 16 français. Or si, à des distances plus grandes que celles auxquelles une affaire peut devenir sérieuse en pleine mer, ces canons produisirent de si bons ef-fets contre la muraille des frégates, il est très pro-bable que des canons courts de 42 et de 32, mesure

anglaise, auraient toute la force nécessaire pour traverser la muraille des vaisseaux du premier rang, aux distances où se livrent d'ordinaire les actions navales ; je
crois même pouvoir accorder cette propriété aux canons courts anglais de 18. Mon opinion est fondée sur
ce que, dans les épreuves de ROBINS, un boulet de ce
calibre, lancé par un canon de longueur ordinaire,
mais avec 2 ½ livres de poudre, traversa d'outre en
outre, à la distance de 30 *yards,* cinq madriers de bois
de chêne, formant un but de 32 pouces d'épaisseur : il
est noté d'ailleurs, par ROBINS, que ce boulet produisit
plus de ravage en traversant le but, que deux autres
boulets tirés de la même distance, avec le même canon,
mais avec les charges de poudre de 3 ½ et de 3 livres.
« Il arracha les crampons de fer qui unissaient les ma-
» driers, sépara ceux-ci, et rompit en deux le dernier
» qui était épais de 6 pouces et demi, et large de
» 15 (a). » Je rappelle encore une autre expérience de
ROBINS, que j'ai déjà citée tant de fois, dans laquelle
un canon de 24, pesant seulement 300 liv., ou quatre
fois moins qu'une carronade de ce calibre, et chargé
avec trois fois moins de poudre, ou avec 12 onces seulement, a procuré assez de vitesse à son boulet pour
lui faire percer 22 pouces de bois de chêne, et s'enfoncer ensuite dans un amas de terre situé au-delà.
L'éloignement du but, il est vrai, n'est pas énoncé dans
cette expérience ; probablement il était peu considérable, et l'on doit penser que l'effet d'un boulet eût été
moindre à la distance extrême où les combats de mer
peuvent encore être décisifs, c'est-à-dire à 200 ou

(a) Nouveaux Principes d'Artillerie, etc., trad. de DUPUY, pag. 542
et 543.

3oo toises, distance d'ailleurs que je suppose plutôt trop grande que trop petite, comme je l'ai démontré d'une infinité de façons dans l'*Essai sur l'art du tir à la mer*. L'une des expériences faites à Chattam détruit le doute précédent sur l'effet des boulets à de grandes distances, et lorsqu'ils sont lancés par des quantités de poudre moindres que celles d'usage. Un boulet de 18, chassé par 3 livres de poudre, traversa d'outre en outre, à la distance de 700 *yards*, ou environ 338 toises, une butte de terre épaisse de 8 pieds (*a*). Le canon, dans cette circonstance, était de longueur ordinaire; mais des épreuves en grand, exécutées à différentes époques, tendent à faire connaître qu'il eût mieux valu, la charge n'étant que la moitié de celle en usage, que la longueur de l'arme eût aussi été réduite, quoique dans une moindre proportion (*b*). Enfin, beaucoup d'autres épreuves très connues des artilleurs montrent que la pénétration d'un boulet au travers de 8 pieds de terre moyennement rassise, équivaut pour le moins à la pénétration de 2 pieds dans du bois de chêne (*c*). Or, un canon de

(*a*) Nouveaux Principes d'Artillerie, etc., trad. de Dupuy, pag. 545.

(*b*) Épreuves faites à Douai en 1764. Appendix des Recherches sur l'Artillerie, etc. — L'Artillerie nouvelle, etc., par M*** (du Coudray), pag. 128 et 129. Amsterdam, 1772. — Réflexions sur la fabrication en général des bouches à feu, par le général la Martillière, pag. 78, 2e édit. — Recherches sur les meilleurs effets à obtenir de l'artillerie, par le même, tom. I, pag. 289 et 290. — etc.

(*c*) La Fortification démontrée et réduite en pratique, par feu J. Errard, de Bar-le-Duc, etc., pag. 6. Paris, 1620. — Nouveaux Principes d'Artillerie, etc., trad. de Dupuy, pag. 142 et suiv. — Procès-verbal manuscrit des épreuves faites, en 1785, à Cherbourg, par le général Meunier. — Recherches sur l'Artillerie, etc., tom. II, pag. 360 et suiv. — Essai général de Fortification, par M. de Bousmard, tom. III, pag. 276 et suiv. — Aide-Mémoire, etc., tom. II, pag. 494, 4e édit. — Essais sur quelques parties de l'artillerie et des fortifications, par le général comte C**** (Chasseloup), pag. 31. Milan, 1811. — etc.

18 anglais ou de 16 français, avec une charge de poudre
de 3 livres *avoirdupois*, aurait à peu près toute la force
désirable pour traverser la muraille des vaisseaux de
ligne, à une distance plus grande que celle où les combats en pleine mer, et dans les circonstances habituelles,
peuvent devenir décisifs. Que l'on n'imagine pas cependant que mon intention soit de plaider en faveur du calibre anglais de 18 ou du 16 français; car je pense au
contraire que tout calibre au-dessous de notre 24 devrait
être banni de la marine, même pour servir aux chaloupes
et autres embarcations.

Les nouvelles frégates anglaises, construites à dessein
d'être opposées aux frégates américaines, portent, dit-
on, 60 bouches à feu, savoir, 30 canons courts de 24
dans la batterie, et 30 carronades de 68, ou de 42, sur
le pont : elles lancent par conséquent 1380 livres, ou
990 livres de fer *avoirdupois*, par chaque volée d'un
seul bord. Les frégates anglaises de 44 qu'elles rempla-
cent, armées de 28 canons de 18, 12 carronades de 32
et 4 canons de 9, ne lancent par volée que 462 livres
de fer *avoirdupois*. Par conséquent, les nouvelles frégates anglaises ont des moyens offensifs doubles ou triples de ceux des anciennes. L'augmentation de leur
équipage et celle du prix de leur armement complet se
montent peut-être à un quart en sus. Voilà sans doute
de grandes améliorations; mais si nous les examinions
plus particulièrement, nous verrions qu'il eût été facile
de les pousser plus loin encore.

Nous verrions aussi, en examinant avec soin les autres parties de la marine anglaise, qu'elles ne sont pas
moins susceptibles d'amélioration que son artillerie. Le
fond du système est à peu près le même que chez les autres nations : certains détails seulement sont moins im-

parfaits; et, telle que se trouve cette antique machine, faiblement perfectionnée jusqu'ici, la grande pratique des marins anglais est cause qu'ils en tirent un meilleur parti que ne l'ont fait leurs rivaux, particulièrement vers la fin du dernier siècle et le commencement de celui-ci. De là sont venus leurs nombreux succès, ainsi que leur excessive sécurité, qui peut parfois leur devenir funeste.

En effet, ils se sont uniquement rendus supérieurs à des adversaires pour la plupart à peu près étrangers à l'art naval; mais qu'un officier d'une nation en guerre avec eux commence par tâcher de les voir tels qu'ils sont, leur rende une parfaite justice, et ensuite ne cesse de faire des efforts d'application et d'activité, jusqu'à ce qu'il ait la certitude d'avoir un navire plus propre au combat que les leurs, et cela n'est pas difficile; alors tout l'avantage sera du côté de cet officier.

Sans développer davantage ce sujet, je reviens sur la nécessité où sont les Anglais d'employer quelques instans à faire des préparatifs, avant de pouvoir tirer sur des navires qu'ils rencontrent subitement. Nous avons vu qu'ils sont autorisés, en quelque sorte, à ne pas prendre d'avance de plus grandes précautions. Quant à nous, il est essentiel que nous soyons constamment prêts à combattre lorsque nous nous trouvons à la mer en temps de guerre, et l'on peut même dire en temps de paix, puisque les Anglais la rompent d'ordinaire par des hostilités inattendues (a). Nous sommes non - seule-

(a) Guillaume de Nangis, Chron. ad ann. 1292. — Rymer, fœd. convent., etc., tom. I, pag. 617. — Histoire navale d'Angleterre, traduite de l'anglais de THOMAS LEDIARD, tom. II, pag. 518. Lyon, 1751. — Histoire des progrès de la puissance navale de l'Angleterre, etc., tom. II, pag. 50, 52 et 134. — Relation des combats et des évènemens de la guerre maritime de 1778, etc., par le contre-amiral DE KERGUELEN, pag. 195

ment moins en état qu'eux d'éviter le désordre et la confusion dans la rencontre subite d'un navire, ainsi que dans tout autre évènement important de la navigation ; mais, en outre, nous sommes presque certains de ne rencontrer jamais que des navires ennemis. En conséquence, chaque soir (et dans les temps de brume) il faut faire le branle-bas de combat aussi rigoureusement que possible, laissant uniquement tendre des hamacs dans l'entrepont et dans la cale, de manière à ne pas gêner le passage des poudres, et faisant coucher les *non-combattans* qui exécutent ce service, à la place même où ils doivent se trouver durant une affaire.

Si l'on connaît assez peu les ressources de l'installation et de l'arrimage des navires, pour ne point savoir se former un second entrepont dans la cale, comme cela a déjà lieu à bord de quelques frégates et vaisseaux anglais (avec plus de facilité, il est vrai, que cela ne peut se pratiquer à nos bords) ; si enfin on ne sait pas s'arranger de façon à ce que tous les gens qui ne sont pas de quart aient leur hamac tendu hors des batteries, il vaudra mieux laisser pendre des hamacs dans celles-ci, durant le jour que durant la nuit ; et, pendant ce dernier temps, permettre seulement aux hommes qui ne seront pas de quart de dormir auprès de leur poste de combat, enveloppés dans leur couverture.

Les Anglais, comme on le sait, ont sur leurs vaisseaux et frégates des équipages moins nombreux que les nôtres, et cependant ils sont dans l'usage de les partager

et 196. Paris, 1796. — Abrégé chronologique de l'Histoire de la Marine française, etc., par M. G. D. (Dossery), pag. 98, 102, 106 et 141. Paris, 1804. — Nouveau Dictionnaire des siéges et des batailles, etc., par F.-M. M....., tom. II, pag. 3. — etc., etc.

16

en trois *quarts,* au lieu de les partager en deux *quarts,* comme nous le faisons. Cette mesure soulage leurs matelots, qui d'ailleurs, très bien nourris et vêtus, conservent une parfaite santé durant des séjours de plusieurs années à la mer. Quant à nous, qui agissons différemment, et qui le pouvons avec moins d'inconvéniens (du moins à l'égard des quarts) durant nos courtes apparitions sur cet élément, nous possédons réellement sur eux, dans les rencontres imprévues, un assez grand avantage militaire.

Voici les principaux moyens de profiter complètement de cet avantage, ou d'être à même de faire feu de toute son artillerie, à l'instant précis où cela se trouve nécessaire.

1°. Faire souvent manœuvrer les bouches à feu dans les exercices, avec la moitié de leurs servans, ce qui, dans les cas ordinaires, ne surpasse point ce que l'on peut exiger des hommes. A bord du vaisseau LA VILLE DE MARSEILLE, et à l'insu du capitaine, qui avait l'esprit assez despotique et ennemi de tout essai pour l'empêcher, j'ai fait mettre par trois hommes seulement des canons de 36 hors de batterie : pour les palanquer ensuite au sabord, deux hommes suffisaient. Ces hommes étaient choisis parmi les plus robustes du bord ; mais lorsque je doublais les nombres indiqués, tous les matelots et soldats, sans distinction, étaient capables d'exécuter ces manœuvres, et de les exécuter, avec de courts intervalles de repos, pendant une heure au moins. J'ai répété ces expériences tant à la voile qu'à l'ancre, et par des temps où le navire roulait et inclinait d'une manière assez sensible, n'employant jamais davantage, comme je viens de l'exposer, que six hommes pour haler dedans un canon de 36, et quatre hommes pour le remettre en batterie; ce qui était moins, dans l'un et l'autre cas, que la moitié de l'équipage accoutumé de ce canon, fixé à quatorze hommes : à plus forte raison, par conséquent, sept hommes pourraient le servir pendant quelques instans dans un combat, d'autant qu'alors l'arme sort de batterie par l'effet du recul. Les autres canons sont encore plus faciles à manœuvrer avec la moitié de leur équipage habituel; et, si l'on adoptait les diverses améliorations que j'ai proposées précédemment pour l'installation des affûts, cette moitié d'équipage suffirait et au-delà, pendant les plus longues affaires, pour le service des canons de tout calibre.

2°. Dans les exercices généraux de combat, on tiendra les hommes de la mousqueterie en réserve dans l'entrepont, ou mieux encore dans la cale, parce qu'ils y seront plus à l'abri du boulet. On les destinera seulement à l'abordage et à succéder aux gens mis hors de combat. Ils seront entièrement remplacés, durant le cours d'une action, par les gens de la manœuvre. Ceux-ci seront armés chacun d'un fusil; ils l'accrocheront à des places désignées d'avance, toutes les fois que la manœuvre du navire les réclamera, et ils le reprendront aussitôt qu'ils seront désoccupés.

A bord d'un navire tout hérissé de canons, et qui combat un adversaire pareillement muni de grosse artillerie, le feu de la mousqueterie est d'une bien faible importance, et les hommes qu'on y emploie courent plus de périls qu'ils n'en font courir aux ennemis. J'indique cependant, comme on le voit, un moyen de ne pas se priver totalement de ce feu, mais de n'y employer que des hommes qui se trouveraient également exposés, et plus dans le cas de se décourager, en les laissant parfois sans aucune occupation. Je ne pense pas néanmoins qu'on doive jamais les faire tirer à des distances plus grandes que celles où la fusillade peut avoir de l'effet; et comme ces distances n'ont jamais été déterminées pour la marine, je me crois obligé d'emprunter des faits et des principes appartenant aux armées de terre, avant de rien statuer à cèt égard.

Le colonel COTTY accorde au fusil de munition une portée de 5oo toises, sous l'angle de projection de 43° 3o' (a), et le général GASSENDI sous celui de 43° (b). Le colonel HULOT pense que cette portée a lieu sous un angle de projection de 35 à 40° (c). Mais il est probable, d'après la théorie (d), et d'après des épreuves exécutées en 1764, que la portée extrême du fusil s'obtient sous un angle de 25 à 3o° au plus (e); en conséquence, si le fusil a porté 5oo toises dans des épreuves où il était pointé sous un angle d'environ 42°, il porterait encore plus loin sous un angle moins ouvert. J'ai entendu dire à des officiers qu'ils avaient vu tomber des balles de fusil à 7 ou 8oo toises de l'endroit où elles avaient été tirées. A de pareilles distances, une balle serait encore susceptible de blesser, ne fût-ce que par la vitesse qu'elle acquiert en tombant de très haut; mais l'incertitude de sa portée et de sa direction rend alors le tir des fusils si incertain, qu'on lè regarde comme absolument nul. Les auteurs

(a) Mémoire sur la fabrication des armes portatives, etc., pag. 27. Paris, 1806.

(b) Aide-Mémoire, etc., tom. II, pag. 55i, 4e édit.

(c) Instruction sur le service de l'artillerie, etc., pag. 39, 3e édit.

(d) Traité élément. d'Art milit. et de Fortification, par M. GAY DE VERNON, pag. 128. Paris, an VIII. — Tracts on mathematical and philosophical subjects, tom. III, pag. 269.

(e) Esame della polvere, pag. 228, ou la trad. par le vicomte DE FLAVIGNY, § 186.

que je viens déjà de citer, d'accord avec tous ceux qui
ont déjà écrit sur cette matière , ont posé en principe
qu'on ne doit pas faire usage du fusil au-delà de 120 à
150 toises, principe qui a même déterminé l'étendue donnée au système flanqué ou bastionné , universellement
suivi dans nos fortifications actuelles. Mais tous les ingénieurs, artilleurs et autres militaires ont reconnu que
le feu de la mousqueterie ne produit un bon effet qu'à
60 ou 80 toises au plus (a). Cela même ne doit s'entendre
que sur des hommes en groupes et totalement à découvert; car il a été prouvé, par des expériences multipliées
faites par ordre du gouverneur général de Magdebourg,
en 1814, qu'à 70 toises les balles de 20 à la livre, dont
on se sert habituellement, s'écartent de 3 à 4 pieds autour
du point ajusté, quoique tirées par des fusils solidement
attachés à un fort chevalet (b). Or, dans cette circonstance, il n'y a eu d'autre cause d'aberration que celle
particulièrement inhérente au tir, et l'inexactitude du
pointement n'a pu y avoir aucune part. La même chose
n'aurait pas eu lieu, si les fusils avaient été tirés à l'épaule.
On peut dire d'ailleurs que , par le manque d'exercice

(a) Comm. sur les Mémoires de MONTÉCUCULLI, par le comte TURPIN
DE CRISSÉ, tom. I, pag. 147. — Les Travaux de Mars, par ALLAIN
MALLET DE MANESSON, tom. I, pag. 88; tom. II, pag. 24, et tom. III,
pag. 34. Paris, 1683. —Réflexions militaires et politiques, trad. de l'espagnol, du marquis de SANTA-CRUZ, tom. VI, pag. 72. — L'Ingénieur
de campagne, etc., pag. 8 et 24, 2e édit. — Mémorial pour la fortificat.
permanente, par CORMONTAIGNE, pag. 84 et 368, édit. de 1809. — Dell'
artiglieria pratica, etc., par D'ANTONI, ou la trad. par M. DE MONT-
ROSARD, § 129. —La Fortification perpendiculaire, etc., par le général
DE MONTALEMBERT, tom. V, pag. 306. Paris, 1793. —Élémens de fortification, par M. NOIZET DE SAINT-PAUL, pag. 21, 22, 603, 719 et
760. Paris, 1812. — etc., etc.

(b) Procès-verbal manuscrit de ces expériences.

et de sang-froid des soldats, le feu de la mousqueterie dans les combats ne produit guère un bon effet qu'à bout portant (a). Mais supposons des hommes aussi peu troublés et aussi adroits que possible, nous reconnaîtrons cependant qu'ils ne pourraient se servir du fusil avec quelque avantage, dans une action entre deux bâtimens, qu'à la distance de 5o toises au plus ; car on ajuste encore plus difficilement à bord qu'à terre, à cause de la fumée de l'artillerie, des mouvemens du navire, du manque de place, et enfin parce qu'on tire sur des hommes qui sont plus ou moins cachés à bord de l'ennemi. Quant au pistolet, on n'en fera jamais usage que dans les abordages. De plus, toutes les fois qu'un canon ou une carronade aura besoin d'un renfort d'équipage par une cause quelconque, les gens de la manœuvre le fourniront de préférence à continuer le service de la mousqueterie, quelle que soit la proximité de l'ennemi.

Les gens de l'artillerie, à leur tour, doivent aider ceux de la manœuvre dans les évolutions principales et dans les grandes réparations d'avaries du gréement, d'autant que les unes et les autres gênent toujours beaucoup le service des bouches à feu, partout où se trouvent les cordages mis en action. Le meilleur est donc de terminer promptement ces évolutions ou ces réparations, pour s'occuper ensuite, sans obstacle, du service de l'artillerie.

(a) Mémorial pour l'attaque des places, par CORMONTAIGNE, pag. 121, édit. de 1809. — Essai général de Tactique, par le comte DE GUIBERT, tom. I, pag. 234, et tom. II, pag. 239, édit. de 1803. — Loisirs d'un soldat au régiment des Gardes-Françaises, pag. 123, année 1767. — Les Rêveries, ou Mémoires sur l'Art de la Guerre, de MAURICE, comte de Saxe, etc., pag. 3o et suiv. La Haye, 1756. — L'Ingénieur de campagne, etc., par M. DE CLAIRAC, pag. 4. — Nouv. Dictionn. hist. des siéges et des batailles, etc., par F.-M. M....., tom. III, pag. 151. — etc., etc.

Dans l'état actuel des choses, c'est incontestablement
dans les hunes que la mousqueterie est le mieux placée, en
raison de ce qu'elle plonge sur les gaillards du navire,
ou dans l'intérieur de la batterie de côté que l'on combat (*a*). Cependant je pense que la mousqueterie des hunes
doit seulement être composée des gabiers de combat et
de l'aspirant, ou l'officier-marinier, qui les commande.
Toute autre personne de l'équipage doit être bannie des
hunes, et surtout les soldats. Lorsque les huniers empê-
cheront les gabiers de voir l'ennemi, ils descendront de
la hune sur le trelingage, qu'il serait bon d'arranger en
plate-forme et de bastinguer à l'entour avec des planches
doublées extérieurement de tôle, et intérieurement de
cuir. Ces planches ne seraient mises en place qu'à l'instant du branle-bas. Les hunes et une grande partie des
hauts d'un navire ne sauraient être mieux bastingués que
de la sorte. Il a été reconnu dans des expériences exécutées à Brest, en 1786, qu'une balle de fusil, à la distance
de 25 toises, ne percerait pas une feuille de tôle épaisse
de $1\frac{1}{2}$ ligne, appliquée sur une planche de chêne épaisse
de 8 lignes. A la même distance les balles traversaient
toutes les autres espèces de bastingages. Je voudrais de
plus qu'on recouvrît la face intérieure des planches avec
du cuir, pour éviter les éclats. Par un motif semblable,
il serait bon que les planches eussent la même hauteur
que le bastingage formé par elles, mais que leur largeur
fût d'un pied au plus. — Quant aux hommes qui ne se-

(*a*) La Fortification perpendiculaire, etc., par le général DE MONTA-
LEMBERT, tom. V, pag. XXXV, 284, 301 et 321 ; tom. X, pag. 9, etc.
— Aide-Mémoire, etc., tom. II, pag. 1052, 4ᵉ édit.— The naval chronicle,
tom. VIII, nᵒ 47, pag. 285 et 286. — Essais sur quelques parties de l'artillerie et des fortifications, par le général comte C**** (CHASSELOUP),
pag. 146. — Cours élémentaire de Tactique navale, par M. AUDIBERT
E RAMATUELLE, pag. 333. — etc , etc.

raient pas dans les hunes et qu'on armerait de fusils, je pense que le meilleur moyen de les abriter et de les mettre à même d'ajuster commodément, serait de percer entre chaque sabord, tant sur le pont que dans les batteries, un hublot à hauteur d'appui, très petit en dehors et très évasé en dedans. Les hublots des batteries serviraient naturellement aussi, outre ceux qui s'y trouvent déjà, à donner de l'air dans le navire, lorsque les mantelets de sabords seraient fermés, ou les faux-sabords mis en place.

Résumant enfin le sujet de cette note, je conclus qu'il faut constamment tenir notre artillerie chargée à la mer, de même que dans les rades où l'on peut redouter d'être attaqué, se tenant toujours prêt pendant la nuit à faire feu subitement de toutes les pièces. Par là nous éviterons toute surprise, et nous pourrons profiter, dans une rencontre réciproquement imprévue, de la sécurité des ennemis que nous avons d'ordinaire à combattre, et du petit intervalle de temps qui leur est nécessaire pour commencer une action. Plus les canons seront de gros calibres, et par conséquent les charges considérables, moins la poudre s'avariera promptement dans les armes. On a éprouvé en France et en Angleterre que cette munition se conserve en bon état dans les fourneaux de mine pendant une et deux années (a); mais comme la charge des plus grosses bouches à feu est toujours bien moindre que celle d'une mine, et que d'ailleurs la partie correspondante à la lumière doit se pénétrer d'humidité facilement, et être susceptible d'empêcher l'inflammation du reste de la charge, il sera convenable de changer les gargousses

(a) Manuscrit du Traité de la guerre souterraine, par Bélidor. — L'Artillerie raisonnée, etc., par Leblond, pag. 359. Paris, 1776.

tous les huit ou dix jours. Elles seront réparées, s'il est nécessaire ; ensuite remuées et tenues quelques instans à l'air, puis remises dans les soutes pour servir au bout de quelque temps. Les poudres les plus humides redeviennent bonnes, ou au moins passables, lorsqu'elles sont séchées avec soin (*a*). Il faut éviter de les exposer à un soleil trop ardent, parce que le soufre, qui se fond aisément, entraîne une décomposition du mélange, et fait que les grains s'agglomèrent ensemble en venant à se refroidir (*b*). Quant aux amorces (les étoupilles comprises), on les changera tous les soirs, à l'instant où l'on mettra chacun à son poste pour le combat, espèce de branle-bas ou revue qui ne doit jamais manquer d'avoir lieu à bord des bâtimens où l'on cherche à établir l'ordre et la discipline. La poudre, ainsi que les étoupilles provenant des amorces, seront aussi exposées à l'air avec les précautions indiquées. On brûlera de temps à autre quelques étoupilles prises sans distinction parmi un certain nombre ayant la même date de service, pour voir si elles n'ont rien perdu de leur vivacité. Dès qu'on croira le remarquer, on les destinera aux exercices, dans lesquels on devrait les brûler d'habitude, même lorsqu'on ne les fait qu'en blanc. Pour suffire à ce surcroît de consomma-

---

(*a*) Artis magnæ artilleriæ, auctore CASIMIRO SIEMIENOWICZ, equite lithuano, part. 1, lib. 2, cap. XIX ; ou la trad. par P. NOIZET, pag. 110. Amsterdam, 1651. — Histoire de l'Académie royale des Sciences de Paris, année 1767, pag. 5. — A supplement to the pratical sea-gunner's companion, etc., by WADDINGTON, pag. 97. London, 1781. — Handbuch für officiere, etc., von SCHARNORST, tom. I, tables 10 et 11. — Essai sur l'artillerie à cheval, par M. CHRISTOPHE CLÉMENT, pag. 42. Pavie, 1808. — The sea-gunner's vade-mecum, etc., pag. 177. — etc., etc.

(*b*) Esame della polvere, ou la trad., par le vicomte DE FLAVIGNY, § 66.

tion d'étoupilles, il sera indispensable d'avoir toujours plusieurs canonniers très instruits à les confectionner. Je n'ai pas besoin de dire que la poudre dont on soupçonne la bonté, par une cause quelconque, doit être réservée autant que possible pour les exercices et les saluts, et que ces derniers doivent toujours être exécutés de manière à servir d'exercices.

La coutume dans la marine espagnole est que, chaque jour, à l'instant qu'on relève la garde, tous les fusils des hommes qui la descendent sont déchargés à la fois, par un feu de peloton. Les balles sont retirées d'avance. Cette coutume a l'avantage d'empêcher qu'on ait des armes qui ratent aussi souvent que cela arrive quand elles restent long-temps chargées (a). Elle a aussi l'avantage d'habituer les hommes au bruit de la poudre, ce qui n'est pas entièrement à négliger (b); mais elle ne les rend pas beaucoup plus habiles à bien ajuster, ce qui est l'essentiel (c). Le feu de peloton d'ailleurs est anti-marin, et je pourrais dire, d'après un grand général, qu'il est anti-militaire (d). Mais, pour ne parler que de la marine, on doit encore moins faire tirer à bord les fusils

(a) Essai sur la chasse au fusil, etc., pag. 121. Paris, 1782.

(b) Mémoire manuscrit sur le service de l'artillerie à bord des frégates.

(c) Loisirs d'un soldat du régiment des Gardes-Françaises, pag. 123 à 125, année 1767. — L'Artillerie nouvelle, etc., par M***. (DU COUDRAY), pag. 21 et 122.—Lettres d'un officier du Corps royal de l'Artillerie, pag. 40, année 1774. — Nouveaux Principes d'Artillerie, etc., trad. de DUPUY, etc., pag. 574. — Essai général de Tactique, par le comte DE GUIBERT, tom. I, pag. 234 et 496; tom. II, pag. 239. — Instruccion militar para el navio CONQUISTADOR, etc., pag. 31. —Essai sur l'artillerie à cheval, par C. CLÉMENT, pag. 17. — Recherche sur les meilleurs effets à obtenir de l'artillerie, etc., tom. I, pag. 81.—A new and enlarged military dictionary, etc., art. Riflemen. London, 1810.

(d) Les Rêveries, ou Mémoires sur l'Art de la Guerre, de MAURICE, comte de SAXE, pag. 30, 31, 32, 44, 50 et 92. La Haye, 1756.

par feu de peloton, que la grosse artillerie par bordée
générale ; et la raison en est que celle-ci est dirigée habituellement contre un bâtiment, tandis que les autres
ne doivent jamais être dirigés que contre une seule personne. En conséquence ils requièrent un pointage encore
plus exact et plus précis. Il vaudrait donc mieux, au lieu
de faire décharger ensemble tous les fusils de la garde
descendante, les faire tirer coup par coup, et sans en
ôter les balles, contre un but posé sur le gaillard d'avant.

Cette mesure, par ce que je viens de dire jusqu'ici,
concerne seulement le séjour des rades. Quand on est à
la mer, comme tous les fusils, pistolets, espingoles, etc.,
doivent être chargés, il pourrait paraître d'une trop
grande consommation de les tirer tous chaque jour; mais
il serait convenable de le faire au moins une fois par se-
maine. L'amorce de ces mêmes armes, étant composée de
moins de poudre que celles des pièces d'artillerie, et,
par cette raison, absorbant davantage l'humidité, il est
encore plus indispensable de la changer toutes les vingt-
quatre heures. On ramassera soigneusement la poudre
provenant de ce changement, et, après l'avoir fait sécher, on en composera des cartouches destinées à être
promptement consommées. Je recommande en outre de
faire 80 cartouches de fusil avec une livre de poudre, au
lieu d'en faire seulement 36, 40 ou 45, suivant l'usage
actuel (a). Les balles de munition, lancées par des cartouches ainsi réduites, auront encore toute la force nécessaire pour tuer ou blesser des hommes à la distance de
50 toises (b), que nous avons reconnue être la plus grande

(a) Traité de l'artifice de guerre, etc., pag. 17. Grenoble, 1814.
— cic.

(b) Nouveaux Principes d'Artillerie, trad. de Dupuy, pag. 531.—

où il convienne de faire usage des fusils à bord des navires. Les cartouches de pistolet seront réduites à n'être
que la centième partie d'une livre de poudre. Quant aux
espingoles et tromblons ayant une chambre, comme elle
ne contient en général qu'une assez petite charge, on ne
diminuera pas celle d'usage. Dans le cas cependant où
l'on jugerait convenable de le faire, il sera à propos,
pour empêcher qu'il y ait du vide, de mettre dans la
gargousse ordinaire, par-dessus la poudre, une petite
gargousse pleine d'une poussière quelconque, de manière
que le tout remplisse exactement la chambre. J'ai déjà
invité à réduire au quart du poids du boulet les charges
de poudre des canons de gros calibre. Je n'ai pas cité
toutes les expériences et opinions favorables à cette mesure, parce que mon intention est de l'examiner très en
détail dans un ouvrage particulier; mais, avant d'abandonner ce sujet sur lequel je me trouve revenu, je
pense devoir rapporter ici, d'après le récit d'un témoin
oculaire, l'expérience assez récente que voici : «Trois
» cents coups de canon, dont cent au quart, cent au tiers
» et cent à la moitié du poids du boulet, tirés dans des
» pièces de six, sous l'angle de trois degrés, ont donné
» trois portées moyennes égales (a). »

(20) En artillerie, comme dans les autres arts, il n'y
a d'autorité d'un grand poids, que celle résultant d'expériences très multipliées, exécutées avec soin par des
hommes également versés dans la théorie et la pratique.
Le suffrage du célèbre Montécuculli, et celui d'autres

Journal de Physique, de Chimie et d'Histoire naturelle, janvier 1813;
huitième Mémoire sur la poudre à canon, par M. Proust, pag. 349.

(a) Essai sur l'artillerie à cheval, par C. Clément, pag. 41. Pavie,
1808.

auteurs recommandables, ne suffit donc pas pour faire loi,
à l'égard de la méthode d'envelopper les boulets, si elle
n'est appuyée en outre par des expériences de l'espèce
que je désigne ici. Celles qui furent exécutées à Toulon,
en 1762, ne doivent pas précisément être rangées dans
cette classe, du moins relativement aux bons. effets que
l'enveloppe des boulets peut produire, parce qu'on n'es-
saya pas, en même temps et comparativement, de tirer
des boulets sans être enveloppés. Les canons étaient placés sur la partie de la presqu'île de la Grosse-Tour, qui
regarde l'embouchure de la rade, et on les tirait dans la
direction du Cap-Brun. Il paraît qu'il faisait beaucoup
de vent, et que ce vent venait du fond de la rade, ou était
nord-ouest ; car on dit que des observateurs qui se te-
naient sur la côte, entre la Malgue et le Cap-Brun, ne
pouvaient pas faire usage, à cause de vent, d'un pendule à secondes pour compter le temps du trajet de
chaque projectile, tandis qu'un autre pendule, placé
auprès des observateurs de la batterie, se trouvait entièrement abrité (*a*). Il n'y a que le vent de nord-ouest qui
fût susceptible de produire ces effets, comme doivent le
comprendre les personnes qui connaissent les localités.
Les mêmes personnes savent d'ailleurs combien le vent
de nord-ouest est dense et violent dans la rade de Toulon, et il a été reconnu, par des auteurs anciens et modernes, qu'un vent de cette espèce a de l'influence sur
la portée et la déviation des projectiles (*b*). En consé-

(*a*) Recherches sur l'artillerie, etc., tom. I, pag. 86 et suiv.

(*b*) Practica de Artilleria, etc., por DIEGO UFANO VELASCO, etc.,
traité III, chap. XII, ou la traduction, pag. 114. — Recherches sur les
modifications de l'atmosphère, etc., par J.-A. DE LUC, tom. II, pag. 303.
Genève, 1772. — Traité du mouvement des projectiles, etc., pag. 245
et suiv. — Handbuch für officiere, etc., von SCHARNORST, tom. I,

quence, comme il soufflait dans la direction même où étaient projetés les boulets, il a dû favoriser leurs amplitudes, et le faire davantage pour les boulets de 24 que pour ceux de 36 ; car les corps de même forme et pesanteur spécifique ont d'autant plus de surface et présentent d'autant plus de prise au vent, comparativement à leur masse, qu'ils ont de moindres dimensions linéaires. J'ai dit que les portées dans ces épreuves furent très brillantes : en effet elles se sont étendues, l'angle de projection étant de 45 degrés et la charge de poudre égale au tiers du poids des boulets respectifs, jusqu'à 2,500 toises pour ceux de 36, et de 2,475 toises pour ceux de 24. Il faut noter que l'on tirait du rivage sur la mer, ce qui jusqu'à présent a été jugé défavorable à l'étendue du tir, ainsi que je l'ai déjà exposé dans le texte, en citant les auteurs, pour la plupart très anciens, qui sont de cette opinion. Les auteurs modernes ne se sont guère occupés de ce sujet ; mais je puis assurer avoir trouvé cette opinion ou ce préjugé répandu parmi les artilleurs et les marins actuels, et même j'ai fait, pour ma part, des remarques qui m'ont paru confirmatives, durant des combats de navires contre des batteries de côte.

La portée des bouches à feu, lorsque les angles de projection passent deux à trois degrés, et que toutes les circonstances du tir sont réciproquement les mêmes, est toujours d'autant plus étendue que les calibres sont plus considérables : cela est prouvé par toutes les expériences connues. Dans celles de Toulon, la différence entre les amplitudes extrêmes des boulets de 36 et de 24, a été

pag. 98. — Recherches physiques et chimiques sur la fabrication de la poudre à canon, etc., par M. J.-F. Charpentier Cossigny, pag. 265. Paris, 1807. — Traité complet et élémentaire de Physique, etc., par A. Libes, tom. I, pag. 232. Paris, 1813 — etc., etc.

seulement de 25 toises, ce qui est moins qu'on n'aurait
dû s'y attendre. C'est un motif de plus pour penser que
le vent qui régnait pendant le cours de ces expériences
a favorisé davantage la portée des boulets de 24 que celle
des boulets de 36, et d'autant plus que le temps des tra-
jets fut d'ordinaire de 28 secondes seulement pour les
premiers, et de 35 pour les autres. Nous ne devons pas
toutefois négliger de remarquer que la différence du diamètre du projectile et celui de l'âme de la pièce n'est que
d'une ligne et demie dans les pièces en bronze, telles
que celles qui furent employées , au lieu que cette différence est de deux lignes et demie dans les canons de 36
en fer (*a*) ; or, presque toutes les expériences faites relativement au *vent* des bouches à feu, tendent à prouver
que celui des canons de 24 en bronze est plus avantageux
que celui des autres canons qui nous occupent (*b*). Nous
devons remarquer, en dernier lieu, qu'il est reconnu que
le frottement du fer contre le fer est plus grand que celui du fer contre le bronze, et que par conséquent les
boulets éprouvent , toutes choses égales d'ailleurs, moins
de frottement dans les pièces en bronze que dans celles
en fer. Mais, si l'on en juge par les expériences faites sur

(*a*) Recherches sur l'artillerie , tom. I, pag. 70. — Aide-Mémoire, etc.,
tom. II , pag. 510.

(*b*) El perfecto artificial, bombardiero y artillerio, etc., por Don
S.-F. DE MEDRANO, pag. 175. Amberes , 1723. — Esame della polvere,
§ 186, ou la trad. par le vicomte DE FLAVIGNY, pag. 228, — L'Artillerie
nouvelle, etc., par M*** (DU COUDRAY), pag. 22 et 23. Amsterdam,
1772. — Collection de Mémoires authentiques, etc., pag. 18 et 23. Alethopolis, 1774. — Tratado de artilleria, por Don TOMAS DE MORLA ,
tom. II, pag. 480. — Traité du mouvement des projectiles, pag. 158 et
suiv. — Recherches sur l'Artillerie, etc., pag. 76. — Nouvelles Expériences d'artillerie, etc., pag. 173. — Tracts on mathematical and philosophical subjects, etc., tom. III, pag. 65. — Handbuch für officiere,
von SCHARNORST, tom. II, tables 6, 7 et 12. — etc., etc.

le bourrage et le refoulage des armes à feu , cette dernière circonstance doit plutôt nuire qu'être favorable
à la portée des canons en fer, et produire le contraire à
l'égard des canons en bronze. Au total on voit qu'en examinant en détail les expériences de Toulon , elles ne
prouvent rien de bien positif touchant la méthode d'envelopper les boulets. Il n'était pas inutile cependant de
les rapporter puisque, si elles ne sont pas évidemment
en faveur de cette méthode , du moins elles n'offrent
rien qui lui soit contraire.

Un major de l'artillerie anglaise , nommé Blomfield,
collaborateur habituel de Hutton dans ses recherches , a
aussi tenté de reconnaître quels pouvaient être les effets
de cette méthode. Il a tiré , contre le pendule balistique ,
des boulets de fer pesant un peu moins d'une livre *avoirdupois*, qui furent enveloppés avec du cuir , de manière à boucher entièrement le vent; mais ce procédé n'a
paru occasioner aucune différence dans les vitesses initiales (*a*). Ce résultat , totalement neutre , est celui auquel on doit toujours s'attendre lorsqu'on emploiera des
armes ayant une certaine longueur ; la poudre agit avec
tant de violence , qu'elle sépare nécessairement le boulet
de son enveloppe dès le premier instant de l'explosion ,
de sorte que le fluide élastique , tandis que le projectile
parcourt la longueur de l'arme , agit à sa manière accoutumée et comme si le projectile n'avait eu aucune enveloppe. L'effet de cette dernière ne pourrait guère être
sensible que si les armes étaient extrêmement courtes.
Il est essentiel alors d'augmenter, autant que possible, la
commotion primitive , et que l'explosion , rencontrant

(*a*) Tracts on mathematical and physical subjects, etc., tom. III,
pag. 22.

des obstacles, soit la plus complète possible, avant que le projectile se trouve déplacé; car celui-ci étant soudain hors d'une arme dont la longueur est fort petite, les nouveaux gaz qui peuvent être engendrés après sa sortie ne sauraient lui communiquer de nouveaux degrés de vitesse : de là vient que les mortiers gagnent à avoir une chambre sphérique, ou *à poire*, ou *à cône tronqué renversé* (a), ce qui n'est d'aucun avantage pour les canons, ni probablement même pour les obusiers dès que leur âme a 7 ou 8 calibres de longueur (b); de là vient aussi que les poudres très sèches. et s'enflammant très vivement, conviennent aux mortiers de toute espèce, aux obusiers très courts, aux pistolets, etc. (c); tandis que, dans les armes plus longues, surtout lorsqu'elles sont de gros calibres, les poudres légèrement humides et lentes à s'enflammer produisent quelquefois de meilleurs effets que les premières (d); car si la commotion

(a) L'Artillerie raisonnée, etc., par LE BLOND, pag. 182. Paris, 1776. — Mémoires d'Artillerie, de SAINT-REMI, tom. I, pag. 114, 3e édit. — Le Bombardier français, par BÉLIDOR, pag. xxv et suiv. — Théorie nouvelle sur le mécanisme de l'artillerie, par DULACQ, § 47 et 59. — Tractado de artilheria, etc., tom. I, pag. 23, 136, 141 et 142. Lisboa, 1792. — Traité du mouvement des projectiles, etc., pag. 249 et suiv. — The bombardier and pocket gunner, pag. 97, 7e édit. — Allgemeines worterbuch der artillerie, etc., von HOYER, tom. I, *au mot* Kammern. — etc., etc.

(b) Mémoires d'artillerie, de SAINT-REMI, tom. I, pag. 78, 3e édit. — Histoire de la Milice française, etc., tom. I, pag. 452. Paris, 1721. — Dell' uso delle armi da fuoco, ou la trad. par M. DE SAINT-AUBAN, § 63. — Handbuch für officiere, etc., von SCHARNORST, tom. II, pag. 45 et suiv. des tables. — etc.

(c) Histoire de l'Académie royale des Sciences de Paris, année 1767, pag. 5. — Handbuch für officiere, etc., tom. I, tables 10 et 11. — Traité de l'Art de fabriquer la poudre à canon, etc., par MM. BOTTÉE et RIFFAULT, pag. 337, 354 et suiv. Paris, 1811. — etc.

(d) Journal de Physique, de Chimie et d'Histoire naturelle, mai 1812;

primitive est alors moins violente, l'impulsion successive produit plus d'effet ; de là vient aussi qu'avec les coulevrines fabriquées autrefois, on employait avec succès du simple pulverin, dont l'inflammation et l'explosion semblent trop lentes pour les canons d'une longueur moyenne (*a*), etc., etc.

Revenons à la méthode d'envelopper les boulets. Le major BLOMFIELD n'a pas observé qu'elle augmentât les vitesses initiales. Il n'est point dit, et je ne pense pas que, lorsqu'il employait des valets, il eût égard à leur choc contre le plateau du pendule, lequel choc, tout difficile qu'il était à calculer, aurait dû s'ajouter à celui du boulet. En supposant que cette omission essentielle ait eu lieu, les boulets enveloppés de cuir ayant autant fait reculer le pendule que lorsqu'on employait des valets, leur vitesse était réellement plus grande. Mais, pour ne rien supposer qui soit en faveur de la méthode que je recommande, admettons, avec le major BLOMFIELD, que la vitesse des boulets enveloppés de cuir fût précisément la même que celle des boulets placés entre deux valets, ou recouverts d'un seul valet. Nous ne devons pas en conclure que les portées auraient eu précisément la même étendue. En effet, l'usage n'est pas de mesurer les portées sans avoir égard à leur direction ; on les rapporte toujours au prolongement de l'axe des pièces. Nous

7e Mémoire de PROUST sur la poudre à canon, pag. 338. — *Idem*, janvier 1813, 8e Mémoire *id.*, pag. 350. — Essai sur l'artillerie à cheval, par C. CLÉMENT, pag. 42. Pavie, 1808. — Handbuch für officiere, etc., tom. II, tables 4, 5, 6 et 7. — etc.

(*a*) Opere del famosissimo NICOLO TARTAGLIA, Quesiti, lib. III, quest. 9 et suiv. —The art of shooting in great ordonnance, etc., chap. I. London, 1588. — Histoire de l'Académie royale des Sciences de Paris, année 1767, pag. 5. — Aide-Mémoire, etc., tom. II, pag. 654 et suiv., 4e édit. — etc.

nous sommes déjà convaincus, d'une autre part, que les valets ou bouchons, placés en avant d'un projectile, doivent altérer sa direction à l'instant où il les détourne pour passer devant eux. Cet accident n'a lieu, comme le prouvent les expériences de HUTTON, qu'à une certaine distance de la bouche des pièces (a), et lorsque le fluide élastique ne saurait plus agir sensiblement sur eux. En conséquence, outre que le projectile acquiert de la déviation par ce choc ou froissement, il perd nécessairement une quantité quelconque de son mouvement, et par suite de sa portée, dans quelque sens qu'on la mesure. Si les épreuves exécutées à cet égard ne sont pas très décisives, c'est qu'elles n'ont pas été faites avec assez de soin ni en assez grand nombre. Du reste, il est certain que jamais leurs résultats n'ont autorisé à croire que l'emploi des valets ou bouchons d'aucune espèce fût favorable à la vitesse, la portée et la direction des projectiles; mais, regardât-on, sous ces trois rapports, la suppression des valets ou bouchons comme ne pouvant produire un effet sensible, elle sera toujours avantageuse, puisqu'elle dégagera les navires de l'encombrement causé par les valets, épargnera les cordages employés à leur confection, rendra le service des pièces plus prompt et plus facile, leur recul moins considérable, et tous les accidens de rupture beaucoup moins fréquens.

La dernière objection que je pense devoir prévenir contre la suppression des valets et la méthode d'envelopper les projectiles, c'est que toute enveloppe pourra être cause qu'ils s'arrêtent parfois dans l'âme des pièces avant de parvenir jusque sur la gargousse. Pour détruire cette

______

(a) Tracts on mathematical and philosophical subjects, etc., tom. III, pag. 8.

objection, il suffit de faire observer que nos canons en fer ont, pour la plupart, deux fois plus de vent au moins que nos canons de campagne, sur le boulet desquels passent d'ailleurs les deux bandelettes de fer-blanc qui le retiennent au sabot. Il est vrai que le fer se couvre d'un oxide plus épais et plus tenace que le bronze; mais cet oxide s'engendre en partie aux dépens du fer, fait corps avec sa surface, et ensuite, étant enlevé par le frottement des gargousses, des projectiles, des valets, des écouvillons et refouloirs, l'âme des pièces finit, au lieu de se rétrécir, par s'élargir considérablement. Le chevalier d'Arcy rapporte que, durant les premières guerres du règne de Louis xv, des canons de fer de 18 s'évasèrent au point qu'on fut obligé de les charger avec des boulets de 24 (a). On pourrait facilement, à terre ou à bord, empêcher l'artillerie en fer de se rouiller d'une manière nuisible, en ayant des *tapes* ou tampons qui fermassent hermétiquement la bouche des pièces, et joignant à cette précaution celle de nettoyer quelquefois l'âme, et de la tenir habituellement enduite d'huile ou de quelque autre corps gras. La lumière doit pareillement être bien bouchée, lorsque les pièces ne sont pas chargées, ou bien lorsqu'elles n'ont pas besoin d'être amorcées. Cette dernière précaution est en général assez exactement observée à bord des navires. Dans les fonderies, les parcs et les arsenaux, on a seulement le soin de coucher les bouches à feu sur leurs chantiers, de manière que les lumières soient directement tournées vers le sol. J'engage en conséquence les capitaines des bâtimens de guerre à ne jamais recevoir de bouches à feu, sans avoir obtenu qu'on en vérifie les dimensions

---

(a) Essai d'une Théorie d'Artillerie, pag. 90. Paris, 1760.

devant eux; et, s'ils ne peuvent pas l'obtenir, il faut qu'*ils* les vérifient eux-mêmes. Ils trouveront des renseignemens sur ce sujet dans une foule de traités; mais les plus exacts sont contenus dans l'*Aide-Mémoire* (*a*) et dans les *Recherches sur les meilleurs effets à obtenir de l'artillerie* (*b*). Ayant indiqué ces ouvrages, je ne prendrai pas la peine de démontrer très au long qu'il peut rarement arriver, lors même que les pièces sortent des fonderies, et que l'âme est la plus étroite possible, qu'il s'y trouve des rétrécissemens ou des protubérances s'élevant à une demi-ligne. Les *tolérances* n'accordent que trois points en plus aux diamètres intérieurs, et les *étoiles mobiles* peuvent difficilement induire en erreur d'une quantité de trois autres points.

Enfin, pour achever de prévenir les inconvéniens provenant de la rouille, on nettoiera et l'on enduira de graisse les projectiles, de même que l'âme des bouches à feu. Si cette méthode influe sur le jet des mobiles, elle ne pourra probablement qu'augmenter leur portée et diminuer leur déviation, parce que la cohérence ou viscosité de l'air et des fluides en général, qui est beaucoup plus puissante qu'on ne le suppose ordinairement (*c*), sera moins sensible sur des surfaces graissées et polies,

(*a*) Tom. II, pag. 708 et suiv., 4ᵉ édit.

(*b*) Tom. II, pag. 224 et suiv.

(*c*) Vassalli Eandi Physicæ experimentalis lineamenta ad Subalpinos, de aere, § 5. — Essai de Physique, par van Muschenbroek, trad. par P. Massuet, tom. I, pag. 344 et suiv. — Histoire de l'Académie royale des Sciences de Paris, année 1731, pag. 1. — Mémoires de *id.*, pag. 50. — Recherches sur les modifications de l'atmosphère, etc., par J.-A. de Luc, tom. I, pag. 188. Genève, 1772. — Traité élémentaire de Physique, par R.-J. Haüy, tom. I, pag. 239 et suiv., 2ᵉ édit. — Tracts on mathematical and philosophical subjects, etc., tom. III, pag. 86. — etc.

que sur des surfaces oxidées et rugueuses. Une expérience de Coulomb semble, je l'avoue, démentir cette opinion. Un cercle de fer-blanc qu'il fit osciller dans l'eau, enduit et non enduit de suif, s'écarta de la verticale précisément de la même quantité; et, lorsqu'il fit adhérer à la surface de ce cercle du grès en poussière, il ne trouva qu'une augmentation à peine sensible dans la résistance de l'eau (a). La première remarque à faire touchant cette expérience, c'est que le fer-blanc, ayant une surface très unie, très peu poreuse, et avec laquelle l'eau ne saurait avoir beaucoup de cohésion, l'augmentation de vitesse, causée par l'enduit de suif dans les oscillations, ne devait d'aucune sorte être fort sensible; outre qu'on ne pouvait pas recouvrir du fer-blanc avec du suif sans en augmenter l'épaisseur, et sans augmenter aussi la résistance de l'eau, malgré qu'on eût la précaution d'essuyer légèrement le fer-blanc après l'avoir *suifé*. En second lieu, on sait que la résistance des fluides n'a jamais d'effets fort remarquables que dans les mouvemens très vifs; or, la petite diminution notée dans les oscillations, par l'addition du grès réduit en poussière, a été telle qu'on pouvait l'obtenir dans le cas d'un mouvement aussi modéré que celui dont il s'agit. On ne saurait trop répéter au reste qu'en Physique il n'est permis de conclure du petit au grand qu'avec une extrême réserve. Je citerai, comme une nouvelle preuve de cette vérité, les faits suivans, qui se répètent à chaque instant dans les marines de toutes les nations.

1°. Lorsqu'un grand navire, ou plutôt encore une petite embarcation, a sa carène couverte de saletés ou

____

(a) Mémoires de l'Institut, tom. III, pag. 246 et suiv. — Traité complet et élémentaire de Physique, etc., par A. Libes, pag. 229. Paris, 1813.

d'herbages, quel que soit leur peu d'épaisseur et de consistance, la vitesse du sillage est moindre que lorsque la carène est parfaitement nette.

2°. La facilité à diviser l'eau est plus grande, lorsqu'un bâtiment, au lieu de n'être revêtu que de *bordages* ou de planches, est doublé avec des feuilles de cuivre.

3°. Une couche de suif, tant qu'elle n'est point endommagée, est plus favorable à la marche que le doublage en cuivre.

4°. Un canot que l'on *hisse* chaque jour à bord, et auquel on donne le temps de se sécher marche mieux que si on le laisse toujours à la mer.

Dira-t-on que, dans ce dernier cas, le bois se dégonfle et devient moins lourd? Cela est incontestable. Mais une personne de plus dans le canot augmenterait davantage son poids et le volume de sa carène, qu'un long séjour à la mer, et cependant il n'en résulte pas la même diminution de sillage. Des expériences exécutées en Angleterre en 1796 et 1798 prouvent d'ailleurs positivement que la partie de la résistance de l'eau, provenant du frottement, augmente à l'égard du bois, même lorsque sa surface est très unie et peinte à l'huile, à mesure qu'il séjourne dans ce fluide et qu'il en est fortement imprégné (*a*).

Je n'ai cité au surplus l'expérience de Coulomb sur la résistance de l'eau, ainsi que les faits et les expériences qui la contredisent, que parce que l'usage est de parler en général de la résistance des fluides, sans distinction de leur nature ; je pense toutefois qu'il en est d'eux comme des corps solides, qui affectent dans leur résis-

(*a*) The naval chronicle, tom. VIII, n° 45, pag. 136 et 137.

tance des lois toutes particulières, qu'on ne doit nullement assimiler les unes aux autres.

Abordant la question d'une manière plus directe,
j'aurais pu citer sur-le-champ l'expérience suivante, qui
prouve combien le poli ou la *rugosité* de la surface des
mobiles, diminue ou augmente la résistance de l'air.
Dans un petit mortier à la *Coëhorn*, pointé constamment
à 45 degrés, des boules formées de papier, dont le diamètre était de 4 pouces et le poids de $6\frac{1}{2}$ onces, furent
tirées avec une once de poudre, et eurent une portée
moyenne de 403 pieds; ensuite on les enduisit avec du
blanc d'Espagne, ce qui leur fit peser une once de plus,
et leur portée moyenne, toutes choses égales d'ailleurs,
fut seulement de 325 pieds (*a*). A tort on penserait que
l'augmentation d'une once dans le poids, et d'une quantité quelconque dans le diamètre, ait causé cette diminution de portée; car des grenades du poids de 8 livres
$5\frac{1}{2}$ onces et du diamètre de 4,44 pouces, tirées avec le
même mortier et des charges égales, ont fourni une
portée moyenne de 426 pieds. Examinons maintenant si
la méthode de nettoyer et de graisser les projectiles, qui
ne peut que favoriser l'étendue et la justesse du tir, peut
également favoriser les enfoncemens dans les corps
solides.

Tout le monde a remarqué maintes fois qu'un instrument quelconque, bien net et enduit de graisse, entre
mieux dans le bois que lorsqu'il est sale et rugueux. Cela
autorise presque à penser que, si l'on adopte la méthode
que je propose, les projectiles pénétreront plus avant
dans la muraille des vaisseaux. Mais, pour ne pas dé-

_____

(*a*) Tracts on mathematical and philosophical subjects, etc., tom. III,
pag. 86.

duire ce phénomène d'un autre, toutes les circonstances du mouvement et de la forme des corps percutans n'étant pas semblables, bornons-nous à conclure que, s'il résulte quelque effet du nettoiement et graissage de projectiles, à l'égard de leurs enfoncemens dans le bois, cet effet ne pourra être qu'en plus, et jamais en moins.

Avant de revêtir les projectiles d'une enveloppe, il sera donc avantageux, sous plusieurs rapports, de les nettoyer et de les graisser légèrement. On aura la même précaution à l'égard de ceux qui sont destinés à servir sans enveloppe ; et, pour conserver les uns et les autres, dans des endroits exempts d'une humidité aussi grande que celle qui règne dant les *puits à boulets,* on construira tout-à-fait dans les *ailes* de la cale , où les barriques ne peuvent pas se loger, des espèces de caissons faciles à démonter. Cette idée appartient à M. Boucher , ingénieur de la marine, ou du moins c'est lui à qui j'en ai entendu parler pour la première fois. Je crois me rappeler que le but principal qu'il se proposait, était de répartir les poids plus également qu'ils ne le sont, en laissant subsister le puits à boulets. Les marins et les ingénieurs savent d'ailleurs combien l'usage, en arrimant, est d'étendre le *lest* sur les ailes, afin d'obtenir des roulis d'une vivacité modérée. Le procédé ci-dessus fournit le même résultat. Je sais qu'on peut dire que si, après un ou plusieurs combats, l'approvisionnement des projectiles se trouve épuisé, les ailes sont trop légères, et que des roulis violens s'ensuivront. Bouguer, don Jorge Juan, Chapman, Vial du Clairbois, Francisco Ciscar , etc., ont traité cette question plus ou moins directement. On reconnaît, en lisant leurs ouvrages, qu'elle offre des cas très compliqués , sur lesquels ces auteurs ne sont pas d'accord, et que la théorie à cet égard n'est encore qu'une simple spéculatiou. Mais un fait pratique très connu des marins, c'est que d'ordinaire un navire a moins de tendance à revenir dans la situation verticale, lorsqu'il s'allège modérément, et, par conséquent, a moins besoin que ses ailes soient chargées, afin d'augmenter l'étendue des roulis et de diminuer leur vivacité. Du reste, la pratique, de même que la théorie, présente bien des anomalies à cet égard, et parfois un navire roulera plus rudement après qu'avant la consommation des projectiles placés dans les ailes de la cale. Mais alors on ne doit pas avoir à souffrir long-temps de cet inconvénient, puisqu'il est nécessaire de chercher à gagner le plus tôt possible un port, où l'on puisse se pourvoir de nouvelles munitions ; et, en dernier lieu, si la vivacité des roulis était trop forte pour s'exposer à la supporter quelques jours, il ne serait pas bien difficile de faire des changemens dans l'arrimage, capables d'y remédier en tout ou en partie.

Les projectiles, nettoyés et graissés seulement, sans avoir d'enveloppe, pourraient être mis sans aucune autre précaution dans les caissons volans de la cale ; mais ceux qui sont enveloppés auraient besoin d'être logés sur des lits d'étoupe, afin que leur enveloppe s'usât moins facilement. Quant à ceux de l'une et de l'autre espèce que l'on tiendrait sur le pont et dans les batteries, pour les avoir prêts à servir à l'instant du combat, il conviendrait, au lieu de les placer dans les parcs habituels, où ils seraient mouillés chaque fois qu'on laverait le navire, de les renfermer dans des coffres semblables à ceux dits *à mitraille*. Ces coffres seraient couverts d'un cuir ou d'une double toile, goudronnée entre deux, et peinte extérieurement. Sous ces coffres il y aurait de forts taquets ou linteaux, assez élevés et échancrés pour laisser passer telle quantité d'eau que les ponts sont susceptibles de recevoir. On ne jetterait jamais des seillots pleins d'eau de mer sur ces coffres. On les nettoierait avec une brosse, un faubert ou une éponge imbibée, d'abord d'eau de mer, et ensuite d'eau douce lorsqu'on n'en serait pas à court. L'eau de mer, en séchant, dépose du sel et ternit la peinture. Le soin d'achever le nettoyage avec de l'eau douce doit s'étendre à toutes les parties du bâtiment qui sont peintes, et même à toutes les autres quand on est dans les rades. Les officiers ayant quelque idée de la tenue des vaisseaux seront déjà persuadés que ces soins, tout minutieux qu'ils paraissent à d'autres, sont d'une importance très réelle. Ils contribuent à la salubrité de l'air, ils habituent nos subalternes à l'ordre et au travail, et ils donnent au bord un coup d'œil agréable auquel l'équipage finit par être sensible, et duquel il conçoit une sorte d'orgueil très utile au bien du service. Nous n'avons que trop éprouvé, dans nos dernières guerres maritimes, combien il y a peu à compter sur des matelots abrutis par l'oisiveté, le désordre et la malpropreté. Je suis loin, au reste, de regarder la tenue, considérée isolément, comme le principal avantage à rechercher : tout ce qui peut rendre les marins plus habiles et plus intelligens dans les manœuvres ou dans le combat doit passer avant elle ; mais je l'envisage comme un accessoire qui contribue à la perfection de la bonne instruction et de la bonne discipline.

Quelque précaution qu'on prenne pour éviter certains accidens, il n'est pas impossible de les voir arriver : c'est une maxime qui a été d'autant plus vraie jusqu'à ce jour, que tout ce qu'on a regardé dans le service comme de grandes précautions est non-seulement insuffisant en principe, mais, de plus, est grossièrement exécuté par les subalternes, en raison du manque de surveillance ou de capacité des chefs. J'admets donc qu'en suivant la méthode d'envelopper les projectiles, il puisse de temps à autre s'en arrêter quelqu'un dans l'âme des pièces, avant de parvenir jusque sur la gargousse. La cuillère ou lanterne suffira presque toujours, et en l'employant à la manière accoutumée, pour retirer de la pièce le projectile qui se trouvera engagé; on pourrait d'ailleurs avoir une lanterne en fer de chaque calibre, que l'on garderait modérément rougie pendant les combats, au moyen d'un fourneau allumé dans la cale. Cette proposition d'allumer un fourneau dans la cale va sans doute révolter bien des gens, et je conviens qu'en ne changeant rien à la façon ordinaire d'arrimer, cela ne pourrait avoir lieu sans danger de causer un incendie; mais j'ai déjà dit qu'il est facile de se procurer un second entre-pont, pris sur la cale, et, lorsqu'on le fait, il n'y a pas plus de danger d'y allumer du feu que dans le premier entre-pont, dans l'entre-pont actuel, où très souvent les fours à pain se trouvent placés. Une lanterne de fer, étant rougie, brûlerait plus ou moins promptement l'enveloppe du projectile, et, à mesure qu'elle le ferait, elle s'insinuerait plus facilement entre lui et les parois de l'arme; il faudrait qu'il y eût une marque sur la hampe, faisant connaître jusqu'où l'on pourrait enfoncer l'instrument, sans avoir à craindre de mettre le fer rouge en contact avec la gargousse. Il est à noter qu'il ne serait nécessaire de chercher à retirer le projectile qu'autant qu'il serait fort éloigné de la gargousse; car, lorsque le vide ne serait que de 3 à 4 pouces, il n'y aurait presque aucun danger à faire partir le coup (*a*) :

(*a*) Nouveaux Principes d'Artillerie, trad. de DUPUY, pag. 228. — *Id.*, trad. de LOMBARD, pag. 251.

cependant on pourrait, pour plus de précaution, toutes les fois qu'un projectile ne serait point parvenu à sa véritale place, employer le procédé suivant :

On aurait une seringue contenant au moins une pinte d'eau, dont la canule, du même diamètre à peu près que la lumière [qui est fixé à $2\frac{1}{2}$ lignes pour toutes les pièces d'artillerie (a)] serait en fer-blanc ou en cuivre laminé. Des marques sur cette canule indiqueraient l'instant où son extrémité serait parvenue jusqu'au quart des charges; alors on ferait agir le piston, et l'eau, qui serait empêchée de descendre sur-le-champ en ligne droite par les grains de poudre obstruant l'orifice de la canule, s'écarterait nécessairement en tous sens, et humecterait une certaine partie de la charge. On pourrait ensuite donner feu à celle-ci, sans avoir à redouter une explosion très violente. Je dois prévenir néanmoins qu'une expérience, faite par le colonel DÉSAGULIERS, semble contredire cette assertion si naturelle : il plaça une très petite carafe pleine d'eau dans la charge d'un petit mortier; la portée en fut considérablement augmentée, selon ce qui est rapporté par MULLER (b), et transcrit par le général GASSENDI (c). La raison à donner de ce phénomène est que la carafe produisit le même effet que le sable, la terre et le papier, ou toute autre matière avec laquelle on achève de remplir la chambre d'un mortier, ce qui augmente toujours les portées (d), et même plus que

(a) Traité de l'artifice de guerre, etc., pag. 60. Grenoble, 1814. — etc.

(b) Tractado de Artilheria, etc., tom. I, pag. 23.

c) Aide-Mémoire, tom. II, pag. 646, 4e édit.

(d) Traité des feux d'artifice pour les spectacles, par F*** (FRÉZIER), pag. 261. Paris, 1747. — Tractado de artilheria, etc., tom. I, pag. 22 et 142; tom. II, pag. 35 et 36. — Le mouvement igné, considéré principa-

si l'on augmentait la charge de poudre, sans le faire au point de remplir la chambre totalement. Ce dernier fait est évidemment prouvé par des expériences exécutées en 1799, dans les environs de Hanovre : trois onces de poudre placées dans un petit mortier et recouvertes, tantôt avec de la terre, tantôt avec du sable, ce qui achevait de remplir la chambre, ont lancé le projectile jusqu'à 388 et à 400 pieds, termes moyens, pris chacun sur trois coups : tandis que 4 onces de la même poudre, dans le même mortier, n'ont fourni qu'une portée de 191 pieds, terme moyen sur quatre coups. Une autre espèce de poudre, essayée de la même manière, a donné des résultats à peu près aussi avantageux pour l'addition de la terre ou du sable, combinée avec la diminution d'une once de poudre ou du quart de la charge de 4 onces, qui était censée devoir remplir exactement la chambre du mortier (a). Mais, pour revenir à l'expérience du colonel Désaguliers, que je cite uniquement afin de prévenir toute espèce d'objection, elle est peu comparable au cas où une grande partie de la charge serait mouillée avant l'application du feu. En effet, l'inflammation de la poudre est si rapide, comparativement à l'épanchement de l'eau et même à la rupture d'un vase quelconque, que, dans cette expérience du

lement dans la charge d'une pièce d'artillerie, etc., par L.-C.-D.-G. (Peyre), pag. 178. — Allgemeines vorterbuch der artillerie, etc., von Hoyer, *au mot* Kammern. — Traité de l'Art de fabriquer la poudre à canon, etc., par MM. Bottée et Riffault, pag. 303 et 339. Paris, 1811. — Journal de Physique, de Chimie et d'Histoire naturelle, mai 1812, 7ᵉ Mémoire sur la poudre à canon, par Proust, pag. 384 et suiv. — Journal *id.*, janvier 1813, 8ᵉ Mémoire *id.*, pag. 338 et 349. — Divers Procès-verbaux manuscrits d'épreuves des poudres, dans les établissemens du Gouvernement français. — etc., etc.

(a) Handbuch für officiere, tom. I, pag. 53 et suiv. des tables.

colonel Désaguliers, il n'y a dû avoir qu'une très petite quantité de grains de poudre mouillés avant que
l'inflammation les atteignît : sous ce rapport, par conséquent, l'explosion ne pouvait pas perdre beaucoup, et
elle devait gagner en raison de ce que la chambre se trouvait plus exactement remplie. Mais quand on s'est servi,
dans les mortiers d'épreuve et dans les fusils, de poudres
ayant seulement contracté de l'humidité à l'air, ou auxquelles on n'avait pas enlevé suffisamment l'eau du bat-
tage, on a toujours trouvé que la force des coups était
moindre (a). Par exemple, MM. Bottée et Riffault
ont essayé de mouiller avec de l'eau, de l'alcool et de
l'éther, la poudre des charges du mortier d'épreuve jusqu'à la moitié et aux deux tiers de l'espace qu'elle occupe
dans la chambre (sans doute du côté opposé à la lumière);
le globe a été constamment poussé moins loin que lorsque la poudre se trouvait dans son état de siccité habituelle (b). Je sais qu'on peut penser que, si la chaleur
n'est pas assez élevée dans la combustion de la faible
charge des mortiers d'épreuve et des fusils, pour réduire en vapeur les liquides dont on imbibe la poudre,
il ne s'ensuit pas que la même chose doive avoir lieu
dans la combustion des charges copieuses des pièces d'artillerie de grand calibre. D'après cette idée probablement, « M. le Maitre a fait quelques essais à La Fère,
» avec une pièce de 6, en remplaçant le noyau, ou

(a) Nouveaux Principes d'Artillerie, etc., trad. de Lombard, pag. 176
et suiv. — *Id.*, trad. de Dupuy, pag. 208 et suiv. — Esame della polvere, § 167, ou la trad. par le vicomte de Flavigny, pag. 197. —
Essai d'une théorie d'artillerie, etc., par le chevalier d'Arcy, pag. 71
et 72. Paris, 1760. — Handbuch für officiere, etc., von Scharnorst,
tom. I, tables 10 et 11. — etc.

(b) Traité de l'Art de fabriquer la poudre à canon, etc., pag. 302.

» centre des charges, par un corps solide, par un vide,
» ou par une ampoule remplie d'un liquide quelconque,
» et il a obtenu des résultats intéressans, qui méritent,
» suivant lui, de piquer l'attention (a). » Voilà tous les
détails qui ont été publiés sur cette expérience, lesquels
ne prouvent pas, comme on le voit, que les portées
aient été plus étendues que de coutume. Je ne crois pas
courir le risque de me tromper, en avançant qu'elles ont
dû être à peu près les mêmes, et que si l'on a cru y trouver de la différence, il faut l'attribuer aux anomalies ordinaires des coups tirés par une même arme à feu dans
des circonstances toutes pareilles. En effet, un corps solide ou un vide, disposé au milieu de la charge d'un canon a pu empêcher l'inflammation d'être aussi prompte
que sans cette addition; mais j'ai déjà observé plusieurs
fois que cela est de peu d'importance, à l'égard d'une
pièce d'un certain calibre, et surtout d'une certaine longueur, parce que, lorsque la commotion primitive a
moins d'intensité, la déflagration successive des dernières parties de la charge contribue davantage à pousser le projectile, et lui communique plus sensiblement
de nouveaux degrés de vitesse, jusqu'à ce qu'il soit hors
de la pièce. Quant à l'eau renfermée dans une ampoule,
et placée au centre de la charge d'une arme, j'ai dit
aussi déjà qu'il ne doit y avoir qu'une très petite partie
des grains de poudre humectés avant qu'ils se trouvent
atteints par l'inflammation : c'est précisément d'ailleurs
ce qu'on suppose, et en même temps ce qui a fait croire
qu'un liquide quelconque, se trouvant tout à coup au
milieu d'une flamme abondante et condensée, doit subitement se vaporiser et augmenter l'explosion. Mon opi-

____

(a) Traité de l'Art de fabriquer la poudre à canon, etc., pag. 303.

nion sur ce phénomène (que j'émets à défaut de pouvoir citer des expériences faites avec soin, et à laquelle je ne tiens que provisoirement), c'est que la vaporisation de l'eau ne s'effectue, même dans une arme des plus longues, que lorsque le projectile a dépassé ou va dépasser la tranche de la bouche, et qu'en outre il faut que l'inflammation et la combustion soient d'une intensité prodigieuse pour n'être pas diminuées, au lieu d'être accrues, par la présence d'un liquide quelconque; et, au total, que la vitesse du projectile doit plutôt perdre que gagner à l'addition parmi la charge d'une ampoule remplie d'eau, et d'autant plus que la quantité d'eau est grande et la quantité de poudre petite.

Revenons du reste au sujet qui a amené ces dernières réflexions, c'est-à-dire à la proposition que j'ai faite de mouiller en grande partie et abondamment la charge d'un canon, afin d'obtenir une très faible explosion, capable seulement de chasser un projectile arrêté au milieu de l'âme, sans pouvoir causer la rupture de la pièce. Il a été reconnu par une foule d'auteurs anciens et modernes que la poudre, employée en quelque dose et de quelque manière que ce soit, perd considérablement de sa force par un excès d'humidité (*a*). Les marins en ont une

(*a*) Pirotechnia, etc., per Vanoccio Biringuccio, lib. X, cap. 11. Venezia, 1540, ou la trad. par J. Vincent, pag. 217 et suiv. Rouen, 1627. — Artis magnæ artilleriæ, auctore Casimiro Siemienowicz, equite lithuano, part. I, lib. 11, cap. 18 et 19, ou la trad. par P. Noizet, pag. 105 et suiv. Amsterdam, 1651.—Mémoires de l'Académie royale des Sciences de Paris, année 1716, pag. 83. — Histoire de *id.*, année 1726, pag. 10. — Mémoires d'Artillerie, de Saint-Remi, tom. II, pag. 63, 319 et 331, 3ᵉ édit. — A supplement to the pratical sea-gunner's companion, etc., by R. Waddington, pag. 97. London, 1781. — Réflexions militaires et politiques du marquis de Santa-Cruz, tom. V, pag. 257. — Tables du tir, etc., par Lombard, pag. 30. — Tratado de

preuve directe sous les yeux, quand on parfume leur navire avec un *moine,* qui n'est autre chose qu'un petit tas de poudre imbibée d'eau ou de vinaigre. La poudre, dans cet état, s'enflamme difficilement, fuse au lieu de détonner, et elle est sujette à s'éteindre avant l'entière combustion des matières. Je crois finalement me rappeler qu'on a plusieurs fois, dans les écoles d'artillerie, chargé des mortiers et des canons de grand calibre avec de la poudre qu'à dessein on avait mouillée d'avance; mais que les portées, loin d'être plus considérables, ont toujours été beaucoup moins étendues.

(21) J'engage les officiers de la marine, qui ont actuellement des commandemens, ou qui ont quelque autorité sur les bâtimens où ils se trouvent embarqués, d'éprouver si un boulet enveloppé d'une étoffe de laine, qu'on choisira plus ou moins épaisse, selon le calibre et le vent des pièces, suffirait pour contenir quelques instans un ou deux autres boulets placés derrière lui, tandis qu'on élèverait et qu'on abaisserait avec vivacité la culasse de l'arme, autant qu'elle est susceptible de l'être; ce qui procurerait certainement un mouvement plus rapide et plus incliné à l'égard de l'horizon, que ne saurait le faire le roulis dans les circonstances ordinaires. En général, je saurai gré à ceux de mes camarades qui chercheront à éprouver quelques-unes des idées que j'ai présentées dans cet ouvrage, et qui joindront ainsi le fruit de leur expérience aux soins assidus que je prends, depuis plusieurs années, à découvrir ce qui

artilleria, etc., por Don Tomas de Morla, tom. I, pag. 59; tom. II, pag. 389. — The sea-gunner's vade-mecum, etc., pag. 176 et 200 — etc., etc.

peut un jour nous procurer des succès. J'ai dit, dans la note 18, que je ne pense pas qu'un valet, placé entre la poudre et le projectile, puisse jamais rester entier dans la pièce après l'explosion, mais que plusieurs fois j'en ai vu retirer des débris : c'est un fait qu'il est intéressant de constater rigoureusement, de même que s'il est possible qu'un boulet, et surtout les balles de mitraille, passent par-dessus des débris du second valet, et les laissent dans la pièce. Ce seraient de nouveaux motifs de ne pas employer un valet entre la poudre et les projectiles, et pour que celui placé sur le tout fût d'une matière à ne pas conserver le feu.

Quant aux bouchons de fourrage retrouvés à leur première situation après l'explosion, j'ai acquis de nouveaux renseignemens à leur égard, immédiatement après que la note 18e a été imprimée. J'ai su d'un général d'artillerie, qui commandait en 1804 le 7e régiment d'artillerie à pied, qu'il avait éprouvé, à Strasbourg, que dans des canons de 24, tirés avec des charges d'école, il arrivait souvent que le bouchon placé entre la gargousse et le boulet demeurait dans l'intérieur de l'âme, et que cela avait plus particulièrement lieu avec un canon qu'avec les autres. La cause en était sans doute (mais on n'a pas cherché à le reconnaître positivement par le moyen du *miroir*, d'une bougie allumée, du *chat*, ni de l'*étoile mobile*) que l'âme de ce canon était plus détériorée et plus rugueuse que celles des autres, ce qui devait augmenter le frottement et contribuer à retenir le bouchon dans la pièce. M. BARRÉ, lieutenant-colonel d'artillerie, qui se trouvait alors à Strasbourg, a entendu plusieurs témoins oculaires faire le même rapport; et il m'a dit, de plus, que M. LA MOGÈRE, colonel d'artillerie, lui a raconté avoir éprouvé la même chose dans diverses occasions.

(22) Le fer coulé, comme le savent tous ceux qui travaillent les métaux, est plus cassant, mais plus dur que le fer battu; en sorte que les boulets qu'on fait rougir, et qu'on bat au *martinet*, après qu'ils ont été coulés, acquièrent de la ductilité, et ne doivent que très peu affecter, par leurs chocs et leur frottement, l'intérieur de nos canons de marine. La chaleur élevée des plus grandes charges de poudre n'est pas non plus susceptible de fondre le fer, tandis qu'elle semble susceptible de commencer à mettre en fusion le cuivre, et surtout l'étain, qui entre dans l'alliage du bronze. On pense généralement en avoir la preuve dans la détérioration nommée *fouille*, qui se manifeste si promptement dans la plupart des pièces en bronze (a), détérioration, cependant, que d'autres auteurs attribuent avec encore plus de raison, non-seulement à l'action du calorique, mais aussi aux propriétés corrosives des gaz et résidus engendrés par la décomposition de la poudre (b). M. Dartein est le seul, je crois, qui attribue les *fouilles* au frottement et aux chocs des projectiles (c). Les diverses

(a) Essai d'une théorie d'artillerie, par le chevalier D'Arcy, pag. 90. Paris, 1760. — Observations et expériences sur l'artillerie, etc., pag. 130 et suiv. Alethopolis. — Mémoires d'Artillerie, etc., recueillis par M. de Scheel, pag. 155 et 156, 2e édit. — etc.

(b) Réflexions sur la fabrication en général des bouches à feu, etc., par le général la Martillière, pag. 33 et 39, 2e édit. — Traité du mouvement des projectiles, etc., pag. 164 et 165. — Recherches physiques et chimiques sur la fabrication de la poudre à canon, etc., par M. J.-F. Charpentier Cossigny, pag. 296 et suiv. Paris, 1807. — etc.

(c) Traité élémentaire sur la fabrication des bouches à feu d'artille-

dégradations auxquelles ils contribuent s'appellent *logement, enfoncement, traînement, battement du boulet, égueulement, éraflement*, etc.

Les différentes causes que je viens de citer du dépérissement des pièces en bronze , semblent toutes avoir peu d'influence à l'égard des pièces en fer; elles ne sont guère rebutées, dans les épreuves de réception , que pour des chambres, cavités ou évens, qu'on y trouve dès la première visite, ou bien après qu'elles ont tiré, si des soufflures et solutions de continuité, voisines des parois intérieures, sont mises à découvert par l'effet du tir. Le principal accident que l'on redoute pour elles , dans les épreuves et durant le cours du service , c'est leur rupture subite et explosive.

Les pièces en bronze ne pourraient éclater de la sorte, que si l'on employait assez d'étain dans leur fabrication , pour que leur métal devînt semblable à celui des cloches, ce qui ne saurait avoir lieu avec les alliages adoptés; elles ne font pas, en conséquence, courir les mêmes dangers que les pièces en fer, aux hommes qui les servent. Excellentes sous ce rapport, elles sont loin de l'être sous celui de la durée : de nombreuses épreuves ont donné lieu de le reconnaître, notamment celles faites à Turin en 1759 (*a*), et à Douai en 1786. Dans ce dernier endroit, des canons de 24 ont été mis hors de service après une trentaine de coups, et des mortiers de 12 pouces l'ont été encore plus promptement (*b*). Le ministère fran-

---

rie, etc., par CHARLES M. S. DARTEIN, pag. 143 et 144. Strasbourg, 1810.

(*a*) Dell' uso delle armi da fuoco, ou la trad. par M. DE SAINT-AUBAN, § 37 et suiv.

(*b*) Réflexions sur la fabrication en général des bouches à feu, etc., par le général LA MARTILLIÈRE , pag. 60 à 69, 2ᵉ édit. — Recherches

çais se borna alors à faire suspendre la confection des pièces de cette nature ; la guerre de la révolution vint, et on la reprit avec tous ses vices. Aussi, « une foule de » pièces de 24 au siége de Saint-Elme en l'an III, à celui » de Roses dans l'an IV, et à la défense du pont de Kehl, » furent ruinées après une cinquantaine de coups (*a*), » selon ce que rapporte le général LA MARTILLIÈRE. J'ai entendu raconter de vive voix plusieurs exemples semblables beaucoup plus récens, et je pense qu'il y a peu d'officiers d'artillerie, ayant fait les dernières guerres, qui mettent en question le manque de durée des pièces en bronze de 16 et de 24.

On attribue aujourd'hui le prompt dépérissement de ces pièces à la méthode de couler plein et de forer, qui a succédé au coulage à noyau ; à l'opération du tour, qui enlève la partie du métal que l'on croit trempée par le contact froid et humide du moule ; à la réduction du vent, à la suppression du zinc dans l'alliage, etc. (*b*). En accordant que toutes ces causes aient de l'influence sur le peu de durée des pièces de gros calibre en bronze, on serait néanmoins forcé de convenir que ces causes seraient presque nulles si le métal était préparé avec les soins convenables. La preuve en est qu'on a vu à Lyon, en 1740, deux canons de 24 tournés, forés, proportion-

sur les meilleurs effets à obtenir de l'artillerie, par le même, tom. II, pag. 319 à 330. — Observations sur les fontes des bouches à feu, etc., par CHARLES M. S. DARTEIN, pag. 40. Strasbourg, 1806.

(*a*) Recherches sur les meilleurs effets à obtenir de l'artillerie, etc., tom. II, pag. 350.

(*b*) Réponse aux Observations sur le livre intitulé : Artillerie nouvelle, pag. 7 et suiv. Amsterdam, 1774. — Manuel de l'artilleur, etc., par le général DURTUBIE, pag 331, 5e édit. — Aide-Mémoire, etc., tom. II, pag. 1175, 4e édit. — etc.

nés comme les canons actuels, et n'ayant que du cuivre et de l'étain dans leur alliage, tirer chacun plus de 1500 coups sans être hors de service : ce fut même d'après ces expériences que le système de forage du sieur MARITZ fut adopté (*a*). Et dans des épreuves faites à Séville en 1782, deux autres canons de 24, n'ayant aussi que du cuivre et de l'étain dans leur alliage, ont tiré chacun 5124 coups sans être entièrement hors de service, quoiqu'un peu évasés (*b*). M. DUSSAUSSOY, chef de bataillon d'artillerie, qui observe et recueille soigneusement les faits qui intéressent la théorie et la pratique de son arme, m'a dit qu'on estimait que ces deux mêmes pièces, pendant la dernière guerre d'Espagne, avaient encore tiré chacune plus de 500 coups. Au surplus, notre gouvernement prend aujourd'hui toutes les mesures nécessaires pour se procurer des pièces en bronze de la meilleure qualité. Des épreuves vont bientôt être exécutées pour fixer l'opinion sur ce point essentiel, ou plutôt pour confirmer des principes connus depuis long-temps en France, et même pratiqués à diverses reprises, mais qui furent abandonnés, sans qu'on en puisse assigner d'autres causes que l'ignorance, le manque de soin, ou l'infidélité des principaux fondeurs et des personnes chargées de surveiller leurs travaux.

(23) Dans tous les canons actuels, l'orifice du canal de la lumière aboutit au fond de l'âme, précisément au point

(*a*) Observations et expériences sur l'artillerie, pag. 135 et suiv. Alethopolis. — Mémoires d'Artillerie, etc., recueillis par M. DE SCHEEL, 2ᵉ partie, pag. 152 et suiv.

(*b*) Tratado de artilleria, etc., por Don TOMAS DE MORLA, tom. I, pag. 263 et suiv.

le plus élevé. C'est à partir de ce point que commencent l'inflammation et l'explosion, lesquelles s'étendent sphériquement, propriété inhérente à la poudre. En conséquence, le fluide élastique se dégage d'abord plus abondamment dans la partie supérieure de l'âme que dans l'inférieure, et lorsqu'il arrive jusqu'au boulet, qui, par l'effet de sa pesanteur, repose sur la paroi inférieure, ce fluide s'engouffre dans la lunule qui se trouve au-dessus du projectile, c'est-à-dire dans l'espace dû à la différence entre le diamètre de l'âme et le diamètre du boulet (a).

M. DE MONTALAMBERT, d'après quelques expériences peu concluantes, parce qu'elles furent faites avec d'autres instrumens et matériaux que les pièces d'artillerie et les objets qui en dépendent, a pensé, de même que l'historien de l'Académie des Sciences en 1755, qu'un boulet placé entre deux corps compressibles, tels que deux bouchons, ou un bouchon et la gargousse, se moule sur ces corps, et s'élève de manière à ce que son axe corresponde à peu près à celui du cylindre qui le renferme; en sorte qu'environ la moitié du vent se trouve au-dessus du boulet, et l'autre au-dessous (b). Admettons cette hypothèse, malgré son peu de fondement; il n'en résulte pas moins que le fluide élastique arrive toujours sur le projectile par la partie supérieure. L'interposition d'un bouchon ou valet entre le boulet et la poudre ne peut y remédier entièrement : nous avons reconnu que le fluide élastique passe avec facilité au travers d'un bouchon, et même d'un valet.

(a) Réflexions sur la fabrication en général des bouches à feu, etc., par le général LA MARTILLIÈRE, pag. 35, 2e édit. — Essai sur l'artillerie à cheval, par C. CLÉMENT, pag. 32 et suiv. — etc.

(b) Mémoires de l'Académie royale des Sciences de Paris, année 1755, pag. 463. — Histoire de *id.*, *ibid.*, pag. 34.

Il tend donc toujours plus ou moins à s'échapper par la lunule supérieure ; et, en outre, le boulet présentant à son action une surface inclinée, dont la résultante s'abaisse par rapport à l'axe de l'âme, ce projectile est non-seulement poussé en avant, mais aussi contre la paroi inférieure. Il naît de cette dernière impulsion un choc ou froissement, qui fait rejaillir le mobile contre la paroi supérieure, laquelle le renvoie à son tour contre la première, et ainsi de suite. Mais chacun de ces chocs s'opère à l'extrémité d'un rayon du boulet, et produit un effort dirigé dans un sens contraire au mouvement de projection : or il en resulte un mouvement de rotation, que détruit bientôt, ou qu'altère du moins un nouveau choc, toujours plus ou moins opposé à celui qui le précède. D'autres chocs et effets semblables sont occasionés aussi par la rencontre du mobile avec les parois latérales. Car, dès que le boulet commence à se mouvoir, il peut manquer rarement d'être porté vers l'une d'elles, soit par un défaut de sphéricité ou d'homogénéité dans quelques-unes de ses parties, soit par l'inégalité de résistance et de frottement du bouchon ou valet placé devant lui, soit par quelque légère protubérance ou cavité de la surface de l'âme, etc.; et, finalement, lorsque, après être sorti de la pièce, il heurte ou froisse le bouchon ou valet qui le couvrait, pour passer devant lui, il acquiert de la déviation dans un nouveau sens et un nouveau mouvement de rotation, lesquels se combinent avec la déviation et le mouvement de rotation qu'il avait déjà, en vertu de son dernier choc contre une quelconque des parois de l'âme.

Robins a reconnu le premier, et a prouvé par des expériences variées, sans en donner pourtant des raisons très valables, que le mouvement de rotation d'une balle ou d'un boulet, dès qu'il est dirigé de gauche à droite, ou de droite à gauche, contribue puissamment à écarter le mobile du plan vertical passant par le prolongement de l'axe de la pièce, et par conséquent de la direction du tir (a).

Je vais chercher à expliquer le plus brièvement possible la principale cause de ce phénomène. Il offre des cas trop nombreux et trop compliqués pour entreprendre, dans une simple note, de les résoudre tous.

Supposons d'abord qu'un projectile d'une forme parfaitement sphérique, et d'un métal parfaitement homogène, qui a, d'après ces deux suppositions, son centre de figure et de gravité confondus en un même point, soit seulement animé d'un mouvement de translation ou de projection. L'air, qu'il sépare, glisse et se presse de toutes parts sur sa surface, pour remplir l'espace qu'il occupait. Il en résulte une infinité de petits courans opposés deux à deux, lesquels commencent à s'écarter l'un de l'autre vers le point le plus avancé du globe, et tendent à se rejoindre vers le point le plus en arrière.

Supposons ensuite que le même boulet, outre son mouvement de translation, tourne sur lui-même ou autour d'un axe passant par son centre de figure et de gravité; et, en dernier lieu, que cet axe soit vertical, et que le mouvement de rotation soit dirigé, par exemple, de droite à gauche, eu égard à la face antérieure du mobile.

Nous avons reconnu, d'après des expériences, que la viscosité ou cohérence de l'air agit sur les projectiles d'une manière très sensible, et avec beaucoup plus d'intensité qu'on ne le suppose généralement. Ainsi, dans l'hypothèse que je viens de poser, l'hémisphère placé à droite du mobile éprouve plus de frottement et de résistance que

(a) Nouveaux Principes d'Artillerie, etc., trad. de Dupuy, pag. 285, 357, 374, 381, 459, 555, 569, etc.

l'hémisphère placé à gauche ; car, indépendamment du mouvement de translation commun à tous les deux, cet hémisphère refoule, en vertu du mouvement de rotation, les courans d'air passant à droite du mobile, tandis qu'en vertu du même mouvement l'autre hémisphère fuit sui‑vant la même direction, à peu près, que les courans d'air opposés, c'est-à-dire que ceux qui glissent sur sa surface. Donc l'air oppose plus de résistance sur la droite que sur la gauche du boulet, et le repousse incessamment vers cette partie, l'obligeant à s'écarter plus ou moins, à me‑sure qu'il s'avance dans l'atmosphère, à gauche de la di‑rection du tir.

Les expériences de ROBINS ne sont pas les seules qui confirment cette théorie. Dans une épreuve exécutée à La Fère en 1771, un canon de 24 fut pointé sous l'angle de 25 degrés, et l'on plaça, à cinq toises devant sa bouche, une planchette destinée à marquer de combien le projec‑tile s'écarterait d'abord de la direction du tir, par l'effet du dernier choc ou battement dans l'intérieur de l'arme.

Au premier coup, le boulet eut, d'après la planchette, une déviation de dix lignes sur la droite. Cette déviation fut causée incontestablement par la réaction d'un dernier choc dans la partie gauche de l'arme ; et si le boulet, qui fut porté à 1766 toises, eût continué à se mouvoir dans un plan vertical, mené par le centre de la bouche de l'arme et celui du trou fait dans la planchette, il aurait dû s'écarter de 4 toises 6 pouces à droite de la véritable di‑rection du canon ; mais, au contraire, il fut porté de l'autre côté, et tomba à 108 toises à gauche de cette di‑rection (a).

(a) Nouveaux Principes d'Artillerie, trad. de LOMBARD, pag. 494, note 45.

En raisonnant d'après les principes que je viens d'exposer, il est évident que le boulet, qui avait dévié d'abord à droite, en vertu de la réaction d'un dernier choc contre la partie gauche de l'âme de la pièce, a dû acquérir un mouvement de rotation de droite à gauche, en ne considérant que la face antérieure du mobile. Conséquemment, la partie de la résistance de l'air, due à la viscosité ou cohérence de ce fluide, ayant agi plus vivement sur l'hémisphère placé à droite du boulet que sur l'hémisphère placé à gauche, a bientôt ramené le mobile dans le plan passant par le prolongement de l'axe de la pièce, puis l'a fait s'écarter à gauche de ce plan de plus en plus, et d'une quantité qui s'est trouvée de 108 toises, après une portée de 1766.

« Un autre boulet tiré sous le même angle de 25 de-
» grés, s'écarta à cinq toises du canon de $2\frac{1}{2}$ lignes sur
» la gauche ; et, à la distance de 1805 toises, il tomba à
» 18 toises, et sur la droite de la direction de l'arme.

» Enfin un troisième boulet, qui, à la même distance
» de cinq toises, s'écarta d'abord de $12\frac{1}{2}$ lignes à gauche,
» alla tomber à 108 toises à droite de la ligne du tir, la
» portée étant de 1910 toises. »

L'explication des circonstances qui accompagnèrent ces deux derniers coups serait toujours la même, et semblable à l'explication relative au premier, en substituant, selon le besoin, les expressions *droite* et *gauche* l'une à l'autre. Du reste, on voit que ces circonstances, étant toujours pareilles, confirment la théorie, et prouvent d'ailleurs, qu'après un long trajet, la déviation est d'autant plus considérable dans un sens, que la déviation primitive, due au dernier choc, a été plus sensible dans le sens opposé.

Il eût seulement été à désirer que, pour constater irré-

vocablement des faits si importans en balistique, on eût
tiré un plus grand nombre de coups; mais les épreuves
suivantes, exécutées d'une manière beaucoup plus con-
cluante, achèvent en partie de satisfaire l'esprit à cet égard,
sans pourtant avoir été trop nombreuses.

M. le colonel d'artillerie CLÉMENT fit solidement fixer,
à une petite distance de la bouche d'un canon de 8, un
fort madrier de bois de chêne, dont la direction était un
peu inclinée à l'axe du canon, de manière que la partie
gauche du boulet ne pût manquer de rencontrer ce madrier, et de produire une réaction sur la droite. Pour
s'assurer de ce dernier effet, par la trace du boulet, on
plaça au-delà du madrier un cadre de papier, et, toutes
ces dispositions prises, on tira trois fois le canon. Chaque
fois le projectile, après avoir commencé par dévier un
peu sur la droite, eut à son point de chute une déviation
sur la gauche (a).

Lorsque, au lieu d'employer des bouchons ou valets,
on se sert de sabots, il n'est aucunement certain que ceux-
ci (dont mal à propos on est dans l'usage aujourd'hui de
faire le calice peu profond, et qui, par cette raison, n'em-
brassent pas un hémisphère entier du boulet) puissent
l'empêcher totalement de rouler dans l'âme de la pièce.
Cependant comme ces sabots, construits avec des bois
plus ou moins durs, mais toujours compactes et exempts
de fentes et de nœuds, ne sauraient être traversés, comme
les bouchons ou valets, par le fluide élastique, ils em-
pêchent ce fluide de presser aussi fortement d'abord le
boulet contre la paroi inférieure, et de donner naissance
à d'aussi nombreux battemens, dont l'effet est autant contraire à la durée des pièces qu'à la justesse du tir. En ac-

(a) Essai sur l'artillerie à cheval, pag. 45. Pavie, 1808.

cordant cet avantage aux sabots , il ne faut pas conclure du reste qu'ils rendent tout-à-fait directe l'impulsion du fluide élastique.

Dans des épreuves faites à Vincennes, au mois de mars 1794 , M. GUYTON a observé qu'un sabot de bois de chêne se trouvait tellement déformé en sortant d'une pièce de 3 , qu'un de ses diamètres n'avait plus que 24 millimètres , tandis que l'autre diamètre , coupant le premier à angle droit , avait une longueur de 36 millimètres (a). Cet aplatissement indiquait évidemment que le fluide élastique, en s'échappant par la lunule supérieure, avait pressé fortement le sabot du haut vers le bas, pression qui avait dû se communiquer au boulet , mais avec moins d'intensité cependant que dans le sabot : car celui-ci remplit une partie de l'espace en *onglet* qui existe entre le boulet et les parois supérieures de l'arme ; et le fluide élastique , s'engouffrant moins abondamment dans cet espace et dans la lunule , doit nécessairement pousser le boulet avec moins de violence contre la paroi inférieure. Ce raisonnement , au demeurant , est confirmé par l'expérience. Toutes les fois qu'on s'est servi de sabot dans les épreuves , au lieu de tirer à boulet roulant , les pièces se sont détériorées moins promptement , et le tir a été plus étendu et plus direct (b).

(a) Mémoires de la classe des sciences mathématique et physique de l'Institut de France , 2ᵉ semestre de 1807 , pag. 116 et 117.

(b) Réflexions sur la fabrication en général des bouches à feu , etc., pag. 43 et suiv. , 2ᵉ édit. — Recherches physiques et chimiques sur la fabrication de la poudre à canon , etc., par M. J.-F. CHARPENTIER COSSIGNY , pag. 302, 320, 331 , etc. Paris, 1807. — Observations sur les fontes des bouches à feu d'artillerie , etc., par CHARLES M. S. DARTEIN , pag. 39 et 40. Strasbourg, 1806. — Manuel de l'artilleur , etc., par le général DURTUBIE , pag. 86 , 5ᵉ édit. — Instruction sur le service de l'artillerie , etc., par M. HULOT , pag. 97 , 3ᵉ édit. — etc., etc.

Ici nous ferons une remarque qui n'est pas dénuée d'intérêt. D'une part, il est reconnu que les sabots possèdent, entre autres avantages, celui de ménager l'âme des pièces ; et, d'une autre part, que les pièces en bronze de gros calibre se détruisent beaucoup plus promptement que celles du même métal d'un calibre inférieur. Néanmoins ce n'est qu'avec les pièces de campagne qu'on fait usage des sabots, au lieu de les employer de préférence avec les mortiers de toute grandeur, et les canons de 16, de 24, ou enfin, ce qui serait encore mieux, avec les bouches à feu de toute espèce. Je crois, du reste, que voici le motif de cette inconséquence : le sabot est presque indispensable pour former des cartouches entières, ou pour unir le boulet au sachet qui renferme la poudre, et, comme on ne fait de ces cartouches que pour les pièces de campagne, ce n'est qu'avec elles qu'on emploie les sabots. Les personnes qui se chargent de diriger un art devraient - elles réfléchir assez peu à ses principes, pour n'être pas en état d'envisager à la fois plus d'une seule idée et d'un seul avantage ?

Une seconde remarque à faire, avant de quitter ce sujet, c'est que la méthode d'ensaboter les boulets ne s'est établie définitivement dans l'artillerie française, pour toutes les pièces de campagne, qu'à l'époque de la réforme en 1765 ; et l'on n'avait recommencé à y songer que vers 1740, lors de l'adoption des pièces à la *suédoise* (a). Cette méthode cependant fut pratiquée chez différentes nations il y a un grand nombre d'années, et d'une manière beaucoup plus parfaite qu'au mo-

(a) Mémoires d'Artillerie, de Saint-Remi, tom. I, pag 331 , 3e édit. — L'Artillerie raisonnée, etc. , par Leblond, pag. 68. Paris , 1776. — Mémoires d'Artillerie, etc., recueillis par M. de Scheel , 1re partie, pag. 105, 145, etc. — etc.

ment où nous sommes (*a*). Les sabots étaient ordinairement des cylindres équilatères, ayant un calice qui
embrassait exactement la moitié des boulets ou des grenades ; et, pour tirer celles-ci, il y avait souvent une
lumière percée suivant l'axe du sabot, dans laquelle
s'enfonçait la fusée. Cette fusée, tournée ainsi vis-à-vis
de la charge, manquait rarement à s'enflammer, ce qui
n'a point lieu d'après les procédés que nous suivons aujourd'hui (*b*). On s'était assuré, dans des expériences
faites à différentes époques et dans des lieux très éloignés l'un de l'autre, que ni la fusée ni la grenade ne
crevaient dans le canon, lorsque la lumière du sabot était
justement proportionnée. On avait d'ailleurs plusieurs
moyens de communiquer le feu avec assez de certitude
aux fusées des bombes et des grenades, sans les tourner
vers les charges. Tous ces moyens se perdirent et se re-
trouvèrent à différentes époques. On oublia pendant long-
temps la méthode de tirer les grenades ou boulets creux
dans les canons, et ce procédé sembla passer pour nouveau, lorsqu'en 1793 le général Andréossy, et dans
l'an VI le général Chauder-Laclos, en firent un sujet

(*a*) Artis magnæ artilleriæ, auctore Casimiro Siemienowicz, equite
lithuano, part. I, lib. IV, cap. 2. Amstelodami, anno 1650, ou la trad.
par P. Noizet, 1re partie, pag. 228 et 229. Amsterdam, 1651. — Flagello militare, etc., par G.-B. Martena, pag. 51 et 83. Napoli, 1687.
— El perfecto artificial, bombardiero y artillero, etc., por Don S.-F.
de Medrano, pag. 102 et 115. Amberes, 1723. *La dédicace de cet ou-*
vrage est de 1699, *et il y en a une édition encore plus ancienne.*
— etc.

(*b*) Essai sur l'artillerie à cheval, par C. Clément, pag. 48 et suiv.
— Handbuch für officiere, etc., von Scharnorst, tom. II, pag. 46 des
tables. — Considérations sur l'état actuel de l'artillerie, etc., par H.-J.
Paixhans, pag. 91. Paris, 1815. — etc.

d'épreuves (*a*). On oublia l'usage des obusiers ou *canons-pierriers*, tellement qu'on en attribue l'invention aux Hollandais, et qu'on pense qu'ils commencèrent à s'en servir à la bataille de Nerwinde, en 1693 (*b*). Enfin on ne sut plus tirer les mortiers qu'en allumant la fusée de la bombe, avant de mettre le feu à la charge de l'arme, ce qui causait de terribles accidens (*c*). Un colonel d'artillerie, regardé par la plupart de ses contemporains comme un maître de l'art, et dont les maximes, généralement assez sensées, se sont maintenues en faveur jusqu'aujourd'hui (*d*), DU PUJET, durant la célèbre polémique qu'excita la réforme de 1765, s'exprimait de la sorte, en 1771 : « C'est à Berg-op-Zoom (en 1747) que » nous avons commencé à tirer les bombes avec un seul » feu. M. LE DUC, lieutenant-colonel dans le corps royal, » avait imaginé cette façon de tirer les bombes sans sa- » voir que l'on s'en servait au siége de Berg-op-Zoom, et » il a donné deux excellens mémoires sur ce sujet, aux- » quels assurément il n'y a rien de raisonnable à répli- » quer (*e*). »

Quant au fond des mémoires de M. LE DUC, il se peut qu'il n'y ait rien de raisonnable à leur répliquer; mais, quant à l'invention qu'il pensait avoir trouvée le pre-

---

(*a*) Aide-Mémoire, etc., tom. II, pag. 489, 4ᵉ édit.

(*b*) L'Artillerie raisonnée, etc., par LEBLOND, pag. 238. Paris, 1776. — Dell' uso delle armi da fuoco, ou la trad. par M. DE SAINT-AUBAN, § 215. — Aide-Mémoire, etc., tom. II, pag. 728. — etc., etc.

(*c*) Histoire générale de la Marine, etc., par M. DE BOISMÉLÉ, tom. II, pag. 583. Paris, 1746. — Vie de DU QUESNE, etc., par RICHER, pag. 115. Paris, 1789. — etc.

(*d*) Manuel de l'artilleur, etc., par le général DURTUBIE, pag. 17, 29, 36, etc., 5ᵉ édit.

(*e*) Essai sur l'usage de l'artillerie, etc., pag. 187 et 188. Amsterdam, 1771.

mier, voici le passage qu'on aurait pu mettre sous ses yeux, et qu'aurait dû connaître M. du Pujet, qui, par instans, semblait se piquer d'érudition (a).

« Nella vecchia maniera li miei antecessori solevano ti-
» rare con due fuochi, come oggi anco molto l'usano,
» essendo che non hanno ritrovato l'inventione di tirare
» con un fuoco, conforme l'abbiamo ritrovato noi sotto
» l'assedio di Vercelli l'anno 1638, che in una notte i
» miei compagni reventorno due mortari con tirare con
» due fuochi; così facilmente potrà succedere a tutti gli
» uomini del mondo, che danno il fuoco prima nella
» bomba (b). » C'est-à-dire : « L'ancienne coutume de
» mes prédécesseurs était de tirer avec deux feux, comme
» le pratiquent encore aujourd'hui beaucoup de gens,
» qui n'ont pas trouvé l'invention de tirer avec un seul
» feu, comme nous l'avons fait au siége de Verceil l'an-
» née 1638, où dans une nuit mes compagnons firent
» crever deux mortiers en tirant avec deux feux, ainsi
» qu'il adviendra facilement à tous les hommes du
» monde qui mettent d'abord le feu à la bombe. » On
voit donc que M. le Duc n'a pas découvert le premier,
non plus qu'aucun des officiers employés au siége de Berg-
op-Zoom, en 1747, que l'inflammation de la charge de
l'arme se communique d'ordinaire à la fusée du projectile, n'importe le côté vers lequel soit tournée cette fusée. Il est même très probable que l'honneur de cette découverte n'appartient pas à Martena ni à ses compagnons. Dans le *Grand art d'artillerie* de Siemienowicz,
ouvrage qui coûta sans doute beaucoup de temps à com-

(a) Réflexions sur la pratique raisonnée du pointement, etc., pag. 34, 43, 44, 45, etc. — L'Artillerie nouvelle, etc., par M*** (du Coudrat), pag. 100, 194, 204, etc. Amsterdam, 1772.

(b) Flagello militare, etc., pag. 67. Napoli, 1787.

poser, et dont il y eut une édition en 1650, que je ne crois pas la première, parce que la traduction française est de 1651, il est fait mention de plusieurs manières de tirer les bombes et les grenades avec un seul feu (*a*). Mais la seule édition que je connaisse du *Flagello militare* est de 1687. J'ignore si c'est la première. Ce que je sais seulement, c'est qu'on y lit plusieurs faits ayant eu lieu en 1647 (*b*). Donc, en faisant la supposition la plus avantageuse à MARTENA et à sa prétendue découverte, c'est-à-dire qu'il ait écrit très peu de temps après 1647, il s'est trouvé le faire, au plus tôt, en même temps que SIEMIENOWICZ, et n'a pu lui fournir des renseignemens sur un procédé que ce dernier auteur ne donne pas d'ailleurs comme une chose nouvelle. Enfin, je crois me rappeler qu'il y a des ouvrages encore plus anciens que ceux de SIEMIENOWICZ et de MARTENA, mais que je n'ai pas actuellement à ma disposition, dans lesquels on fait mention de ce procédé que M. DU PUJET a si faussement considéré comme étant très moderne.

Au demeurant, des choses semblables se renouvellent sans cesse. Nous venons de voir que jadis les sabots étaient de véritables coins circulaires embrassant la moitié du boulet. En l'an 4, M. DELCASSAN vint présenter ce coin comme une invention lui appartenant. Il est vrai qu'il proposait de le placer en avant du boulet, ce qui ne produisit pas, comme on devait s'y attendre, l'effet avantageux qu'il s'en était promis ; mais ensuite ce coin ayant été placé derrière le boulet, les portées en furent considérablement augmentées (*c*). La commission chargée

---

(*a*) Artis magnæ artilleriæ, etc., part. I, lib. IV, cap. 2, ou la trad. par P. NOIZET, pag. 228, 229 et 242.

(*b*) Flagello militare, etc., pag. 116.

(*c*) Traité élémentaire d'Art militaire et de fortification, par M. GAY

de faire cette épreuve, qui avait été nommée par le gouvernement, et qui était composée de généraux et de savans distingués, dressa un rapport très favorable à ce nouveau sabot, ou, pour s'exprimer plus exactement, à l'ancien sabot. Cependant on ne continua pas moins à se servir de nos sabots modernes, malgré qu'ils remplissent si mal leur destination, vu que le boulet ne s'y emboîte pas suffisamment, et qu'ils ont trop peu d'épaisseur pour ne pas se briser facilement dans les pièces. Mais ce qui arriva chez nous en l'an 4, est ce qui arrive presque toujours et dans tous les pays. Les importunités répétées de gens bien intentionnés, et plus souvent encore de gens qui cherchent à faire fortune, réussissent parfois à faire ordonner certaines épreuves. Mais quelque favorables qu'en soient les résultats et le rapport qu'on en fait, la routine et la force d'inertie l'emportent, et l'on continue à agir comme on agissait auparavant. Quoique cette vérité soit affligeante pour les officiers ayant à cœur le perfectionnement de leur arme, ils ne sauraient trop l'avoir présente à l'esprit. Elle doit, au lieu de provoquer en eux un lâche découragement, les engager à faire des efforts plus grands que ceux de tous leurs devanciers, afin d'obtenir ce qui semble presque impossible, et de signaler leur carrière par des progrès marquans, ou du moins afin de satisfaire complètement aux lois de l'honneur, qui sont pour eux de travailler sans relâche et sans crainte du mal personnel qui peut leur en résulter, à la gloire du pays qu'ils habitent et du gouvernement qu'ils ont promis de servir.

DE VERNON, pag. 135. Paris, an VIII. — Aide-Mémoire, etc., pag. XXXIV et 655, 4ᵉ édit.

FIN DES NOTES.

LÉGENDE

DES TABLEAUX DE POINTAGE.

N° 1.

B. *Axe* d'une bouche à feu quelconque; cette ligne n'est point tracée dessus ni dans l'arme, mais on suppose qu'elle passe droit au milieu de l'arme, dans le sens de sa longueur ; on suppose aussi qu'elle est prolongée à volonté, en arrière et en avant de l'arme.

FC. *Ligne de mire* ou *rayon visuel* qui part de l'œil du pointeur, et qui doit passer par le point le plus élevé de chaque extrémité de l'arme.

ACF. *Angle de mire* formé par la rencontre de la ligne de mire avec l'axe, et mesurant l'inclinaison de ces deux lignes à l'égard l'une de l'autre.

HO. *Ligne horizontale* représentant l'horizon ou un plan qui lui serait parallèle.

AHO. *Angle de projection* formé par la rencontre de l'axe avec une ligne horizontale, et mesurant l'inclinaison de l'axe à l'égard de l'horizon. Plus cet angle a d'ouverture, plus la portée est grande, du moins jusqu'à certaines limites particulières à chaque espèce d'armes à feu, mais n'arrivant jamais jusqu'à 45 degrés.

N° 2.

BTT'T". *Trajectoire*, ligne courbe représentant le trajet d'un projectile ; jusqu'à la distance de quelques pieds de la bouche d'une pièce, elle se confond presque avec l'axe ; mais à des distances un peu grandes, elle s'en écarte considérablement, parce que sa courbure augmente sans cesse, et dans un très grand rapport.

MT, M'T', M"T". Lignes perpendiculaires à l'horizon indiquant, en un point quelconque, *l'abaissement* d'un projectile, ou de sa trajectoire, à l'égard de l'axe.

F. *But en blanc*, second point où la trajectoire rencontre la ligne de mire.

FF'. *But* ou *objet* quelconque ; on doit pointer directement sur lui quand il se trouve à la même distance que le but en blanc.

N° 3.

F. *But* ou *objet* quelconque : on doit pointer au-dessous de lui , quand il est moins éloigné que le but en blanc.

FD. Ligne représentant , à la distance désignée , moindre que celle du but en blanc , la quantité dont la trajectoire passe au-dessus de la ligne de mire ; c'est de toute cette quantité qu'il faut pointer plus bas que l'objet.

N° 4.

F. *But* ou *objet* quelconque ; on doit pointer au-dessus de lui , quand il est plus éloigné que le but en blanc.

FD. Ligne représentant à la distance désignée , plus grande que celle du but en blanc , la quantité dont la trajectoire passe au-dessous de la ligne de mire ; c'est de toute cette quantité qu'il faut pointer plus haut que l'objet.

HO. *Distance horizontale ;* elle est toujours un peu moindre que la distance BD représentée par la partie de la ligne de mire comprise entre la tranche de la bouche d'une pièce et le point ajusté , à moins que la ligne de mire ne soit horizontale ; cependant on peut , dans la pratique du tir , considérer ces distances comme égales.

N° 5.

ACB. *Trajectoire d'un boulet.*

AC′R. *Trajectoire d'un boulet ramé.*

C″M. *Trajectoire moyenne d'un paquet de mitraille :* on suppose qu'elle passe au milieu des trajectoires de toutes les balles dont ce projectile est composé.

DBRM représente , à une même distance quelconque , l'abaissement du boulet, du boulet ramé et de la mitraille. On voit , 1°. que le boulet a moins d'abaissement que le boulet ramé , et celui-ci moins que la mitraille ; 2°. qu'avec la même pièce , le but en blanc des projectiles est d'autant plus éloigné qu'ils ont moins d'abaissement.

   Nota. Ce qui précède doit s'entendre lorsque la même pièce est chargée avec de la poudre de la même force et en quantité égale ; car si l'on employait de mauvaise poudre , ou si l'on en mettait une très faible charge , un boulet pourrait avoir un but en blanc plus rapproché qu'un boulet ramé et qu'un paquet de mitraille.

N° 6.

H. Augmentation de la partie supérieure de la culasse par un morceau de fer, de cuivre ou de bois. Un instrument de cette espèce se nomme *hausse.*

F. *But en blanc artificiel*, plus éloigné que le naturel B, quand on a augmenté l'ouverture de l'angle de mire par le moyen d'une hausse.

Nota. La distance du but en blanc dépend donc non-seulement de l'abaissement des projectiles, mais en outre de l'ouverture de l'angle de mire ; aussi les carronades, quoique ayant moins de portée que les canons, ont un but en blanc plus éloigné, parce que leur angle de mire est plus ouvert.

Nᵒ 7.

G. Augmentation faite à la partie supérieure du bourrelet ou de la plate-bande de volée. Un instrument de cette espèce se nomme *guidon de mire*

F. *But en blanc artificiel*, moins éloigné que le naturel B, quand on diminue l'ouverture de l'angle de mire par le moyen d'un guidon de mire.

Nota. Par des augmentations faites à la culasse ou bien à la partie opposée d'une bouche à feu, l'on augmente et l'on diminue à volonté la distance du but en blanc, quel que soit l'abaissement des projectiles : or en usant de ce double moyen, on peut toujours rendre la distance du but en blanc égale à celle de l'objet, et pointer directement, ce qui est un avantage très essentiel.

Nº 8.

A. *Carronade en bronze.* Cette arme, ainsi que les obusiers, a plus de grosseur vers la volée que vers la culasse, et la ligne de mire, au lieu de se rapprocher d'abord de l'axe, tend constamment à s'en éloigner : il n'existe pour cette arme ni angle de mire ni but en blanc ; il faut, quelle que soit la distance de l'objet, pointer toujours au-dessus de lui et dans le vague de l'air, quand il a une élévation moindre que la quantité dont la trajectoire passe au-dessous de la ligne de mire. Les armes de cette nature ne sauraient être bien dirigées sans le secours d'une hausse.

FIN DE LA LÉGENDE.

TABLE DES MATIÈRES.

FIN DE LA TABLE DES MATIÈRES.

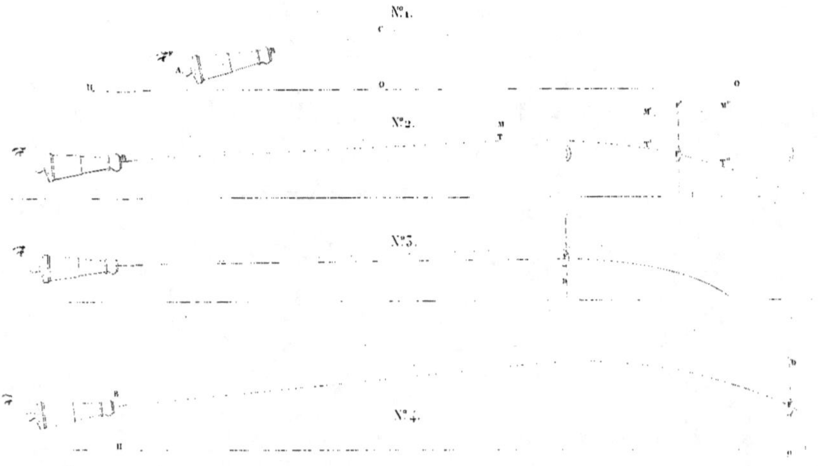

N°. 1.

N°. 2.

N°. 3.

N°. 4.

N.º 5

N.º 6.

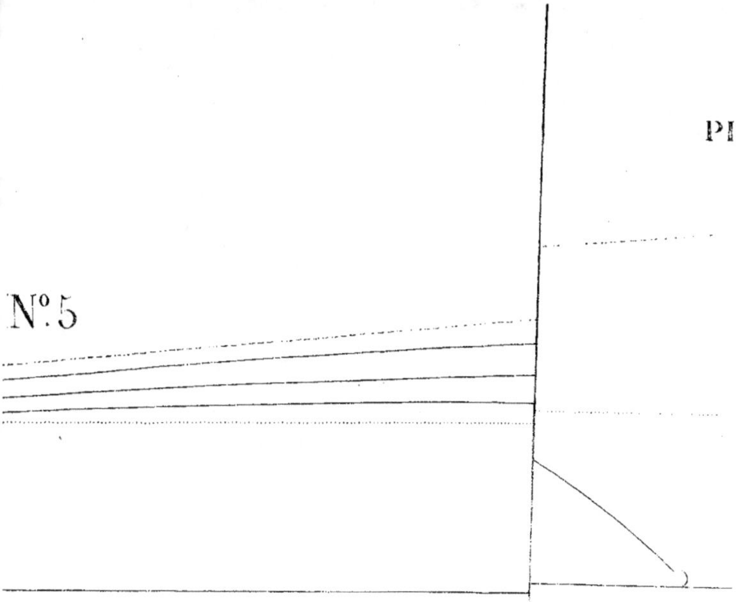

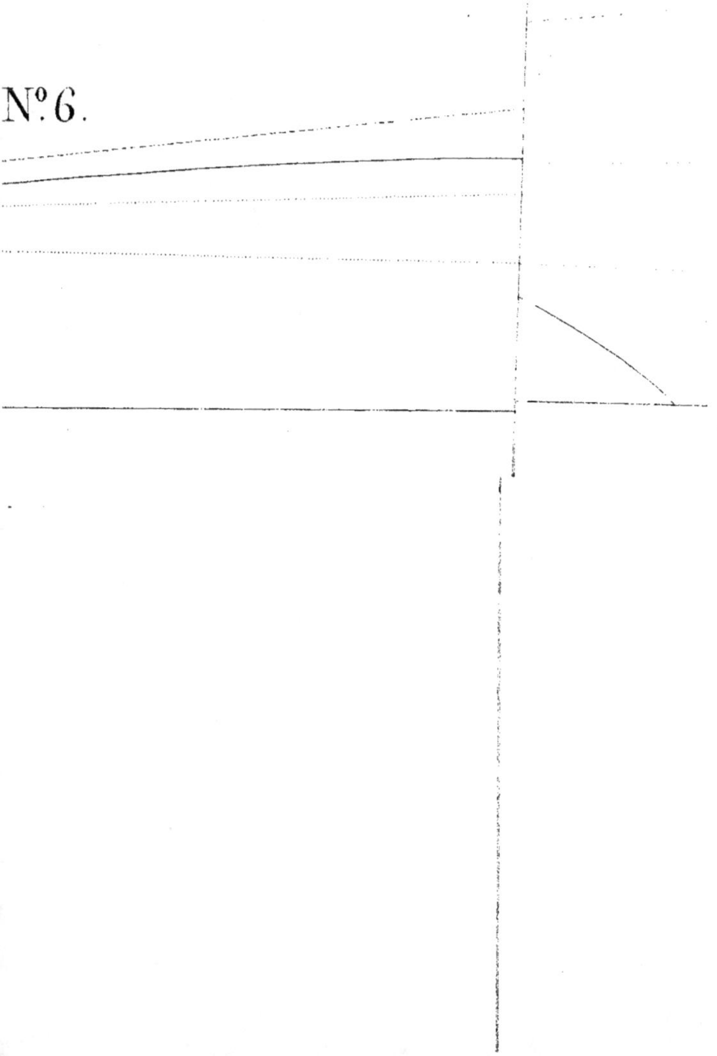

Nº 5.

Nº 6.

Nº 7.

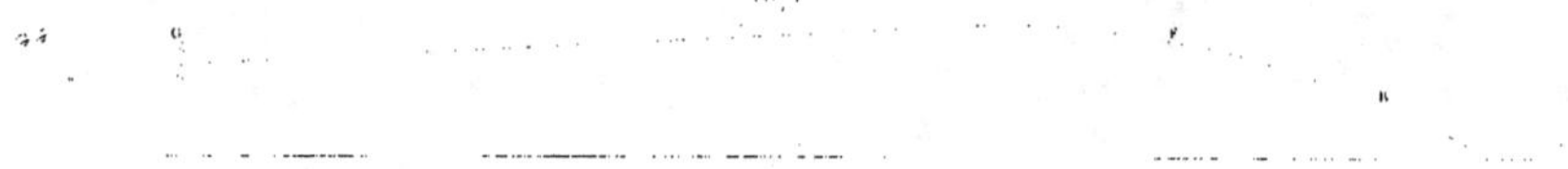

Nº 8.